마르크스가 옳았던 이유

마르크스가 옳았던 이유

테리 이글턴 지음
박경장 옮김

21세기문화원

돔Dom과 하디Hadi에게

일러두기

1. 이 책은 2018년 Yale University Press에서 발행한 Terry Eagleton의 *Why Marx Was Right* 개정판을 번역한 것이다.
2. 맞춤법과 표기법은 국립국어원의 어문 규범에 따랐다. 다만 외래어는 원음을 중시하거나 예전에 나온 최초 표기를 따른 경우도 있다.
3. 독자들이 이해하기 쉽도록 각 장에 대제목과 소제목을 넣고, 삽화·사진 등도 추가하여 흥미를 돋우었다.
4. 마르크스·엥겔스의 저서가 인용된 경우에는 독어판 원전과 영어판 등을 대조하여 번역의 정확성을 기했다.

개정판 서문

2011년 이 책이 처음 출간된 후 마르크스 사상은 적어도 한 가지 측면에서 극적으로 확인되었다. 마르크스는 자유자본주의 사회에서 정치 영역과 이른바 '시민 사회'(사회적·경제적 존재를 의미하는) 사이에는 차이가 있다고 주장한다. 정치 영역, 예컨대 투표함에서 남성과 여성은 평등하고 자율적이며 각각 한 표로 집계된다. 그러나 이는 단순히 일상생활에서 실제적인 분열과 불평등, 그리고 종속성을 은폐하는 역할을 할 뿐이다. 이것은 마치 이런 조건들로부터 정치적 차원이 추상화되어 시민들이 스스로 창백한 가짜 인간simulacra이 되는 것과 같다. 민주적인 자치정부가 시민 사회 자체 — 예를 들어 노동자의 자주관리 - - 로 확장되어야만 그 간극이 좁혀질 것이다.

마르크스에게 자유민주주의 정치 영역은 완전히 실재하는 것이 아니다. 이 책이 처음 출간된 후 몇 년간 서구에서는 이 사실에 대해 열렬한 반응이 잇따랐다. 정통주의 정치를 이론적으로 거부할 뿐만 아니라 수많은 사람들이 거리로 쏟아져 나온 것이다. 신뢰를 잃은 것은 단지 정치 생활의 이런저런 측면이 아니라 정치 그 자체였다. 그러므로 세계에서 가장 강력한 국가가 기존 정치 과정에 신뢰를 주기보다는 리얼 TV에 등장하는 사악한 어릿광대—실은 바로 그 비현실의 화신—를 지도자로 선출할 준비가 되어 있는 셈이다. 1930년대 이래 자유주의 중간계급의 정치적 합의에 대한 믿음이 이처럼 크게 상실된 적이 없었다. 계급 전쟁이 발발하고 폭력 혁명이 거론되었다. 이 모든 것은 웨스트민스터나 국회의사당의 차분하고 문명화된 분위기와는 거리가 먼 곳에서 분노와 증오와 절망으로 분출되었다. 지배계급은 공개적으로 짓밟히고 조롱당하며 야유와 울부짖는 소리를 들어야 했다. 윈스턴 처칠이나 존 F. 케네디 시절에는 그렇지 않았다. 이제 정치는 험악한 집이 되어 버렸다. 당신이 잘못된 시간에 잘못 왔구나 하고 깨닫는 순간, 대갈통이 박살 날 가능성도 있다.

물론 좌파가 이런 현상을 환영하는 것은 아니다. 애증이 교차할 뿐이다. 한편으로는 놀랍게도 2017년 영국은 카를 마르크스의 영향을 많이 받은 좌파 사회주의자를 지도자로 선출하는 데 간발의 차로 실패했다. 반면, 거리로 나선 것은 단순히 좌파 포퓰리즘만이 아니라 인종주의·우월주의·폭력주의·권위주의 등의 극우 포퓰리즘도 있다. 포퓰리즘은 항상 이런 식으로 양날의 칼과 같아서 가장 관대한 평등주의 본능과 가장 추악한 본능을 동시에 불러일으켰다. 이러한 우파 포퓰리즘은 자본주의 자체에 내재된 모순의 한 극을 나타낸다는 점을 인식하는 것이 중요하다. 신자유주의 시장 체제가 더욱 지구화되고 집약화되면서 모든 안정된 정체성과 익숙한 좌표가 용광로에 던져져 끊임없는 유동과 동요의 세계를 만들어 냈다. 이 혼란에 대한 반발로 이 용감한 신세계에서 뿌리 뽑히고 불안정하다고 느끼는 사람들 사이에 깊은 불안감이 조성되었는데, 그런 불안은 혐오와 인종주의 측면에서 쉽게 이용될 수 있다. 흔히 그렇듯이 증오의 뿌리는 단순한 적대감이 아니라 두려움에 있다. 소아 성애자들을 교수형에 처하고 소수 민족들을 추방하고 싶어 하는 소영국주의자the Little Englander들의 또 다른 얼굴은, 목이 파인 셔츠를 입고 부하 직원과 즐겁게 이름을 부르며 전 지구를 돌면서 회사를 위해 수익성 좋은 거래를 성사시키고 철저하게 자유주의적·세계주의적 전망을 지닌 상냥한 최고 경영자의 모습이다.

바로 이러한 연관성을 정치적 정통파는 인정하지 않으려 하고, 오직 정치적 좌파만이 주장해 왔다. 핵심은 이 무익한 갈등에서 어느 편을 드는 것이 아니라, 이 갈등이 선진 자본주의 본질에 어떻게 뿌리내리고 있는지를 이해하는 것이다. 그러니까 지구화된 형태의 선진 자본주의 시스템이 작동되는 한 이런 내재된 모순에 끊임없이 빠질 수밖에 없다는 말이다. 즉 모순을 제거하려면 스스로를 제거할 수밖에 없는 상황이다. 이 모순은 매 순간 위협적으로 스스로를 무너뜨리려 하고 있다. 이러한 이해를 추구하는 데 마르크스의 사상은 그 어느 때보다 여전히 유효하다.

2017년 10월
테리 이글턴

초판 서문

이 책은 놀라운 생각 하나에서 시작되었다. '카를 마르크스의 작업에 대한 가장 익숙한 비판들이 모두 잘못된 것이라면? 혹은 적어도 완전히 틀리진 않더라도 대부분 틀린 것이라면 어찌 되는가?'

그렇다고 마르크스가 한 번도 실수를 범한 적이 없다고 말하는 것은 아니다. 나는, 모든 게 비판의 여지가 있다고 경건하게 선포해 놓고는, 마르크스에 대해 주요하게 비판할 점 세 가지를 들어 보라는 요청엔 못마땅한 투로 침묵해 버리는 그런 유의 좌파가 아니다. 내가 마르크스 사상에 대해 품고 있는 의혹은 이 책에서 분명히 드러날 것이다. 하지만 마르크스는 누군가 마르크스주의자로 자처하는 일이 자기 합리화는 될 만큼 충분히 중요한 사안들에 대해 당시에는 충분히 옳았다. 앨프리드 히치콕의 어떤 팬이라도 이 거장의 모든 숏, 모든 대사를 옹호하지는 않듯이, 어떤 프로이트주의자도 지그문트 프로이트가 절대로 실수를 범하지 않았다고 생각하지는 않는다. 나는 마르크스 사상이 완벽하다는 게 아니라 개연성이 있다고 제시하려는 것이다. 이 점을 보여 주기 위해 이 책에서는 마르크스에 대한 가장 표준적인 비판 열 가지를 택하여 중요도에 어떤 순서를 정하지 않고 하나하나씩 반박하려 한다. 또한 마르크스 작업에 익숙하지 못한 사람들에게 명확하고 이해하기 쉽게 그의 사상을 소개하고자 한다.

『공산당 선언Communist Manifesto』(1848)은 "의심할 여지없이 19세기에 쓰인 단행본 중 가장 영향력 있는 텍스트"[1]로 일컬어져 왔다. 정치가·과학자·군인·종교인 같은 부류와 반대되는 사상가 중에 이 책의 저자만큼 결정적으로 실제 역사의 경로를 바꾼 사람은 거의 없다. 데카르트주의 정부나 플라톤주의 게릴라 전사나 헤겔주의 노동조합 같은 건 없다는 말이다. 가장 완고한 마르크스 비판가조차 그가 인류 역사에 대한 우리의 이해를 바꾸어 놓았음을 부인하지는 않을 것이다. 반사회주의 사상가 루트비히 폰 미제스Ludwig von Mses는 사회주의를 "역사상 가장 강력한 개혁 운동, 인류의 어느 한 분파에 한정되지 않고 온갖 인종·국가·종교·문명에 속한 사람들로부터 지지를 받은 최초의 이데올로기 경향"[2]이라고 묘사했다. 그런데도 마르크스와 그의 이론을 이제는 안전하게 묻어 버릴 수 있다는 이상한 생각이 널리 퍼져 있다. 그것도 역사상 자본주의 최악의 위기 중 하나를 겪은 이후에 이런 일이 벌어지고 있는 것이다. 오랫동안 이론적으로 가장 풍부하고 정치적으로 가장 비타협적이었던 자본주의 체제 비판인 마르크스주의가 이제는 마치 태곳적 과거사인 양 안일하게 간주되고 있다.

적어도 이 위기 때문에 대체로 '근대', '산업주의' 또는 '서구' 같은 수줍은 가명으로 위장된 '자본주의'라는 단어가 다시 한 번 유통되었다. 사람들이 자본주의에 대해 말하기 시작하면, 자본주의 체제가 곤란에 빠져 있다고 할 수 있다. 그것은 이 체제가 더 이상 우리가 숨 쉬는 공기처럼 자연스럽지 못하다는 말이고, 대신 역사적으로 다소 최근 현상처럼 보일 수 있다는 뜻이다. 더군다나 태어난 것은 무엇이든 언제고 죽는 법이니, 사회 체제는 자신이 불사의 존재라고 내세우고 싶어 할 것이다. 뎅기열 발작이 당신의 몸을 새롭게 의식하는 계기가 되듯, 하나의 사회적 삶의 형식이 무너지기 시작할 때라야 비로소 그것이 어떤 것이었는지 그 실상을 알게 된다. 마르크스는 자본주의로 알려진 역사적 대상의 정체 — 자본주의가 어떻게 발생하고 어떤 법칙으로 작동되며 어떻게 종식될 수 있는가 — 를 최초로 규명했다. 뉴턴이 중력 법칙으로 알려진 보이지 않는 힘을 발견하고, 프로이트가 무의식으로 알려진 보이지 않는 현상의 작용을 밝혀냈듯이, 마르크스도 우리 일상생활의 이면을 파헤쳐서 자본주의 생산양식으로 알려진 감지할 수 없는 실체를 드러냈다.

나는 이 책에서 마르크스주의를 도덕과 문화 비판 관점으로 다룬 것들에 대해서는 거의 이야기하지 않았다. 왜냐하면 이런 유의 비판은 일반적으로 마르크스주의를 반대하기 위해 제기된 것이 아니며, 내 구도에도 들어맞지 않기 때문이다. 하지만 이 방면에서 보여 준 마르크스주의 저작들의 비범한 풍부함과 생산력은 그 자체만으로도 마르크스주의 유산에 나란히 놓여야 할 충분한 이유가 있다는 게 내 생각이다. 소외, 사회적 삶의 '상품화', 탐욕과 공격성과 무분별한 쾌락주의와 점점 확산되는 니힐리즘 문화, 인간 실존에 대한 의미와 가치의 꾸준한 내부 출혈 같은 문제들에 대한 지적 논의 중에서 마르크스주의 전통에 크게 빚지지 않은 것을 찾기란 어렵다.

페미니즘 초창기에, 의도는 좋았으나 재기가 부족했던 몇몇 남성 저자들이 "'사람들men'이라고 할 때는 물론 '남성과 여성 men and women'을 뜻한다"라고 쓰곤 했다. 비슷한 맥락에서 내가 마르크스라고 할 때는 대개 마르크스와 엥겔스를 뜻한다고 밝혀 두어야 하겠다. 물론 이 두 사람 사이의 관계는 별개의 문제이다.

이 책의 초고를 읽고 귀중한 비판과 제안을 해 준 알렉스 캘리니코스Alex Callinicos, 필립 카펜터Philip Carpenter, 엘린 M. 우드Ellen Meiksins Wood에게 감사의 마음을 전한다.

차 례

일러두기·4

개정판 서문·5

초판 서문·9

1. 마르크스주의는 끝나지 않았다

　마르크스주의는 자본주의 비판·19　탈산업주의와 지구화·21

　마르크스주의의 적실성·24　사회주의냐 야만이냐·27

　자본주의의 한계·29

2. 마르크스주의는 도그마가 아니다

　자본주의와 사회주의의 잘잘못·35　사회주의의 선결 조건·39

　시장 사회주의·47　사회주의 미디어·53

3. 마르크스주의는 결정론이 아니다

　마르크스주의의 특징·57　계급투쟁 개념·58　생산양식 개념·65

　생산력과 생산관계·70　결정론과 필연성 1·73

　결정론과 필연성 2·83　마르크스의 공산주의 비전·87

　마르크스 이론은 목적론이 아니다·92

　마르크스 이론은 비극적이다·94

4. 마르크스주의는 유토피아를 꿈꾸지 않았다

　　마르크스는 점쟁이가 아니라 예언자이다·99　더 나은 미래·102
　　현재의 미래·105　진정한 미래는 현재의 실패다·109
　　인간 본성·117　마르크스 도덕의 시작, 개인성·124
　　문제는 제도다·127　조건이 없으면 성취도 없다·131
　　제도와 교육·133　사회주의의 평등·142

5. 마르크스주의는 경제 환원론이 아니다

　　경제 환원론·151　역사의 지배적인 패턴·155　경제적 역사 이론·160
　　계급과 노동·165　노동은 인간적인 즐거움·169

6. 마르크스는 기계적 유물론자가 아니었다

　　민주주의적 유물론·177　유물론의 정신 1: 사유와 소외·183
　　유물론의 정신 2: 육체와 정신·189　언어는 실제 삶의 표현·193
　　사회적 존재가 의식을 규정한다·196　토대와 상부구조 1·201
　　토대와 상부구조 2·207　위대한 도덕 사상가 마르크스·211

7. 마르크스주의는 계급 강박증이 없다

　　노동계급이 사라졌다고?·219　노동계급의 중요성·223
　　노동계급의 범위·230　프롤레타리아트화·234

8. 마르크스주의는 폭력 혁명을 옹호하지 않는다

혁명과 개혁·243 사회주의 혁명·249 개혁과 혁명 사이·255
사회주의 혁명의 조건·258

9. 마르크스주의는 국가를 믿지 않는다

국가는 폭력의 도구다·265 국가의 실체와 파리 코뮌·270
정치권력의 역사적 맥락·275

10. 마르크스주의는 급진적 운동에 기여했다

마르크스주의와 페미니즘·285 마르크스주의와 반식민지 운동·290
마르크스주의와 탈식민주의·297 최초의 생태주의자 마르크스·302
마르크스의 자연과 노동·308

결론·317
참고문헌·319

옮긴이의 말·329
찾아보기·339

1
마르크스주의는
끝나지 않았다

마르크스주의는 끝났다. 그것은 공장과 식량폭동, 광부와 굴뚝청소부, 만연한 빈곤과 집단 노동계급의 세계와 어떤 관련이 있었을지 모른다. 하지만 오늘날 점차 계급이 사라지고, 사회적으로 유동적인 후기산업 사회와는 분명 아무런 상관이 없다. 마르크스주의는 너무 완고하거나 겁이 많거나 착각에 빠져서 세계가 영원히 변해 버렸다는 사실을 받아들이지 못한 자들의 신념이다.

마르크스주의는 자본주의 비판

마르크스주의는 끝났다는 말은 전 세계 마르크스주의자들의 귀에는 음악처럼 들릴 것이다. 그들은 행진과 피켓 시위 현장에서 짐을 챙겨 걱정하는 가족의 품으로 돌아가 또 다른 지루한 위원회 모임에 참여하는 대신, 집에서 행복한 저녁 시간을 보낼 수 있을 것이기 때문이다. 마르크스주의자가 원하는 것은 마르크스주의자가 되기를 그만두는 것뿐이다. 이 점에서, 마르크스주의자가 되는 것은 불교 신자나 억만장자가 되는 것과는 다르다. 그보다는 의사가 되는 것과 비슷하다. 의사는 환자를 치료하여 더는 자신을 필요치 않게 함으로써 스스로 직업을 박탈하는, 비뚤어지고 자기 파괴적인 존재다. 마찬가지로, 정치적 급진주의자들의 임무는 자기네 목표가 달성되어 더는 자신들을 필요로 하지 않을 지점에 이르는 것이다. 그렇게 되면, 그들은 스스로 자기 자리에서 물러나 체 게바라 포스터를 불태우고, 오랫동안 손을 놓았던 첼로를 다시 집어 들거나, 아시아적 생산양식보다는 더 흥미로운 어떤 것에 관해 이야기할 수 있으리라. 20년 후에도 여전히 마르크스주의자나 페미니스트가 존재한다면 매우 유감스러운 전망이 될 것이다. 마르크스주의는 엄밀히 말해 한시적인 문제라는 데 의미가 있다. 그래서 자기 정체성 전부를 마르크스주의에 투여한 사람은 그 핵심을 놓치기 쉽다. 마르크스주의 이후에도 삶이 있다는 것이야말로 마르크스주의의 전체 요점이다.

하지만 매혹적일 수도 있었을 이 전망에는 한 가지 문제가 있다. 마르크스주의는 이제껏 시도된 그 어느 비판보다 가장 면밀하고 엄격하며 포괄적인 자본주의 비판이다. 또한 지구의 거대한 부분을 변화시킨 유일한 비판이다. 따라서 자본주의가 위력을 떨치는 한 마르크스주의도 마찬가지로 자기 본분인 비판을 멈추지 않을 것이다. 이는 상대편을 노쇠하게 하여 퇴직시킴으로써만이 스스로도 명퇴할 수 있는 원리와 같다. 그런데 최근에 보면, 자본주의는 그 어느 때보다 혈기 왕성한 듯하다.

오늘날 대부분의 마르크스주의 비판자들은 이 점에 대해서는 반박하지 않는다. 오히려 그들은 마르크스 시대 이래로 자본주의 체제가 거의 알아볼 수 없을 정도로 변했기 때문에, 마르크스 사상이 이젠 더 이상 적합하지 않다고 주장한다. 이 주장을 보다 상세히 검토하기에 앞서, 마르크스가 도전한 이 자본주의 체제가 항상 변화하는 성격을 지녔다는 점을, 그 자신이 너무나 완벽하게 알고 있었다는 사실은 언급할 필요가 있다. 자본의 다양한 역사적 형태라는 개념 — 상업적·농업적·산업적·독점적·금융적·제국주의적 등 — 은 마르크스주의 자체에서 유래한 것이다. 그러면 자본주의가 최근 몇십 년 사이에 형태를 바꾸었다고 해서, 자본주의 본질을 변화로 본 마르크스 이론을 왜 불신한다는 말인가? 게다가 마르크스 자신은 노동계급이 쇠퇴하고 화이트칼라 노동이 가파르게 증가할 것이라고 예고까지 했다. 이 점에 대해서는 잠시 후에 살펴볼 것이다. 그는 이른바 지구화를 예견하기도 했으니, 사고가 낡았다고 여겨지는 사람치고는 이 얼마나 이상한가! 어쩌면 마르크스의 이 '낡은' 면모야말로 오늘날에도 그를 여전히 유효하도록 만드는 것인지도 모른다. 그는 빅토리아 왕조 수준의 불평등으로 급속히 회귀하는 자본주의 옹호자들한테 시대에 뒤떨어졌다고 비난받고 있으니까.

탈산업주의와 지구화

1976년에는 상당수의 서구인들이 마르크스주의가 주장할 만한 타당한 논거가 있다고 생각했다. 그러나 1986년이 되자 그들 중 많은 사람들이 더는 그렇게 생각하지 않게 되었다. 그사이에 정확히 무슨 일이 일어났던 것일까? 이들이 걸음마를 배우는 어린애들 무리에 묻혀 버리기라도 한 것일까?

세상을 뒤흔든 어떤 새로운 연구로 마르크스주의 이론이 가짜라고 정체가 탄로라도 났단 말인가? 모든 것이 농담이었다고 고백하는, 오랫동안 잊힌 마르크스의 원고를 우연히 발견하기라도 했단 말인가? 마르크스가 자본주의에 고용된 걸 발견하고 실망한 것도 아니다. 이건 이미

프리드리히 엥겔스(1879)

우리가 잘 알고 있는 사실이다. 프리드리히 엥겔스의 부친이 소유한, 샐퍼드의 에르멘 앤드 엥겔스Ermen & Engels 방직 공장이 없었다면, 고질적인 가난에 시달렸던 마르크스가 살아남아서 방직업을 비판하는 글을 쓰지도 못했을 것이다.

이 의문의 기간 동안 실제로 무슨 일이 일어나기는 했다. 1970년대 중반 이후 서구 체제는 몇 가지 중대한 변화를 겪었다.[1] 전통적인 제조 산업에서 소비주의·통신·정보기술·서비스 산업 위주의 '탈산업주의' 문화로 이행한 것이다. 소규모로 탈중심화되고, 다용도로 탈위계적인 기업들이 오늘날 대세를 이루고 있다. 시장은 탈규제화되었고, 노동자 계급 운동은 야만적인 법적·정치적 공격을 받았다. 전통적인 계급 충성도는 약화된 반면, 지역·젠더·민족 정체성은 더욱 강화되었다. 정치는 점점 더 관리되고 조작되었다.

한 줌의 초국적 기업들이 가장 손쉬운 이윤을 얻기 위해 지구를 가로질러 생산과 투자를 분산하면서, 새로운 정보기술이 날로 확장되는 지구화 시스템에 주된 역할을 담당했다. 상당수의 제조업이 '저개발된' 세계의 저임금 지역으로 위탁되었고, 그로 인해 편협한 사고를 지닌 몇몇 서구인들은 이 행성에서 중공업이 완전히 사라졌다는 결론을 내리기도 했다. 이와 같은 지구적 유동성의 여파로 노동의 대규모 국제 이주가 뒤따랐으며, 가난한 이주민들이 경제적으로 보다 발전된 국가로 쏟아져 들어오면서 인종주의와 파시즘이 되살아났다. '주변부' 나라들은 착취 노동, 사유화된 편의 시설, 대폭 삭감된 복지, 초현실적으로 불평등한 무역 협정에 종속된 반면, 까칠한 수염을 기른 거대 도시 국가의 기업 이사들은 넥타이를 벗어 던지고 셔츠 목단추를 풀어 헤친 채 직원들의 정신적 웰빙을 걱정했다.

이 가운데 어떤 것도 자본주의 체제가 활달하고 경기가 좋아서 일어난 것은 아니었다. 이와 반대로, 공격적 태도가 대부분 그렇듯이 이 새로운 자본주의 체제의 호전적인 자세는 오히려 깊은 불안에서 비롯되었다. 자본주의 체제가 광기를 드러냈다면, 그건 우울증이 잠복하고 있었기 때문이다. 이런 식의 구조 개편을 촉발한 것은 무엇보다 전후 경제 붐이 갑작

스럽게 사라졌기 때문이었다. 격화된 국제 경쟁이 이윤율을 끌어내리고 투자 원천을 고갈시켰으며 성장률을 둔화시켰다. 심지어 사회민주주의조차 이제는 너무 급진적이고 값비싼 정치적 선택이 되었다. 그리하여 로널드 레이건과 마거릿 대처를 위한 무대가 마련된 것이다. 이들은 전통 제조업을 해체하고 노동 운동에 족쇄를 채우며, 시장을 제멋대로 날뛰게 하고 국가 억압성을 강화하여, 노골적인 탐욕으로 알려진 새로운 사회철학을 옹호하는 데 힘썼다. 제조업에서 서비스·금융·통신 산업으로의 투자 변경은 장기간에 걸친 경제 위기에 대한 반응이었지, 나쁜 구세계에서 멋진 신세계로의 도약이 아니었다.

마르크스주의의 적실성

그렇다 하더라도 1970년대와 1980년대 사이 체제에 대해 대다수 급진주의자들이 생각을 바꾼 이유가 단순히 주변에 면화공장 수가 줄어서 그랬다는 것은 의심스럽다. 그 공장 수가 줄었다 해서 그들이 구레나룻이나 머리띠와 함께 마르크스주의를 던져 버린 것이 아니라 자신들이 맞섰던 체제가 단지 너무 강고하여 깨지지 않을 것이라는 확신이 컸기 때문이다. 이것은 새로운 자본주의에 대한 환상이 아니라 바꿀 가망이 없다는 것에 대한 환멸이었다. 이는 결정적인 사실로 입증되었다. 물론 체제가 바뀔 수 없다면 바뀔 필요도 없는 게 아니겠냐며 자신의 의기소침을 정당화한 예전 사회주의자들이 많았다. 하지만 결정적인 것은 대안에 대한 신념의 결핍이었다. 노동계급 운동은 너무 두들겨 맞아 피투성이가 되었고, 정치적 좌파는 너무도 강력하게 퇴행했기에, 미래는 흔적 없이 사라져 버린 듯했다. 일부 좌파들에게 1980년대 후반 소련 진영의 몰락은 이런 환멸을 심화하는 데 기여했다. 근대의 가장 성공적인 급진 조류였던 혁명적 민족주의가 70~80년대에 거의 소멸되었다는 사실은 도움이 되지 못했다. 이른바 거대 서사를 물리치고 역사의 종말을 의기양양하게 선언한 포스트모더니즘 문화를 탄생시킨 것은, 무엇보다 미래는 이제 그저 더 많은 현재일 뿐일 것이라는 확신이었다. 아니면 어느 활달한 포스트모더니스트의 표현대로 "현재 플러스 더 많은 선택"이거나.

그런 점에서 무엇보다 마르크스주의를 불신하게 만든 것은 서서히 기어드는 정치적 무력감이었다. 변화가 의제를 벗어난 듯할 때, 그때가 바로 신념을 유지할 필요가 있을 때라 할지라도 변화에 대한 신념을 유지하기란 힘들다. 결국 불가피해 보이는 것에 저항하지 않는다면, 불가피한 것이 얼마나 불가피한지 절대로 알 수 없다. 겁쟁이들이 예전의 관점을 20

년 더 고수했더라면, 그토록 기고만장한 난공불락의 자본주의가 2008년에는 도시 중심가에 현금인출기도 운영하기 힘겨워하던 꼴을 목격했을 것이다. 또한 파나마 운하 이남의 아메리카 대륙 전체가 정치적 좌파로 확고하게 이행하는 것을 보았으리라. 역사의 종말은 이제 그 끝에 이르렀다. 어쨌든 마르크스주의자들은 패배에 익숙할 것이다. 그들은 이보다 더한 파국을 알고 있다. 오로지 탱크를 더 많이 가진 이유만으로, 정치적 승산이란 늘 권력을 쥔 체제 쪽에 있는 법이다. 하지만 1960년대 후반의 성급한 비전과 열띤 희망 탓에 오히려 이런 식의 하락이 그 시대 생존자들이 삼키기에는 더욱 쓴 약이 되고 말았다.

마르크스주의를 개연성이 없는 것처럼 만든 것은 자본주의가 변신했기 때문이 아니다. 정확히 그 반대다. 체제는 평상시 같거나 오히려 더 심해졌다. 따라서 마르크스주의를 물리치는 데 기여했던 것이 아이러니하게도 마르크스주의 주장에 일종의 신뢰를 부여하게 되었다. 마르크스주의가 맞선 사회질서가 더 온건하고 자애로워지기는커녕 예전보다 한층 더 무자비하고 극단적이라 마르크스주의는 주변부로 밀려났다. 그로 인해 사회 질서에 대한 마르크스주의자의 비판은 더더욱 적실해졌다. 전 지구적 규모에서 자본은 여느 때보다 더욱 집중되고 약탈적이며, 노동계급은 양적으로 늘어났다. 초특급 부유층이 무장한 경비가 문을 지키는 통제된 자신들만의 구역에 대피해 살고 있는 반면, 수십억 슬럼 거주자들은 악취 나는 가축우리 같은 곳에서 감시탑과 철조망으로 둘러싸인 미래를 상상하는 것도 가능해졌다. 이런 상황에서, 마르크스주의가 끝났다고 주장하는 것은 방화범이 여느 때보다 더 교활하고 지략이 있다고 해서 소방 활동이 시대에 뒤떨어진 일이 되었다고 주장하는 것이나 마찬가지다.

사회주의냐 야만이냐

마르크스가 예언했듯이 우리 시대 부의 불평등은 극적으로 심화되었다. 오늘날 멕시코 억만장자 단 한 명의 소득이 그의 극빈층 동포 1천 7백만 명의 수입과 맞먹는다. 자본주의는 역사상 그 어느 때보다 더 많은 부를 창출했으나, 적어도 수십억 명에 달하는 사람을 극빈 상태에 이르게 할 만큼 천문학적 비용을 지불했다. 세계은행에 따르면, 2001년에 27억 4천만 명의 사람들이 하루 2달러 이하로 살고 있다. 우리는 자원 부족으로 인해 핵무장한 국가들이 전쟁을 벌일 미래와 직면할 가능성도 있다. 자원 부족은 대체로 자본주의 자체가 낳은 결과이다. 역사상 처음으로 우리를 지배하고 있는 삶의 형식은 단지 인종주의를 낳고 문화적 백치 현상을 퍼뜨리며,

우리를 전쟁으로 몰고 가거나 노동 수용소로 몰아넣는 힘을 갖고 있을 뿐만 아니라, 우리를 이 행성에서 절멸시킬 힘도 갖고 있다. 그렇게 하는 것이 이득이 된다면, 자본주의는 반사회적으로 행동할 것이고, 그건 오늘날 상상할 수 없는 규모의 인간 파괴를 의미할 수 있다. 예전엔 종말론적 환상이던 것이 오늘날엔 엄연한 현실주의가 되었다. '사회주의냐 야만이냐'라는 전통적인 좌파 구호가 이보다 더 단호하게 양극단인 적이 없었고, 이보다 덜 수사적 과장이었던 적도 없었다. 이처럼 참담한 상황에서는 프레드릭 제임슨의 말대로 "마르크스주의는 필연적으로 다시금 진실이 될 수밖에 없다."[2]

부와 권력의 엄청난 불평등, 제국주의 전쟁, 강화된 착취, 점점 더 억압적인 국가 등, 이 모든 것이 오늘날 세계를 특징짓는다면, 그것들은 또한 마르크스주의가 거의 두 세기 동안 행동하고 성찰해 온 문제이기도 하다. 그렇다면 마르크스주의가 현세대에게 가르쳐 줄 교훈이 몇 가지 있으리라. 마르크스 자신도 그가 택한 나라 영국에서 농민층이 땅에서 뿌리 뽑혀 도시 노동계급으로 편입되는 대단히 폭력적인 과정에 특히 충격을 받았다. 현재 브라질·중국·러시아·인도도 이 과정을 겪고 있다. 트리스트럼 헌트Tristram Hunt는 오늘날 라고스Lagos나 다카Dhaka에서 슬럼으로 알려진 "코를 찌르는 똥 산더미"를 상세히 기록한 마이크 데이비스Mike Davis 책

『슬럼, 지구를 뒤덮다*Planet of Slums*』가 엥겔스의 『영국 노동계급의 상황*The Condition of the Working Class in England*』의 최신판으로 볼 수 있다고 지적한다. 중국이 세계의 작업장이 되면서 "광둥과 상하이의 경제특구가 1840년대의 맨체스터와 글래스고를 섬뜩하게 연상시키는 것 같다."[2]고 헌트는 논평한다.

마이크 데이비스(1946-2022)

자본주의의 한계

시대에 뒤떨어진 것이 마르크스주의가 아니라 자본주의 자체라면 어떨까? 마르크스는 빅토리아 시대 영국에서 자본주의 체제가 이미 활력을 잃었다고 보았다. 전성기에는 사회 발전을 촉진했지만, 그때는 발전을 가로막는 장애물로 기능하고 있었던 것이다. 그는 자본주의 사회가 아무리 근대성을 자랑한다 해도 환상과 물신주의, 신화와 우상 숭배로 넘쳐난다고 여겼다. 자본주의 사회의 계몽성이란 것—자신의 우월한 합리성에 대한 의기양양한 믿음—은 일종의 미신이었다.

그 사회가 어떤 놀랄 만한 진보를 이룰 수 있었다면, 거기엔 단지 제자리에 머물러 있기 위해서 엄청나게 달려야만 했다는 또 다른 의미가 있는 것이다. 마르크스는 자본주의 마지막 한계는 자본 그 자체이며, 자본의 끊임없는 재생산이 자본주의가 벗어날 수 없는 경계라고 논평한 바 있다. 그러므로 모든 역사 체제 가운데 가장 역동적인 이 체제에는 이상하게도 정태적이고 반복적인 어떤 것이 있다. 체제의 근본 논리가 거의 일정하게 유지된다는 사실은, 마르크스주의 비판이 대체로 타당한 이유 중 하나이다. 이 체제가 진정으로 자신의 한계를 뛰어넘어 상상할 수 없었던 새로운 무언가를 시작할 수만 있다면, 이제까지 열거한 자본주의 비판은 사실이 아닐 수도 있다. 하지만 자본주의는 자신의 현재를 일정한 틀대로 재생산하지 않는 미래를 발명할 수가 없다. 재생산이라 해도 너 많은 선택이 있기는 하겠지만….

자본주의는 거대한 물질적 발전을 이루었다. 하지만 우리 삶을 조직하는 이 방식은 모든 면에서 인간의 요구를 만족시킬 수 있다는 걸 보여 주기에 아주 많은 시간이 지났는데도, 전보다 상황이 더 나아진 것 같지는 않다. 자본주의가 그 목표를 달성할 때까지 우리는 얼마나 오래 기다릴 준비가 되어 있는가? 이 생산양식이 발생시킨 엄청난 부가 무르익으면, 그때는 부가 모두에게 돌아갈 것이라는 신화에 왜 우리는 계속해서 빠져드는가? 만일 이와 비슷한 주장을 극좌파가 했다면 세상은 그렇듯 온화하고 기다려 보자는 식의 인내로 대했을까? 자본주의 체제에는 언제나 거대한 불평등이 존재하리라 인정하지만, 그건 단지 힘든 것일 뿐 대안들은 더 나쁘다고 주장하는 우파들은, 이 체제가 결국에는 좋아질 것이라 설교하는 사람들보다 뻔뻔스러운 면에서는 더 정직하다. 흑인도 있고 백인도 있는 것과 마찬가지로 부자도 있고 빈자도 있게 마련이라면, 부유한 사람들이 누리는 혜택들 또한 결국엔 궁핍한 사람들에게 퍼질 수도 있을 것이다. 하지만 어떤 이는 궁핍한 반면 다른 이는 부유하다고 지적하는 것은 세상에는 형사도 있고 범죄자도 있다고 주장하는 것이나 매한가지다. 사실이 그렇지만, 이는 범죄자가 있기 때문에 형사들이 있다는 진실을 은폐한다.

2

마르크스주의는
도그마가 아니다

마르크스주의는 이론상으로는 다 괜찮다. 하지만 실행에 옮겨질 때마다 그 결과는 상상할 수 없을 만큼 공포와 독재와 대량 학살로 얼룩졌다. 마르크스주의는 자유와 민주주의를 당연한 것으로 간주하는 부유한 서구 학자들에게는 좋은 생각으로 보일지 모른다. 그러나 수백만의 평범한 사람들에게 마르크스주의는 기아와 역경, 고문과 강제 노동, 경제 파탄과 끔찍한 억압 국가를 의미했다. 이 모든 것에도 불구하고 이 이론을 계속 지지하는 사람들은 둔하고 자기기만적이거나 아니면 도덕적으로 비열하다. 사회주의는 자유의 결핍을 의미한다. 또한 시장을 폐지한 필연적 결과로서 물질적 부의 결핍을 의미한다.

자본주의와 사회주의의 잘잘못

수많은 서구인들은 피로 물든 조직을 열렬히 지지하는 자들이다. 이를테면 기독교인들이 그렇다. 점잖고 동정심 많은 사람들이 피로 물든 문명을 지지하는 일은 비일비재하다. 이 부류에 자유주의자들과 보수주의자들이 있다. 근대 자본주의 국가는 모택동의 중국이나 스탈린의 소련 못지않게 혐오스러운 노예제와 대량 학살, 폭력과 착취의 역사가 낳은 산물이다. 자본주의 역시 피와 눈물로 구축되었다. 다만 자본주의는 충분히 오래 살아남아 이런 공포의 많은 부분이 잊혔는데, 스탈린주의나 마오주의는 그렇지 못했을 뿐이다. 마르크스가 이런 기억 상실증의 해를 입지 않았던 것은, 부분적으로는 그가 자본주의 체제가 아직 형성 중일 때 살았기 때문이다.

마이크 데이비스는 『후기 빅토리아조의 홀로코스트*Late Victorian Holocausts*』에서 19세기 후반에 완전히 막을 수 있었던 기아와 가뭄과 질병으로 인도인·아프리카인·중국인·브라질인·조선인·러시아인 등 수천만 명의 사람들이 사망했다고 썼다. 이런 재앙의 대부분은 자유 시장 원리의 결과였다.

예를 들어 곡물 가격이 급등하여 일반인들은 식량을 구할 수 없었다. 이처럼 터무니없는 일들은 빅토리아 시대처럼 오래전에 일어난 과거사가 아니다. 20세기 마지막 20년간 세계에서 하루 2달러 이하로 살아가는 인구수가 거의 1억 명가량 늘어났다.[1] 오늘날 영국에서는 어린이 세 명당 한 명이 최저 생활 수준으로 살고 있는 반면, 은행 간부들은 연 보너스가 떨어져 백만 파운드밖에 안 된다고 불평한다.

물론 자본주의는 이런 혐오스러운 것들과 함께 더없이 소중한 것들도 남겨 주었다. 마르크스가 그토록 경탄해 마지않았던 중간계급이 없었다면, 불황과 노동착취 공장과 파시즘과 제국주의 전쟁과 멜 깁슨Mel Gibson이라는 역사뿐만 아니라 자유와 민주주의, 시민권과 페미니즘, 공화주의와 과학적 발전과 그 밖의 수많은 것들의 유산 또한 없었을 것이다. 하지만 이른바 사회주의 체제도 그 나름의 성취들이 있었다. 아무리 끔찍한 인간 희생을 치렀을망정 중국과 소련은 시민들을 경제적 후진성에서 근대 산업 세계로 끌고 나왔다. 희생이 그토록 끔찍했던 이유는 부분적으로 서구 자본주의의 적대 때문이었다. 그 적대는 관절염에 시달리던 소련 경제를 더욱 절룩거리게 한 무기 경쟁으로 내몰았고 마침내 붕괴 지점에 다다르게 했다.

하지만 그 와중에도 소련은 위성 국가들과 함께 예전에 누렸던 것과는 비할 바 없는 높은 수준의 평등과 (결국에는) 물질적 복지를 이룩했을 뿐만 아니라 유럽 시민의 절반을 위한 값싼 주택과 연료와 교통 체계, 그리고 문화와 완전 고용과 인상적인 사회 서비스를 달성했다. 공산주의 동독은 세계 최상의 아동 복지 시스템 중 하나를 자랑할 수 있었다. 소련은 제국주의 세력을 무너뜨리는 데 일조를 했을 뿐만 아니라 파시즘이라는 악과의 싸움에서도 영웅적인 역할을 수행했다. 또한 소련은 서구 국가들이 오직 남의 땅 원주민을 죽일 때만 소환할 수 있을 듯한 시민들 사이의 연대감을 고취해 냈다. 이 모든 것들이 분명 자유와 민주주의 그리고 상점의 야채를 대신할 수야 없겠지만, 그렇다고 무시되어서는 안 된다. 민주주의가 자유를 내세워 마침내 소련 진영을 구원하러 진격해 올 때, 취한 방식은 경제적 충격 요법이었다. 이 방식은 말이 좋아 민영화지 실은 대낮 강도였다. 수천만 명의 실직, 가난과 불평등의 엄청난 증가, 무료 탁아소의 폐쇄, 여성의 권리 상실, 이 나라들에 훌륭하게 기여해 오던 사회복지망의 실질적 붕괴 등을 야기했다.

그렇다 해도 공산주의 이점이 손실보다 더 크다고 하기는 어렵다. 초기 소련이 처한 엄혹한 상황에서는 어떤 형태의 독재 정부가 불가피했을지도 모른다. 그러나 스탈린주의나 그와 유사한 것이어야 하는 건 아니다. 대체적으로 마오주의와 스탈린주의는 사회주의로부터 가장 혜택을 입어야 하는 세상의 많은 사람들에게 사회주의라는 생각 자체를 악취 나는 것으로 만들어 버린 서툴고 잔혹한 실험이었다. 하지만 자본주의는 어떤가? 앞서 말한 대로 서구의 실업 인구는 이미 수백만 명에 이르고 여전히 늘어나고 있으며, 자본주의 경제는 쪼들리는 시민들에게서 수조 원을 도용하고서야 파멸을 면하고 있다. 세계 금융 시스템을 심연의 나락으로 몰고 간 은행업자와 금융업자들은 분노한 시민들에게 발각되어 능지처참을 당할까 봐 틀림없이 성형 수술을 받기 위해 줄을 서고 있을 것이다.

세계의 일부 분야에 유례없는 번영을 가져다주었다는 점에서, 자본주의가 한동안은 제대로 작동해 온 건 사실이다. 하지만 스탈린과 마오가 그랬듯이, 엄청난 인적 희생을 치렀다. 이는 대량 학살과 기근, 제국주의와 노예 무역의 문제만이 아니다. 자본주의 체제는 막대한 규모의 박탈을 동반하지 않고서는 부를 낳을 수도 없는 것으로 판명되었다. 하기야 자본주의적 삶의 방식이 이제 지구 전체를 파괴하려고 위협하고 있으니, 장기적으로 보면 이 정도는 그리 큰 문제가 아닐지도 모른다. 어느 저명한 서구 경제학자는 기후 변화를 "역사상 시장의 최대 실패"라고 묘사한 바 있다.[2]

사회주의의 선결 조건

마르크스 자신은 사회주의가 궁핍한 상황에서 성취될 수 있으리라고는 결코 생각하지 않았다. 그런 계획은 마치 중세 시대에 인터넷을 발명하는 것 같은 기괴한 시간의 고리를 필요로 할 것이다. 스탈린 이전까지는 레닌과 트로츠키, 그리고 나머지 볼셰비키 지도층을 포함한 어떤 마르크스주의 사상가도 이것이 가능하다고 상상하지 못했다. 부의 양이 적으면 모두의 이익을 위해 부를 재편할 수 없다. 부가 결핍된 상황에서는 사회계급을 철폐할 수 없는 것이다. 왜냐하면 모든 사람의 필요를 충족시키기에 물질적 잉여가 너무 부족한 상황에서는 갈등이 발생해 계급이 부활하기 때문이다. 마르크스는 『독일 이데올로기 *The German Ideology*』(1845~46)에서 이같은 조건에서 일어난 혁명의 결과는 "오랜 추악한 일"(덜 고상하게 말하면 "늘 똑같은 개소리")이 반복될 따름이라고 논했다. 얻을 것이라곤 사회 전반에 만연된 결핍뿐이다. 아무런 사전 준비가 안 된 상태에서 어느 정도 자본 축적이 필요하다면, 잔인하긴 해도 가장 효과적인 방법은 이윤 동기를 통하는 길이다. 열렬한 자기 이익 추구는 엄청난 빈곤을 가속화할 수 있지만, 놀라운 속도로 부를 쌓아 올릴 수도 있다.

마르크스주의자들은 어느 한 나라에서만 사회주의를 성취

하는 일이 가능하다고 상상한 적이 없다. 사회주의 운동은 국제적이다. 그렇지 않으면 아무 소용이 없다. 사회주의 운동은 냉철한 유물론적 주장이지, 신심에서 우러나온 관념론자의 주장이 아니다. 나라마다 생산이 전문화되고 분업화된 세계에서 사회주의 국가가 국제적 지원을 얻지 못하면, 결핍을 없애는 데 필요한 지구적 자원을 끌어들일 수 없을 것이다. 한 나라에서 생산되는 부로는 결코 충분하지 않다. 일국 사회주의라는 이상한 생각은 부분적으로는 다른 나라들이 소련을 도와주러 올 수 없다는 사실을 냉소적으로 합리화하려는 의도로 1920년대에 스탈린이 발명한 것이다. 이는 마르크스에게서 나온 이론이 아니다. 물론 사회주의 혁명은 어딘가에서 시작되어야 한다. 하지만 일국의 경계 안에서는 완성될 수 없다. 절망적으로 고립된 한 나라의 결과만 보고 사회주의를 평가하는 것은, 미국 미시건주의 캘러머주Kalamazoo에서 실행한 사이코패스에 대한 연구를 보고 인류에 관한 결론을 도출해 내는 것이나 마찬가지다.

매우 낮은 단계에서부터 경제를 건설하는 일은 몹시 고되고 의욕이 나지 않는 임무다. 그 임무에 뒤따르는 역경을 자발적으로 감수하려 드는 사람은 없을 것이다. 따라서 이 계획이 민주적 통제 아래 그리고 사회주의 가치와 일치하면서 단계적으로 집행되지 않는다면, 권위주의 국가가 끼어들어 시민들이 자발적으로 나서기를 망설이는 일을 억지로 하게 만들 수 있다. 볼셰비키 러시아에서 시행된 노동의 군대화가 바로 그런 사례다. 그 결과, 사회주의의 경제적 토대를 건설하려는 시도 자체가 사회주의의 정치적 상부구조(인민민주주의, 진정한 자치정부)를 무너뜨린다는 섬뜩한 아이러니가 생긴다. 이는 파티에 초대받고 갔다가 케이크를 굽고 맥주를 빚어야 할 뿐만 아니라, 바닥을 파고 마룻장을 놓아야 할 상황임을 알게 되는 것과 같다. 즐길 시간이 별로 없다는 얘기다.

이상적으로 보면, 사회주의는 숙련되고 교육받은 정치적으로 세련된 대중, 번성하는 시민 조직, 발전된 기술, 계몽된 자유주의 전통, 민주주의의 습관 등이 필요하다. 턱없이 부족한 고속도로를 보수할 여력조차 없거나, 뒤채 우리의 돼지 한 마리를 제외하곤 질병과 기아를 대비할 어떤 보험도 없다면, 사회주의에 필요한 조건은 아무것도 갖추지 못한 것이다. 특히 식민 지배 역사를 겪은 나라들이라면 위에 열거한 이점들은 결핍되기 십상이다. 식민주의 강대국들은 시민적 자유나 민주적 제도를 식민지인들에게 이식하려는 열의가 결코 높지 않기 때문이다.

마르크스가 강조하듯이, 사회주의는 또한 노동 시간의 단축을 요구한다. 이는 자기실현을 위한 여가를 제공하고, 정치적·경제적 자치정부의 업무 시간을 마련하기 위한 것이다.

하지만 신발이 없다면 이런 일을 할 수 없고, 수백만 시민들에게 신발을 나눠 주려면 중앙집권화된 관료 국가가 필요할 것이다. 볼셰비키 혁명의 여파로 러시아가 그랬듯이, 적대적인 자본주의 열강들에게 나라가 침략당한다면, 독재 국가는 더한층 불가피할 듯하다. 제2차 세계대전 당시 영국은 독재 국가와는 거리가 멀었지만, 결코 자유 국가는 아니었고 그렇게 되리라 기대하는 사람도 없었다.

따라서 사회주의가 되려면 문자 그대로든 비유적 의미든 상당히 부유해야 한다. 마르크스와 엥겔스부터 레닌과 트로츠키에 이르기까지 어떤 마르크스주의자도 다른 것을 꿈꿔 본 적이 없다. 스스로 부유하지 않으면, 물질적 자원이 꽤 풍부한 동정적인 이웃이 당신을 도와주러 달려와야 한다. 볼셰비키의 경우, 이는 이웃 국가(특히 독일)도 자체 혁명을 일으키는 것을 의미했으리라. 이들 나라의 노동계급이 자본가 주인을 전복하고 생산력을 소유할 수 있다면, 그 자원을 이용하여 사상 최초의 노동자 국가가 흔적도 없이 가라앉지 않도록 구해 줄 수 있었을 것이다. 이는 보기보다 그렇게 무모한 제안이 아니다. 당시 유럽은 혁명의 희망으로 불타고 있었고, 노동자와 군인 대표 평의회(혹은 소련)가 베를린·바르샤바·빈·뮌헨·리가 같은 도시에서 우후죽순처럼 생겨나고 있었다. 하지만 이런 반란들이 진압되자, 레닌과 트로츠키는 자신들의 혁명이 곤경에 빠진 것을 알아차렸다.

그렇다고 사회주의 건설이 궁핍한 조건에서 시작될 수 없다는 건 아니다. 다만 물질적 자원이 없다면 스탈린주의라고 알려진 괴물 같은 사회주의 풍자로 왜곡되기 쉽다는 것이다. 볼셰비키 혁명은 반혁명과 도시 기근과 유혈 내전으로 위협받았을 뿐만 아니라, 곧 제국주의 서구 군대에 포위당했다. 혁명은 대체로 엄청난 수의 적대적인 농민층에 둘러싸여 섬처럼 고립되었는데, 이들은 총구의 협박 아래 어렵게 얻은 잉여를 굶주리는 도시에 내주기가 싫었다. 협소한 자본주의적 토대, 처참하게 낮은 수준의 물질 생산, 미미한 시민 조직, 몰살당해 피폐한 노동계급, 농민 반란, 차르Tsar와 맞먹을 만큼 불어난 관료들로 혁명은 거의 시작부터 심각한 곤란에 빠졌다. 결국 볼셰비키는 굶주리고 낙담하고 전쟁에 지친 인민들에게 총부리를 들이대며 근대성을 향해 이끌고 가야만 했다. 정치적으로 가장 전투적인 수많은 노동자들이 서구 지원을 받은 내전에서 희생되었고, 볼셰비키당은 사회적 토대가 줄어들었다. 얼마 지나지 않아 볼셰비키당은 노동자들의 국가인 소련을 찬탈했고 독립 언론과 사법 제도를 금했다. 당은 정치적 반대파와 야당을 억압했으며, 선거를 조작하고 노동을 군대화했디. 이와 같이 무자비하게 반사회주의적인 프로그램은 내전과 광범위한 기아와 외국의 침략을 배경으로 탄생했다. 러시아 경제는 황폐해지고 사회 조직은 해체되고 말았다. 전반적으로 20세기를 특징짓는 비극적 아이러니로 표현하자면, 사회주의는 가장 필요한 곳에서 가장 불가능한 것으로 판명되었다.

역사가 아이작 도이처Isac Deutscher는 평소의 독보적인 웅변으로 이 상황을 묘사한다. 당시 러시아 상황은 "사회주의를 건설하려는 최초이자 지금까지 유일한 시도가 최악의 조건에서 수행되어야 한다는 것을 의미했다. 집약적인 국제 노동 분업의 이점이나 유구하고 복합적인 문화적 전통의 생산적인 영향도 없이, 물질적·문화적으로 매우 빈곤하며 원시적이고 조잡한 환경에 처해 있어서 사회주의를 향한 노력 자체를 훼손하거나 왜곡하기 쉬웠다."[3] 유독 낯이 두꺼운 마르크스주의 비판자만이 마르크스주의는 어떤 경우든 권위주의적 교리니까 그중 어느 것과도 무관하다고 주장할 수 있으리라. 비판자의 말마따나 만약 마르크스주의가 내일 영국 본토를 점령하면 한 주도 지나지 않아 영국 남동부 서레이 카운티의 도킹Dorking 타운에 집단 노동수용소가 생길 것이다.

앞으로 살펴보겠지만, 마르크스 자신은 경직된 도그마와 군사 테러, 정치 억압과 전제 국가 권력을 비판했다. 그는 정치 대표자가 유권자에게 책임을 다해야 한다고 믿었으며, 당시 독일 사회민주당의 국가주의 정치를 맹렬히 비난했다. 그

는 언론과 시민의 자유를 주장했
고, 강압적인 도시 프롤레타리아
트화(그의 경우는 러시아보다 영국에
서)를 두려워했으며, 농촌에서 공
동 소유는 강압이 아닌 자발적
과정이어야 한다고 생각했다. 하
지만 빈곤에 찌든 조건에서는 사
회주의가 성공할 수 없다는 점을
깨달은 사람으로서, 그는 러시아

아이작 도이처(1907-1967)

혁명이 어떻게 실패하게 되었는지 완벽히 이해했다.

사실 역설적으로 스탈린주의는 마르크스 작업의 신뢰를
떨어뜨렸다기보다 그 타당성을 입증한다. 스탈린주의가 어
떻게 탄생했는지 명확한 설명을 원한다면, 마르크스주의로
가야만 한다. 이 괴물에 대한 단순한 도덕적 비난만으로는 충
분치 않다. 마르크스주의가 어떤 물질적 조건에서 발생하고
어떻게 기능하며 어떻게 실패할 수 있는지를 알아야 한다.
이런 지식은 일부 주류 마르크스주의들이 가장 탁월하게 제
공해 왔다. 이들 중 다수가 트로츠키 추종자들이거나 또는
이런저런 사회주의 '자유의지론'파들로 한 가지 중요한 점에
서 서구 자유주의자들과 달랐다. 이른바 공산주의 사회에 대
한 그들의 비판은 훨씬 더 뿌리가 깊었다. 그들은 더 많은 민

주주의나 시민권을 아쉬워하는 호소에 만족하지 않았다. 대신에 억압적인 체제 전체의 전복을 요구했으며, 이를 정확히 사회주의자로서 요구했다. 더욱이 스탈린이 권력을 잡은 바로 그날 이후로 줄곧 그런 요구를 제기해 왔다. 동시에 그들은 공산주의 체제가 무너진다면, 그 폐허를 뒤지려고 굶주린 채 기다리는 약탈적 자본주의의 손아귀에 들어갈 것이라고 경고했다. 트로츠키는 소련의 그런 종말을 정확히 예견했고, 20여 년 전에 그가 옳았음이 증명되었다.

시장 사회주의

약간 미친 자본주의 집단이 초현실적으로 단기간에 전근대 부족을 홍보와 자유 시장 경제의 전문 용어를 구사하고 무자비하게 소유욕이 강하며 기술적으로 세련된 기업가로 변모시키려 한다고 상상해 보라. 이런 실험이 극적인 성공으로 입증되지 못할 것이 뻔하다는 사실이 자본주의에 대한 정당한 비난이 될 수 있을까? 분명 아니다. 그렇게 생각하는 건 걸스카우트가 어떤 까다로운 양자물리학 문제를 풀지 못했다는 이유로 해체되어야 한다고 주장하는 것만큼이나 어리석다. 마르크스주의자는 CIA가 비밀리에 운영하는 감옥이 이슬람교도를 고문했다고 해서, 토머스 제퍼슨에서 존 스튜

어트 밀에 이르는 강력한 자유주의 계보가 폐지되어야 한다
고는 믿지 않는다. 비록 그런 감옥이 오늘날 자유주의 사회
정치의 일부라 하더라도 말이다. 하지만 마르크스주의 비판
자들은 공개 재판과 집단 공포 정치가 마르크스주의에 대한
반박이 될 수 없다는 사실을 좀처럼 인정하려 들지 않는다.

그러나 일부 사람들이 사회주의가 작동할 수 없다고 생각
하는 데는 또 다른 이유가 있다. 설령 풍족한 조건에서 사회
주의를 건설한다 해도, 어떻게 시장 없이 복잡한 현대 경제
를 운영할 수 있겠냐는 것이다. 이에 대해 더욱 많은 마르크
스주의자들이 내놓은 답은 그럴 필요가 없다는 것이다. 그들
의 관점에서 시장은 사회주의 경제의 필수 요소로 남아 있을
것이다. 이른바 시장 사회주의는 생산수단을 사회적으로 소
유하지만, 자치 협동조합이 시장에서 서로 경쟁하는 미래를
예상한다.[4] 이런 식으로 하면 시장의 미덕은 유지하되 결함
은 제거할 수 있을 것이다. 개별 기업 차원에서는 협동조합이
효율성 향상을 보증할 것이다. 협동조합은 언제나 자본주의
기업만큼 효율적이고, 때로는 훨씬 더 효율적이라는 증거가
있다. 전체 경제 차원에서는 경쟁 시스템은 전통적인 스탈린
주의 중앙 집중식 계획 모델과 관련된 정보나, 할당과 인센
티브 문제가 발생하지 않도록 보증한다.

어떤 마르크스주의자들은 마르크스가 사회주의 혁명 이후

과도기에는 시장이 계속 남아 있을 거라고 믿었다는 점에서, 마르크스 자신이 시장 사회주의자였다고 주장하기도 한다. 마르크스는 또한 시장이 착취적이지만 해방적이기도 하여, 영주나 주인에 대한 예전의 의존에서 벗어나는 데 도움이 되었다고 생각했다. 시장은 사회관계에서 신비의 아우라를 벗겨 내어 시장의 황량한 현실을 드러낸다. 이 점에 관해 마르크스가 어찌나 예리하게 논파했던지, 철학자 한나 아렌트는 『공산당 선언』의 서두를 "이제껏 나온 것 가운데 가장 강력한 자본주의 찬양"[5]이라고 한 적이 있다. 시장 사회주의자들도 시장이 결코 자본주의에만 있는 게 아니라고 지적한다. 트로츠키의 일부 제자들은 놀랄지 모르겠으나, 심지어 그들의 스승조차 비록 사회주의로 가는 과도기에만 그리고 계획 경제와 결합되어야 한다는 조건 하에서 시장을 옹호했다. 트로츠키는 "경제 회계란 시장 관계 없이는 생각할 수 없"[6]으니, 적절하고 합리적인 계획에 대한 점검을 위해 시장이 필요하다고 생각했다. 소련 좌익 반대파Soviet Left Opposition와 더불어 그는 이른바 지령 경제command economy에 대한 강한 비판자였다.

시장 사회주의는 사적 소유와 사회계급과 착취를 없앤다. 또한 경제 권력을 실제 생산자의 손에 둔다. 이 모든 면에서 본다면 자본주의 경제에도 환영할 만한 진전일 수 있다. 하

지만 자본주의 경제의 특징을 너무
많이 유지하고 있어 몇몇 마르크스
주의자들은 반기지 않는다. 시장 사
회주의에서는 여전히 상품 생산과
불평등, 실직과 인간 통제를 벗어
난 시장 세력의 지배가 남아 있을
것이다. 과연 노동자들이 끊임없는
축적을 향한 충동으로 단순히 집단
적 자본가로 변질되어 이윤을 극

한나 아렌트(1906-1975)

대화하고 품질을 떨어뜨리며 사회적 필요를 무시하고 소비
주의에 영합하지 않을 수 있을까? 어떻게 시장의 만성적인
단기 실적주의, 전체적인 사회 상황을 무시하는 습관, 파편적
결정으로 인한 장기적인 반사회적 영향을 피할 수 있을까?
교육이나 국가의 감시로 이런 위협을 줄일 수는 있겠지만,
일부 마르크스주의자들은 그 대신에 중앙 계획이나 시장 지
배가 아닌 경제에 주목하고 있다.[7] 이 모델에서는 일터와 이
웃과 소비자 협의회의 네트워크에서 생산자·소비자·환경론
자 및 기타 관련 당사자들 간의 협상을 통해 자원이 배당될
것이다. 자원의 전체적 분배, 성장률과 투자율, 에너지, 운송,
환경 정책 등에 대한 결정을 포함하여 경제의 광범위한 매개
변수는 지역과 지방 그리고 전국 단위의 의회에서 정해진다.

예컨대 자원 배당에 관해 일반적 결정이 내려지면 지역과 지방 차원으로 이관되고, 여기서 더 상세한 계획이 점진적으로 세워질 것이다. 각 단계마다 대안적인 경제 계획과 정책에 대한 공개 토론이 필수적이다. 이런 식으로 하면 사적 이윤이 아니라 사회적 필요에 따라 무엇을 어떻게 생산할지가 결정될 수 있다. 자본주의 아래서는 병원을 더 많이 건설할지, 아침 식사용 시리얼을 더 많이 생산할지를 결정할 권한이 우리에게 없다. 하지만 사회주의 아래서는 이런 자유가 정기적으로 행사될 것이다.

그런 의회의 권력은 민주적 선거를 통해 하향식이 아니라 상향식으로 전달된다. 상업과 생산의 각 분야를 대표하는 민주적으로 선출된 조직들이 일련의 투자 결정을 합의하기 위해 국가경제위원회와 협상할 것이다. 가격은 중앙이 아니라 소비지·사용자·이해집단 등의 의견을 바탕으로 생산 단위에서 결정된다. 그와 같은 이른바 참여경제를 옹호하는 일부 사람들은 일종의 혼합 사회주의 경제를 받아들인다. 혼합 사회주의 경제에서는 공동체에 중요한 관심 품목(식량·보건·의약품·교육·운송·에너지·생활필수품·금융기관·미디어 등)은 운영자가 이익이 늘어날 기회를 엿보며 반사회적으로 행동하는 경향이 있으므로 민주적인 공적 통제 아래 두어야 한다. 그러나 사회적으로 덜 필수적인 상품(소비재·사치품)은 시장의 기능에 맡길 수 있다.

일부 시장 사회주의자는 이 모든 구도가 너무 복잡해서 제대로 작동될 수 없다고 본다. 언젠가 오스카 와일드가 말했듯이, 사회주의의 문제점은 저녁 시간을 너무 많이 빼앗는다는 것이다. 하지만 적어도 사회주의 시스템의 바퀴에 기름을 칠하는 현대 정보기술의 역할을 고려해 볼 필요가 있다. 프록터 앤드 갬블Procter & Gamble사의 전 부사장조차 현대 정보기술이 노동자들의 자주 관리를 현실적으로 가능하게 한다고 인정했다.[8] 게다가 팻 드바인Pat Devine은 현재 자본주의 경영과 구조가 얼마나 많은 시간을 소모하고 있는지를 상기시켜 준다.[9] 사회주의적 대안이 더 많은 시간을 차지할 것이라는 명확한 이유도 없다.

일부 참여경제 모델 지지자들은 재능과 숙련도와 직종의 차이에 상관없이 같은 양의 노동에 대해 모두 동등한 보수를 받아야 한다고 주장한다. 마이클 앨버트Michael Albert의 말대로, "고급 장비 일체가 갖춰진 안락하고 풍족한 환경에서 일하는 의사가, 목숨과 사지를 잃을 위험을 무릅쓰고 지루함과 멸시를 견디며 끔찍한 소음 속에서 일하는 조립공장 노동자보다 더 많이 번다. 각자가 얼마나 오래, 얼마나 힘들게 일히느냐는 상관없다."[10] 사실 노동에 비해 훨씬 더 많은 보상을 받는 의사나 교수보다 단조롭고 힘들고 더럽고 위험한 일을 하는 사람에게 더 많이 지급해야 한다는 강력한 주장이 있다. 그러면 이 더럽고 위험한 일의 대부분은 아마도 예전 왕실 구성원들이 수행할 수도 있을 것이다. 우리는 우선순위를 바꿀 필요가 있다.

사회주의 미디어

방금 내가 미디어를 공적 소유로 할 때가 되었다고 했으니, 사례를 들어 살펴보자. 반세기도 더 전에 레이먼드 윌리엄스는 『소통』[11]이란 훌륭한 소책자에서, 예술과 미디어를 위한 사회주의 계획을 대략 설명했는데, 한편으로는 내용에 대한 국가 통제를 거부하고, 다른 한편으로는 이윤 동기의 자주권을 거부했다. 대신, 이 분야의 적극적인 기여자들이 자신들의 표현과 소통 수단을 통제할 수 있도록 하자는 것이다. 예술과 미디어 — 라디오 방송국, 콘서트홀, 텔레비전 네트워크, 극장, 신문사 등 — 의 실제 '설비'는 (다양한 형태의) 공적 소유로 넘어가고, 경영은 민주적으로 선출된 집단에 맡겨질 것이다. 여기에는 일반 대중과 미디어 또는 예술 단체 대표들이 포함될 것이다.

국가로부터 엄격히 독립된 이런 위원회는 개별 전문가들에게 혹은 작가·저널리스트·음악가 같은 민주적 자치로 운영되는 독립 기업체에 공공 자원을 부여하고 사회 소유 시설을 '임대'하는 일을 담당할 것이다. 그러면 이들은 국가의 규제나 시장의 왜곡된 압력에서 벗어나 자유롭게 작품을 생산할 수 있다. 무엇보다 권력에 미친 탐욕스러운 불한당들이 사적으로 소유한 매체를 통해 그들만의 이익을 위한 의견과 그들이 지지하는 체제를 대중에게 믿으라고 지시하는 상황에서 벗어날 수 있으리라. 한 줌의 상업적인 무뢰배들이 자기들의 은행 잔고에만 유리한 네안데르탈인 수준의 정치 견해로 대중의 마음을 멋대로 타락시킬 수 있다는 생각에 대해 완전히 거부하면서 되돌아볼 수 있을 때, 우리는 사회주의가 자리를 잡았음을 알게 될 것이다.

자본주의 아래서는 많은 미디어들이 이윤에 도움이 안 된다는 이유로 어렵거나 논쟁적이거나 혁신적인 작품을 피한다. 대신에 진부함과 선정주의와 직감적인 편견에 만족한다. 반면 사회주의 미디어는 아르놀트 쇤베르크Arnold Schönberg와 장 라신Jean Racine과 끝없이 드라마로 만들어지는 마르크스의 『자본The Capital』 외에는 어떤 것도 금지하지 않을 것이다. 그리하여 대중적인 극장과 텔레비전·신문으로 넘쳐날 것이다. '대중적'이라는 말이 반드시 '열등하다'는 것을 의미하지는 않는다. 넬슨 만델라는 대중석이지만 열등하지 않다. 수많은 보통 사람들이 외부인들은 알아듣기도 힘든 고도로 전문적인 저널을 읽는다. 단지 이 저널들은 미학이나 내분비학이 아니라 낚시나 농장 시설이나 개 사육에 대해 다룰 뿐이다. 미디어가 시장의 커다란 파이 조각을 가능한 빠르고 쉽게 가로챌 필요를 느낄 때, 대중적인 것은 쓰레기가 되고 키치화된다. 이런 필요란 대개 상업적인 욕구에서 비롯된다.

사회주의자는 의심할 여지없이 탈자본주의 경제의 세부 사항에 대해 계속 논의할 것이다. 당장 내놓을 만한 무결점 모델은 없다. 이런 불완전성은 자본주의 경제 — 흠잡을 데 없이 작동하면서 이제껏 소규모의 빈곤이나 쓰레기나 불황에도 단 한 번 책임져 본 적이 없는 체제 — 와는 사뭇 대조되리라. 물론 자본주의 경제는 어마어마한 실업률에 책임이 있다고 인정된다. 그러나 이 결함에 대해서도 세계 자본주의를 신도하는 국가는 기발한 해결책을 내놓았다. 오늘날 미국에서는 백만 명이 넘는 사람들이 감옥에 있지 않다면 일자리를 찾고 있을 것이다.

3
마르크스주의는
결정론이 아니다

마르크스주의는 결정론이다. 그것은 사람을 단지 역사의 도구로 본다. 따라서 자유와 개성을 박탈한다. 마르크스는 역사의 철칙을 믿었는데, 이 법칙은 거침없는 힘으로 스스로를 실현하며, 어떤 인간적 행위로도 저항할 수 없다. 봉건주의는 자본주의를 낳을 운명이었고, 자본주의는 필연적으로 사회주의에 자리를 넘겨줄 것이다. 이처럼 마르크스 역사 이론은 섭리나 운명의 세속 버전에 불과하다. 마르크스주의 국가와 마찬가지로, 그 이론도 인간의 자유와 존엄에 대한 모독이다.

마르크스주의의 특징

마르크스주의의 특징이 무엇인지 묻는 것으로 시작하겠다. 다른 어떤 정치 이론에도 없는 마르크스주의만의 특징은 무엇일까? 확실히 혁명이라는 개념은 아니다. 그것은 마르크스의 작업보다 훨씬 전에 나타났다. 공산주의라는 관념도 마찬가지다. 그 기원은 고대로 거슬러 올라간다. 마르크스는 사회주의나 공산주의를 발명하지 않았다. 마르크스 자신이 아직 자유주의자였을 때, 유럽의 노동계급 운동은 이미 사회주의 사상에 도달했다. 사실, 그의 사상에만 고유한 단 하나의 정치적 특징을 생각하기는 어렵다. 혁명이라는 개념도 분명히 아니다. 그것은 프랑스대혁명에서 나왔다. 어쨌든 마르크스는 이에 대해 특별히 할 말도 거의 없었다.

사회계급이란 개념은 어떨까? 이 역시 답이 될 수 없는데, 마르크스 스스로 이 개념을 발명하지 않았다고 당연히 밝혔기 때문이다. 그가 이 전체 개념을 중요하게 재정의한 것은 사실이나, 그가 만든 개념은 아니다. 프롤레타리아트 개념도 그가 생각해 낸 것이 아니다. 이는 많은 19세기 사상가들도 익히 알고 있었다. 그의 소외 개념은 대체로 헤겔에게서 끌

윌리엄 톰슨(1775-1833)

어왔다. 또한 위대한 아일랜드 사회주의자이자 페미니스트였던 윌리엄 톰슨William Thompson도 예견했던 개념이다. 사회생활에서 경제에 높은 우선순위를 부여한 것도 마르크스만이 아니라는 사실도 나중에 살펴볼 것이다. 그는 생산자 스스로가 운영하는 착취 없는 협동조합을 믿었고, 이는 혁명적 수단으로만 가능하다고 생각했다. 20세기의 위대한 사회주의자 레이먼드 윌리엄스도 그렇게 생각했다. 하지만 윌리엄스는 자신을 마르크스주의자로 여기진 않았다. 수많은 무정부주의자, 자유주의 사회주의자, 그 외 다른 사람들도 이와 같은 사회적 비전은 지지하면서도 마르크스주의는 격렬히 거부하곤 했다.

계급투쟁 개념

마르크스의 사유의 중심에는 두 가지 주요 원칙이 있다. 하나는 사회생활에서 경제가 주된 역할을 한다는 것이고, 다른 하나는 역사적으로 여러 생산양식들이 이어져 왔다는 것이다. 그러나 뒤에 살펴보겠지만, 이 두 개념 모두 마르크스 자신이 생각해 낸 것이 아니다. 그렇다면 마르크스주의의 독특한 점은 계급이 아니라 계급투쟁 개념일까? 이는 확실히 마르크스 사상의 핵심에 가깝지만, 그에게 계급 개념보다 더 고유한 것은 아니다. 올리버 골드스미스Oliver Goldsmith의 시 「버려진 마을The Deserted Village」에서 부유한 지주를 묘사하는 2행 대구를 보자.

> 그의 사지를 게으르게 휘감은 비단 예복은
> 이웃 들판에서 수확의 절반을 빼앗은 것이네.

산뜻하게 균형 잡힌 대조법을 사용한 이 시행의 대칭성과 경제성은, 그것이 묘사하는 경제적 낭비나 불균형과 대조를 이룬다. 이 2행 대구는 명백히 계급투쟁에 관한 것이다. 지주의 호사스런 옷은 소작인을 강탈해 얻은 것이다. 또 다른 예로 존 밀턴John Milton의 『코무스Comus』에 나오는 다음 시 구절을 보자.

> 지금 결핍으로 초라해진 모든 올바른 이들이
> 몇 되지 않는 개인에게만 엄청나게 쌓여 가는
> 저 방탕하게 낭비되는 사치에서

얼마간 어울리는 몫이나마 가질 수 있다면
과하지 않는 공평한 비율로
자연의 충만한 축복이 잘 분배될 터인데….

리어왕을 통해서도 상당히 유사한 감정이 표현된다. 사실, 이 생각은 밀턴이 윌리엄 셰익스피어에게서 몰래 훔쳐 온 것이다. 볼테르는 부자들이 가난한 사람들의 피를 빨아먹고 불어터진 것이라 생각했으며, 소유가 사회 갈등의 핵심이라고 보았다. 나중에 살펴보겠지만, 장 자크 루소도 거의 비슷한 주장을 펼쳤다. 계급투쟁이란 개념은 결코 마르크스 고유의 것이 아니었음을 마르크스 자신도 잘 알고 있었다.

그렇다 해도 계급투쟁은 마르크스 사상의 강력한 핵심이다. 얼마나 중요하게 여겼는지 그는 이를 인간 역사를 추동하는 힘이라고까지 생각했다. 그에게는 계급투쟁이 인간 발전의 발동기요 원동력이었으며, 이런 생각은 존 밀턴에겐 떠오르지 않았던 것이다. 많은 사회사상가들이 인간 사회를 유기적 통일체로 생각한 반면, 마르크스는 인간 사회를 구성하는 것은 분열이라고 보았다. 인간 사회는 서로 양립할 수 없는 이해관계로 구성되어 있다. 그 논리는 응집이 아니라 갈등이다. 예를 들면, 임금을 낮게 유지하는 것은 자본가계급에게 이득이고, 임금을 올리는 것은 임금 노동자들에게 이득이다.

마르크스는 『공산당 선언』에서 유명한 선언을 한다. "지금까지 존재한 모든 사회의 역사는 계급투쟁의 역사이다." 물론 문자 그대로를 의미할 수는 없다. 지난 수요일에 이를 닦은 것이 역사의 일부라고 하더라도, 이를 계급투쟁 문제로 보기는 어렵다. 크리켓에서 변화구를 던지거나 펭귄에게 병적으로 집착하는 것도 계급투쟁과 긴밀한 관련이 없다. '역사'란 양치질 같은 사적인 사건이 아니라 공적인 사건을 가리킨다. 하지만 어젯밤 술집에서 벌어진 싸움은 충분히 공적이다. 그렇다면 역사란 아마도 주요한 공적 사건에 한정된 것이리라. 그러나 주요한지 아닌지는 누가 정의한다는 말인가? 런던 대화재는 어떻게 계급투쟁의 산물인가? 체 게바라가 트럭에 치였다면 계급투쟁의 사례로 꼽을 수 있겠지만, CIA 요원이 운전했을 경우에나 가능하다. 그렇지 않으면 그냥 사고일 뿐이다. 여성 억압의 이야기는 계급투쟁의 역사와 맞물려 있지만, 그렇다고 그 역사만의 한 양상은 아니다. 윌리엄 워즈워스William Wordsworth나 셰이머스 히니Seamus Heaney의 시도 마찬가지다. 계급투쟁이 모든 것을 다 포괄할 수는 없다.

어쩌면 마르크스도 자기 주장을 문자 그대로 받아들이지 않았을지도 모른다. 결국 『공산당 선언』은 정치 선전물로 의

도되었기 때문에 장식적인 수사로 가득하다. 그럼에도 불구하고 심각한 의문이 든다. 마르크스주의 사상은 실제로 얼마나 많은 것을 포함하는가? 일부 마르크스주의자들은 그 사상을 모든 것에 관한 이론으로 여기는 듯하지만, 이는 분명 사실이 아니다. 마르크스주의가 몰트 위스키나 무의식의 본질, 잊을 수 없는 장미의 향기, 또는 무無가 아니라 유有의 존재에 관해 흥미로운 이야기를 하지 않는다고 해서, 그 사상을 신뢰할 수 없는 것은 아니다. 마르크스주의는 총체적인 철학을 지향하지 않는다. 그것은 아름다움이나 에로틱함, 혹은 시인 윌리엄 예이츠William Yeats가 시에서 미묘한 울림을 만들어 낸 방법은 설명해 주지 않는다. 사랑과 죽음, 그리고 삶의 의미와 같은 질문에는 대부분 침묵을 지켰다. 확실히 마르크스주의는 문명의 여명기에서 현재와 미래까지 이어지는 매우 거대한 서사를 담고 있다. 하지만 마르크스주의 외에도 과학사나 종교사, 성애性愛의 역사 같은 거대 서사가 있다. 그 서사는 계급투쟁 이야기와 서로 영향을 주고받지만 그것으로 환원되지는 않는다. (포스트모더니즘론자들은 하나의 거대 서사가 있다거나 수많은 미시 서사들이 있다고 가정하는 경향이 있다. 하지만 이는 사실이 아니다.) 따라서 마르크스 자신이 어떻게 생각했건 간에, "모든 역사는 계급투쟁의 역사였다"는 말은 이제까지 일어난 모든 일이 계급투쟁의 문제라는 뜻으로 받아들여서는 안 된다. 그것은 오히려 계급투쟁이 인류 역사에서 가장 근본적이라는 의미이다.

하지만 어떤 의미에서 근본적인가? 예컨대 종교, 과학, 성적 억압의 역사보다 어떻게 더 근본적인가? 정치 행위에 가장 강력한 동기를 부여한다는 의미로 볼 때, 계급이 반드시 근본적인 것은 아니다. 이 점에 대해서는 마르크스주의가 거의 주목하지 않았던 민족 정체성의 역할을 생각해 보라. 앤서니 기든스Anthony Giddens는 인종적·성적 불평등과 함께 국가 간 갈등이 "계급 착취와 동일하게 중요하다"[1]고 주장한다. 그러나 무엇이 동일하게 중요한가? 도덕적·정치적으로 똑같이 중요하다는 말인가, 아니면 사회주의를 성취하는 데 똑같이 중요하다는 말인가? 때로 어떤 것이 다른 것의 필수적인 토대가 될 때 근본적이라고 하지만, 계급투쟁이 종교적 신앙이나 과학적 발견 또는 여성 억압의 필수적인 토대라고 보기는 어렵다. 물론 이런 것들은 계급투쟁과 상당히 관련이 있긴 하다. 하지만 계급투쟁이라는 토대를 차 버린다고 해서, 불교나 천체물리학이나 미스 월드 대회가 몰락하진 않을 것 같다. 그것들은 상대적으로 독립적인 자체의 역사가 있다.

그렇다면 계급투쟁은 무엇에 근본적인가? 마르크스의 대답은 두 겹으로 이루어진 것 같다. 계급투쟁은 얼핏 봐도 관련 없어 보이는 수많은 사건·제도·사상의 형태를 만들며, 한 시대에서 다른 시대로 옮겨 가는 격변기에 결정적인 역할을 한다. 마르크스가 말하는 역사란 '일어난 모든 일'이 아니라 그 밑바탕에 있는 특정한 궤적을 의미한다. 지금까지의 인간 존재의 전체에 대한 동의어가 아니라 중요한 사건의 과정이라는 의미로 '역사'를 사용한 것이다.

그러면 계급투쟁이라는 개념이 마르크스 사상을 다른 사회 이론들과 구분해 주는가? 꼭 그렇지는 않다. 이 개념이 그에게서 기원한 것이 아니라는 것은 이미 밝혔고, 생산양식이라는 개념도 마찬가지이다. 그의 사상에서 독창적인 것은 그가 이 두 개념, 즉 계급투쟁과 생산양식을 한데 묶어 진정으로 새로운 역사 시나리오를 마련한 점이다. 이 두 개념이 정확히 어떻게 함께 가느냐는 마르크스주의자들 사이에서 논쟁거리였고, 마르크스 자신도 이 점에 대해 설득력 있게 말하지 못했다. 하지만 그의 작업에서 독특한 무언가를 찾고자 한다면, 여기서 멈추는 편이 좋으리라. 본질적으로 마르크스주의는 장기적인 역사 변화에 대한 이론이자 실천이다. 앞으로 보겠지만, 곤란하게도 마르크스주의의 가장 독특한 것이 또한 가장 문제적인 것이기도 하다.

생산양식 개념

마르크스에게 생산양식은 대체로 특정한 생산력과 특정한 생산관계의 결합을 의미한다. 생산력이란 물질적 삶을 재생산하기 위해 세상에서 일하는 데 사용되는 어떤 도구를 의미한다. 이 개념은 생산을 목적으로 자연에 가해지는 인간 지배력이나 통제력을 증진하는 모든 것을 포괄한다. 컴퓨터가 낯설지만 친절한 사람으로 위장한 연쇄살인범과 채팅하는 데 사용되지 않고, 대체로 물질을 생산하는 데 역할을 한다면, 컴퓨터도 하나의 생산력이다. 19세기 아일랜드에서 당나귀는 생산력이었다. 인간의 노동력도 생산력이다. 하지만 이런 힘들은 결코 자연 그대로 존재하지는 않고 늘 어떤 사회적 관계에 묶여 있다. 마르크스는 이를 사회계급 간의 관계라고 보았다. 예를 들어 한 사회계급은 생산수단을 소유하고 통제할 수 있는 반면, 다른 사회계급은 생산수단으로 착취당할 수 있다.

마르크스는 역사가 진행됨에 따라 생산력은 발전하는 경향을 띤다고 믿었다. 그렇다고 늘 발전한다고 주장한 것은 아니고, 장기간 침체할 수도 있다고 생각한 것 같다. 생산력 발전의 동인은 물질 생산을 관할하는 사회계급이다. 이러한 역사 인식에서는 마치 생산력이 자신을 가장 잘 확장해 줄 수 있는 계급을 '선택'하는 것처럼 보인다. 그러나 지배적인 사회관계가 생산력의 성장을 촉진하긴커녕 장애로 기능하기 시작하는 시점이 온다. 이 둘은 곧장 모순에 부딪히고, 결국 정치 혁명을 위한 무대가 마련된다. 계급투쟁은 격화되고, 생산력을 진전시킬 역량 있는 사회계급이 예전 주인으로부터 권력을 장악한다. 이를테면 자본주의는 내재된 사회관계 때문에 위기에서 위기로 불황에서 불황으로 비틀거리는데, 그 쇠퇴기의 특정 지점에서 노동계급이 생산에 대한 소유권과 통제권을 넘겨받는다. 마르크스는 어느 글에서 심지어 생산력은 이전의 사회계급에 의해 최대한 발전될 때까지는 어떤 새로운 사회계급도 이어받지 못한다고 주장했다.

이 점은 잘 알려진 다음 대목에 가장 간명하게 나타난다.

> 특정 발전 단계에서 사회의 물질 생산력은 기존의 생산 관계 — 즉 법적으로 표현하면 지금까지 작동해 온 소유 관계 — 와 모순을 일으킨다. 이 관계는 생산력을 발전시 키는 형식에서 족쇄로 변해 버린다. 그리하여 사회 혁 명의 시대가 시작된다.[2]

마르크스주의자들 스스로도 서둘러 지적했듯이, 이 이론은 문제가 많다. 우선 한 가지 문제는, '마르크스는 왜 생산력이 대체로 계속 발전한다고 가정하는가?'이다. 인간은 번영과 효율성의 향상을 포기하지 않는다는 의미에서, 기술 발전은 축적되는 경향이 있는 것은 사실이다. 이는 하나의 종種으로서 인간은 다소 합리적이나 약간 게으르기도 해서 노동을 절약하려는 성향이 있기 때문이다. (이런 요인으로 슈퍼마켓 계산대 줄도 길이가 늘 거의 같게 된다.) 이메일을 발명한 인간이 바위에 새기는 방식으로 되돌아갈 것 같진 않다. 인간은 또한 그러한 진보를 미래 세대에 전달하는 능력도 있다. 기술 지식은 기술 자체가 파괴되더라도 사라지는 경우가 거의 없다. 하지만 이는 너무 포괄적인 진실이라 많은 것을 밝혀 주지는 못한다. 예를 들어, 생산력이 어떤 시대에는 매우 빠르게 진화하지만 다른 시대에는 왜 수 세기 동안 정체될 수 있는지 설명해 주지 않는다. 중요한 기술의 발전 여부는 어떤 내재된 동력이 아니라 지배적인 사회관계에 달려 있다. 일부 마르크스주의자들은 생산력을 개선하려는 충동을 역사의 일반 법칙이 아니라 자본주의의 특수한 필연이라고 본다. 그들은 모든 생산양식 다음에는 반드시 더 생산적인 양식이 뒤따른다는 가정에 이의를 제기한다. 이런 마르크스주의자에 마르크스도 포함되는지 여부는 논란거리다.

또 다른 문제는, 특정 사회계급이 생산력을 촉진하는 임무를 위해 어떤 메커니즘으로 '선택'되는지가 분명치 않다는 점이다. 생산력이란 결국 사회 현장을 조사하여 특정 후보를 자신의 조력자로 소환할 수 있는 유령 같은 인격체가 아니다. 물론 지배계급은 이타심으로 생산력을 증진하는 것이 아니며, 굶주린 자를 먹이고 헐벗은 자를 입히려는 분명한 목적으로 권력을 잡은 것도 아니다. 오히려 그들은 자신의 물질적 이익을 추구하고 다른 사람들의 노동에서 잉여를 거둬들이는 경향이 있다. 하지만 그 과정에서 의도치 않게 전체적으로 생산력을 발전시키고, 더불어 (적어도 장기적으로는) 인류의 물질적 부만이 아니라 정신적 부도 증진시킨다. 그들은 대다수의 사회계급이 접근할 수 없는 자원을 육성한다. 하지만 그렇게 함으로써 언젠가 공산주의 미래에 사람들 모두가 물려받는 유산을 쌓아 간다.

마르크스는 분명히 물질적 부가 우리의 도덕적 건강을 해칠 수 있다고 생각했다. 그렇긴 해도, 그는 일부 이상주의자들이 그랬던 것처럼, 도덕적인 것과 물질적인 것 사이에 괴리가 있다고 보지 않았다. 그의 견해에 따르면, 생산력의 전개는 창조적인 인간의 능력과 역량의 전개와 관련이 있다. 어떤 의미에서 역사란 전혀 진보의 이야기가 아니다. 오히려 한 가지 형태의 계급사회, 한 종류의 억압과 착취에서 다른 것으로 갈지자로 비틀거린다. 그러나 다른 의미에서 이 암울한 서사는 앞으로 그리고 위로 나아가는 움직임처럼 보일 수 있다. 왜냐면 인간이 더 복합적인 필요와 욕망을 얻게 되고, 더 정교하고 만족스런 방식으로 협력하며, 새로운 관계와 신선한 성취를 창출하기 때문이다.

인류 전체가 공산주의 미래에 이 유산을 받게 될 것이나, 유산을 구축하는 과정에서 폭력과 착취는 피할 수 없다. 결국 모두의 이익을 위해 축적된 부를 배치하는 사회관계가 확립될 것이다. 하지만 축적 과정 자체는 막대한 다수가 그 결실을 누리지 못하도록 배제하는 것을 수반한다. 그래서 역사는 마르크스의 말대로 "나쁜 면에 의해 진보"한다. 이는 마치 당장의 불의는 나중의 정의를 위해 불가피한 것처럼 보인다. 목적이 수단과 상충된다. 착취가 없다면 생산력이 상당히 확장될 수 없고, 그런 확장이 없다면 사회주의를 위한 물적 토대도 없을 것이다.

마르크스가 물질적인 것과 정신적인 것이 갈등하고 충돌한다고 본 점은 확실히 옳다. 그가 도덕적 잔혹성 때문에 계급사회를 비난하기도 했지만, 단순히 그 때문만은 아니었다. 그는 정신의 성취가 물적 토대를 요구한다는 것도 인식하고 있었다. 굶으면서 예의 차리는 관계를 맺을 수는 없다. 인간 소통의 모든 확장은 새로운 형태의 공동체와 새로운 종류의 분열을 가져온다. 새로운 기술은 인간의 잠재력을 위협할 수 있지만 고취할 수도 있다. 근대성은 무분별하게 찬양할 것도 아니지만, 그렇다고 경멸적으로 무시할 것도 아니다. 근대성의 긍정적·부정적 특성은 대부분 같은 과정의 한 양상이다. 이것이 바로 모순이 어떻게 본질인가를 파악하는 변증법적 접근만이 근대성을 정당하게 다룰 수 있는 이유이다.

생산력과 생산관계

그럼에도 마르크스의 역사 이론은 실제로 문제가 있다. 일례로, 생산력과 생산관계 사이의 갈등이라는 똑같은 메커니즘이 어떻게 계급사회의 한 시대에서 다른 시대로 이행함에도 불구하고 작동할 수 있는가? 역사의 장구한 시간에 걸쳐 유지되는 이런 이상한 일관성을 설명해 주는 것은 무엇인가? 어쨌든 정치적 반대파가 충분히 강력하다면 지배계급이 아직 전성기라 하더라도 무너뜨릴 수 있지 않은가? 정말로 생산력이 약해질 때까지 기다려야만 하는가? 생산력이 성장하여 새로운 형태의 억압 기술을 만들어 냄으로써 권력을 넘겨받을 준비가 되어 있는 계급을 실질적으로 약화시킬 수도 있지 않은가? 생산력이 성장하면 할수록 노동자들은 더 숙련되고 잘 조직되며, 더 교육받고 (아마도) 정치적으로 자기 확신에 차 있으며, 더 세련되는 경향이 있는 것은 사실이다. 하지만 같은 이유로 탱크, 감시 카메라, 우파 신문, 노동의 외주 방식도 곳곳에서 더 많아질 수 있다. 새로운 기술은 더 많은 사람을 실업으로 내몰고, 정치적 무관심에 빠지게 할 수 있다. 어느 경우든, 어떤 사회계급이 혁명을 일으킬 만큼 무르익었는지 아닌지는 그들이 생산력을 촉진할 힘을 갖고 있는지 여부보다 훨씬 많은 요인들에 의해 좌우된다. 계급 역량은 총체적 요소들에 의해 형성된다. 그러니 어떤 특정한 사회관계가 그 목적에 유용하리라는 것을 어떻게 알 수 있겠는가?

사회관계의 변화는 단순히 생산력의 확장으로만 설명할 수 없다. 산업혁명에서 볼 수 있듯, 생산력의 획기적인 변화가 반드시 새로운 사회관계로 귀결되는 것은 아니다. 동일한 생산력이 서로 다른 사회관계와 공존할 수도 있다. 스탈린주의와 산업자본주의가 그 예이다. 고대에서 근대까지 농민 농업에 관해서는, 광범위한 사회관계와 소유 형식이 가능하다는 사실이 입증되었다. 아니면 동일한 사회관계가 다른 종류의 생산력을 촉진할 수도 있다. 자본주의 공업과 자본주의 농업을 생각해 보라. 생산력과 생산관계는 역사를 통틀어 손에 손잡고 조화롭게 춤춘 적이 없다. 사실, 생산력 발전의 각 단계는 모든 범위의 가능한 사회관계들이 출현할 길을 열어 준다. 하지만 그중 어느 사회관계가 실제로 출현할지에 대한 보장은 없다. 역사적 위기가 닥쳤을 때, 잠재적인 혁명 주체가 쉽사리 준비되어 있으리라는 보장 또한 없다. 고대 중국의 사레처럼, 때로는 생산력을 더 진전시킬 만한 계급이 주위에 없는 경우도 있다.

그럼에도 생산력과 생산관계 사이의 연관은 많은 것을 밝혀 준다. 그중에서도 특히 생산력이 어느 정도 발전해야만, 어떤 사회관계가 맺어질 가능성이 있다는 사실을 깨닫게 해 준다. 다른 사람들보다 훨씬 더 안락하게 살려면, 상당한 경제적 잉여를 생산해야 한다. 이는 생산력이 특정 지점까지 향상되어야만 가능하다. 모두가 그저 살아남기 위해 줄곧 염소를 치거나 나무뿌리를 캐내야 한다면, 음유시인과 시동과 광대와 시종으로 완비된 어마어마한 왕실 궁전은 유지될 수 없다.

계급투쟁은 본질적으로 잉여를 둘러싼 투쟁이다. 따라서 모두에게 양이 충분하지 않은 한 계속될 것이다. 어떤 개인의 잉여노동을 다른 사람에게 이전하도록 강요하는 방식으로 물질적 생산이 조직된다면 언제든지 계급은 출현한다. 이른바 원시 공산사회처럼 잉여가 거의 없거나 전혀 없을 때는 모두가 일을 해야 하고, 누구도 다른 사람의 노역으로 살아갈 수 없으니 계급도 있을 수 없다. 그 후로 봉건 영주 같은 계급에게 자금을 댈 정도로 충분한 잉여가 생기면서, 그 영주는 아랫사람의 노동으로 살아갔다. 자본주의에서만 결핍과 그에 따른 사회계급을 없앨 수 있을 만큼의 잉여가 충분히 발생했다. 하지만 이런 계급 폐지는 사회주의만이 실행에 옮길 수 있다.

그렇지만 생산력이 사회관계에서 왜 항상 승리를 거두어야 하는지, 왜 사회관계가 생산력에 그토록 겸손하게 경의를 표해야 하는지는 분명치 않다. 게다가 이런 이론은 마르크스가 봉건주의에서 자본주의로의 이행에 대해, 또는 어떤 면에서는 노예제에서 봉건주의로의 이행에 대해 실질적으로 묘사하는 방식과도 일치하지 않는 것 같다. 생산력 성장을 촉진할 능력이 없는데도 불구하고 하나의 사회계급이 수백 년 동안 종종 권력을 유지했던 것도 사실이다.

결정론과 필연성 1

이 모델의 명백한 결함 중 하나는 결정론에 있다. 어떤 것도 생산력의 전진에 저항힐 수 없는 듯하다. 역사는 필연적인 내적 논리에 의해 스스로 작동한다. 역사에는 단 하나의 '주체'(끊임없이 성장하는 생산력)가 있는데, 그것이 역사를 관통하여 뻗어 나가면서 도중에 여러 다른 정치적 장치들을 무너뜨린다. 이는 복수심을 지닌 형이상학적 관점이다. 하지만 단순한 진보 시나리오는 아니다. 생산력과 더불어 진화하는 인간의 능력과 역량은 결국 더 나은 종류의 인간성을 만들어

낸다. 그러나 이를 위해 치러야 하는 대가는 끔찍하다. 생산력의 진보는 언제나 문명과 야만 모두에게 승리이다. 그것은 해방이라는 새로운 가능성을 가져오지만 피로 얼룩져 있다. 마르크스는 순진한 진보 예찬론자가 아니다. 그는 공산주의를 위한 엄청난 대가를 잘 알고 있었다.

물론 계급투쟁이 존재한다는 사실은 인간이 자유롭다는 것을 암시하는 듯하다. 파업·직장폐쇄·점거가 무슨 섭리의 힘에 따른 것이라고 보기는 어렵다. 하지만 바로 이 자유가 사전 계획된, 이를테면 역사의 중단 없는 전진 속에 이미 들어가 있는 것이라면 어떤가? 이는 기독교에서 말하는 신의 섭리와 인간의 자유의지 사이의 상호 작용과 유사한 논리이다. 기독교인은 가령 내가 지역 경찰서장의 목을 졸랐다고 했을 때, 나는 자유의지에 따라 행동한 것이지만 신은 이 행위를 영원으로부터 내다보고 있었으며 인류를 위한 그의 계획 속에 포함해 두었다고 본다. 지난주 금요일 신이 하녀복을 입고 나 자신을 밀리Milly라 부르라고 강요한 것은 아니었지만, 전지한 존재인 신은 내가 그러리라는 것을 알고 밀리 소동을 염두에 두고 그의 우주적 계획을 짤 수 있었다는 것이다. 지금 내 머리맡에서 자고 있는, 맥주로 얼룩지고 귀가 찢어진 곰 인형보다 더 멋지게 생긴 인형을 달라고 신에게 기도할 때, 그 부탁을 들어줄 의향이 전혀 없던 신이 내 기도를 듣고 생각을 바꾼 게 아니다. 신은 생각을 바꿀 수가 없다. 신은 영원의 시간 속에서 내 기도 때문에 새로운 곰 인형을 줘야겠다고 결정을 했으며, 이 과정 모두를 이미 영원으로부터 내다보고 있었다고 생각하는 편이 맞을 것이다. 어떤 의미에서는, 장차 다가올 신의 미래왕국이란 예정된 것이 아니고, 현재 사람들이 그것을 위해 노력할 때에만 도래하는 것이다. 하지만 사람들이 자유의지로 그것을 위해 노력할 것이라는 사실은 그 자체로 신의 은총이 베푼 필연적인 결과이다.

마르크스에게도 자유와 필연성 사이에 유사한 상호 작용이 있다. 그는 때로 계급투쟁이 비록 어떤 의미에서는 자유롭지만, 특정한 역사 조건에서는 격렬해지며, 때로는 결과까지도 확실히 예측될 수 있다고 생각한 것 같다. 사회주의 문제를 예로 들어보자. 마르크스는 사회주의의 도래를 필연적인 것으로 간주하는 듯하다, 여러 번 그렇다고 말을 했나. 『공산당 선언』에는 자본가계급의 몰락과 노동계급의 승리가 "똑같이 필연적"이라고 묘사되어 있다. 하지만 이는 사람들이 무엇을 하든 하지 않든, 사회주의로 인도할 어떤 비밀스러운 법칙이 역사에는 기술되어 있다고 마르크스가 믿었기 때문은 아니다. 만일 그렇다면 그가 왜 정치투쟁의 필요성을 촉구했겠는가? 사회주의가 정말로 필연적이라면 그것이 도래할 때까지 그저 기다리기만 하면 되고, 그동안 카레를 주문하거나 문신이나 하러 가면 된다고 생각할 수도 있다. 역사 결정론은 정치적 정적주의靜寂主義(quietism)를 위한 조리법이다. 20세기에 역사 결정론은 공산주의 운동이 파시즘과 벌인 전투에서 실패하는 데에 중요한 요인이 되었다. 파시즘이란 자본주의 체제가 소멸의 마지막 순간에 숨을 거둘 때 내는 가래 끓는 소리에 불과하다고 한동안 확신했었다. 19세기에는 필연적인 것이 때때로 열렬한 기대를 받았지만, 지금은 그렇지 않다고 주장할 수 있다. '이제 필연적인 것은…'으로 시작하는 문장들은 일반적으로 불길한 연결고리가 뒤따른다.

마르크스는 사회주의의 필연성이 우리 모두가 침대에 누워 있어도 된다는 걸 의미한다고 생각하진 않았다. 오히려 그는 일단 자본주의가 명백히 파산하면, 노동자들이 그것을 인수하지 않을 이유가 없으며, 그럴 만한 이유도 충분하다고 믿었다. 노동자들은 체제를 바꾸는 것이 자신들에게 이득이 되며, 다수이기에 그렇게 할 힘도 있다는 걸 깨닫게 될 것이다. 따라서 그들은 합리적 동물로서 행동하고 대안을 마련할 것이다. 자신에게 유리하도록 바꿀 수 있는 체제 밑에서 도대체 왜 비참한 생존을 이어 가겠는가? 긁을 수 있는데 왜 참을 수 없이 가렵도록 발을 그냥 내버려 두겠는가? 기독교인에게 인간 행위가 자유롭지만 예정된 계획의 일부인 것처럼,

마르크스에게 자본주의의 해체는 불가피하게 사람들로 하여금 자유의지로 자본주의를 쓸어버리도록 할 것이다.

그렇다면 마르크스는 자유로운 인간이 특정 상황에서 반드시 하도록 되어 있는 일에 대해 이야기하고 있는 셈이다. 하지만 자유란 반드시 하도록 되어 있는 일이 없다는 것을 의미하므로 이는 분명 모순이다. 배가 극심한 허기의 고통으로 뒤틀린다면, 육즙 가득한 포크찹을 반드시 게걸스레 먹어야 하는 것은 아니다. 독실한 이슬람교도라면 차라리 죽기를 바랄지도 모른다. 취할 수 있는 행동 방향이 하나밖에 없다면, 그리고 그것을 취할 수밖에 없다면, 그런 상황에서 인간은 자유롭지 못하다. 자본주의가 멸망의 끝에서 비틀거리고 있을지도 모른다. 하지만 그것을 대체하는 것이 사회주의가 아닐 수도 있다. 파시즘이나 야만일 수도 있다. 어쩌면 체제의 붕괴로 인해 노동계급이 너무 약해지고 도덕적으로 타락함으로써 건설적으로 행동하지 못할 수도 있다. 유달리 우울한 순간에 마르크스는 계급투쟁으로 싸우는 계급들이 '공멸'할 수 있다(『공산당 선언』 첫머리에 나온다 — 옮긴이)고 성찰했다.

그가 충분히 예견할 수 없었던 또 한 가지 가능성은, 이 체제가 개혁을 통해 정치적 반란을 막아 낼 수도 있었다는 것이다. 사회민주주의는 체제와 재앙 사이에 가로놓인 하나의 방어벽이다. 이렇게 발전된 생산력으로 발생된 잉여가 혁명

을 매수하는 데 쓰일 수 있다. 이는 마르크스의 역사 기획과 전혀 맞지 않는다. 그는 자본주의 번영이 일시적일 뿐이고, 이 체제는 결국 침몰할 것이며, 그러면 노동계급은 필연적으로 일어나 체제를 장악하리라고 믿었던 것 같다. 하지만 한 가지 이유에서, 이는 위기에 처한 자본주의라 할지라도 시민들의 동의를 계속 확보할 많은 방법(마르크스 시대보다 우리 시대에 훨씬 더 정교해진)을 간과하고 있다. 마르크스 당시에는 참고할 만한 폭스 뉴스와 『데일리 메일』이 없었다.

물론 상상할 수 있는 또 다른 미래, 즉 미래가 전혀 없는 미래도 있다. 마르크스는 핵 절멸이나 생태 재앙의 가능성을 예견할 수 없었다. 어쩌면 소행성 충돌로 지배계급이 몰락할 수도 있을 텐데, 이런 운명이 차라리 사회주의 혁명보다 낫다고 보는 사람도 있을 것이다. 가장 결정론적인 역사 이론이라도 이런 우연한 사건으로 난파될 수 있다. 그럼에도 불구하고 마르크스가 실제로 얼마나 결정론자였는지는 여전히 의문이다. 그의 작업에 생산력이 특정한 사회관계를 낳는다는 생각 외에 별다른 것이 없다면 대답은 뻔하다. 이는 완전히 결정론에 해당하며, 오늘날 이를 지지할 마르크스주의자는 거의 없을 것이다.[3] 이런 관점에서 보면 인간 자신의 역사를 창조하는 것은 인간이 아니라 기이하고 물신적인 삶을 영위하는 생산력이다.

하지만 마르크스 저작에는 이와 다른 흐름의 사유도 있다. 즉 생산의 사회적 관계가 생산력보다 우선하며, 그 반대가 아니다. 봉건주의가 자본주의에 자리를 넘겨주었다면, 이는 자본주의가 더 효율적으로 생산력을 촉진할 수 있었기 때문이 아니라, 농촌의 봉건적 사회관계가 점점 자본주의 사회관계에 의해 밀려났기 때문이다. 봉건주의는 새로운 부르주아 계급이 성장할 수 있는 조건을 창출했으나, 이 계급은 생산력이 성장하여 등장한 것이 아니다. 게다가 봉건주의 아래서 생산력이 확장되었다면, 그것은 어떤 내재된 발전 경향 때문이 아니라 계급적 이해관계 때문이다. 근대 시기로 보자면, 생산력이 지난 한두 세기 동안 그토록 급속히 성장한 것도, 자본주의가 끊임없이 확장하지 않고는 생존할 수 없기 때문이었다.

이 대안 이론에 따르면, 인간은 사회관계와 계급투쟁의 형태로 진정 인류의 역사를 창조하는 자이다. 마르크스는 자신과 엥겔스가 근 사십 년 동안 "계급투쟁을 역사의 직접적인 원동력"으로 강조해 왔다고 말한 적이 있다.[4] 계급투쟁의 요점은 그 결과를 예측할 수 없기 때문에 결정론은 발붙일 수 없다는 것이다. 계급갈등은 결정되어 있다고—즉 상호 충돌하는 이익을 추구하는 것이 사회계급의 본성인데, 이는 생산 양식에 의해 결정된다고—항상 주장할 수는 있다. 하지만 그 이익의 '객관적인' 갈등이 전면적으로 정치적 싸움의 형태를 취하는 것은 드물뿐더러, 그 싸움이 어떻게 미리 구상될 수 있는지도 알기 어렵다. 마르크스는 사회주의를 필연적이라고 생각했을지 모르지만, 공장법Factory Acts이나 파리 코뮌을 필연적이라고 분명 생각지는 않았다. 그가 정말 순수한 결정론자였다면 사회주의가 언제, 어떻게 도래할지 말해 줄 수 있었으리라. 하지만 그는 불의를 비판하는 예언자였지, 수정 구슬을 들여다보는 점쟁이가 아니었다. 마르크스는 다음과 같이 썼다.

역사는 아무것도 하지 않고 어떤 엄청난 부도 소유하지 않으며 어떤 전투도 벌이지 않는다. 이 모든 것을 행하고 소유하고 싸우는 것은 인간, 실제 살아 있는 인간이다. '역사'는 마치 별개의 존재인 양 자신의 목적을 달성하기 위한 수단으로 인간을 이용하는 것이 아니다. 역사는 자신의 목적을 추구하는 인간의 활동일 뿐이다.[5]

그는 고대·중세·근대 세계의 계급 관계에 대해 논평할 때, 종종 이 계급 관계가 가장 중요한 것처럼 서술한다. 또한 노예제와 봉건제에서 자본주의에 이르기까지 각 생산양식은 독자적인 발전 법칙이 있다고 주장한다. 이것이 사실이라면, 각 생산양식은 어떤 내적 논리에 따라 꼬리에 꼬리를 물고 이어진다는, 엄격한 '선형적' 역사 과정의 관점으로 생각할 필요가 없다. 봉건주의에 고유한 어떤 것이 있어서 반드시 자본주의로 바뀌는 것이 아니다. 더 이상 단 한 올의 실로 역사라는 천을 짤 수는 없다. 오히려 일련의 차이와 불연속이 존재한다. 보편적 진화 법칙의 관점에서 사고하는 것은 마르크스주의가 아니라 부르주아 정치경제학이다. 실제로, 역사 전체를 단 하나의 법칙 아래 두려 한다는 비판에 대해 마르크스 자신도 이의를 제기했다. 그는 훌륭한 낭만주의자답게 그런 핏기 없는 추상적 비판에 깊은 반감을 품었다. 그는 "유물론적 방법은 정반대로 바뀌어 버린다. 그 방법을 연구의 지도 원칙으로 삼지 않고 역사 사실이나 제멋대로 짜 맞추는 기성 패턴으로 삼는다면 말이다."[6]고 주장했다. 그는 자본주의 기원에 관한 그의 관점이 "어떤 역사적 상황에 처하더라도 운명처럼 모든 나라에 정해진 일반 경로에 대한 역사철학 이론으로" 변형되어서는 안 된다고 경고했다.[7] 역사에서 특정한 경향이 작용한다면, 그 반대 경향도 작용하는

『자본』1권 초판 표지(1867)

법이다. 이는 결과가 보증되지 않는다는 것을 의미한다.

일부 마르크스주의자들은 '생산력의 우위' 주장을 경시하면서 방금 살펴본 대안 이론을 중시했다. 그러나 이는 너무 방어적인 듯하다. 전자의 모델은 마르크스 저작의 중요한 대목에 충분히 돌출되어 있으니, 그가 이것을 매우 진지하게 받아들였음을 암시한다. 일시적인 일탈처럼 보이진 않는다. 이는 또한 레닌과 트로츠키 같은 마르크스주의자들이 일반적으로 그를 해석한 방식이기도 하다. 어떤 논평가들은 마르크스가『자본』을 쓸 무렵에는 생산력이 역사의 주인공이라는 이전의 믿음을 거의 폐기했다고 주장한다. 다른 사람들은 이에 대해 그리 확신하지 않았다. 그러나 마르크스 제자들은 그의 작업에서 가장 타당해 보이는 생각을 자유롭게 선택할 수 있다. 마르크스주의 근본주의자들만이 마르크스 작업을 성경처럼 여기는데, 오늘날 이런 사람들은 기독교 분파보다 훨씬 적다.

결정론과 필연성 2

인간의 행동이 자유롭다는 점을 부정한다는 의미에서, 마르크스가 대체로 결정론자였다는 증거는 없다. 오히려 그는 자유를 분명히 믿었고, 개인이 선택의 역사적 한계와는 상관없이 어떻게 다르게 행동할 수 있는지(때로는 행동해야 하는지)에 대해 특히 저널리즘에서 늘 말했다. 몇몇 사람들이 철저한 결정론자로 본 엥겔스는 운명의 문제가 아니라 군사 전략에 평생 관심이 있었다.[8] 마르크스는 정치적 승리의 필수 요소로 용기와 일관성을 강조하고, 우연한 사건이 역사적 과정에 끼치는 결정적인 영향을 인정한 듯하다. 1849년 프랑스의 전투적인 노동계급이 콜레라로 몰락한 사실이 하나의 실례다.

어쨌든 필연성에는 여러 종류가 있다. 결정론자가 아니어도 어떤 일들은 필연적이라고 생각할 수 있다. 심지어 자유주의자조차도 죽음은 불가피하다고 믿는다. 많은 텍사스 주민들이 공중전화 부스에 몸을 쑤셔 넣으려고 하면, 그중 몇 명은 심각하게 짓눌릴 것이다. 이는 운명이 아니라 물리학의 문제이다. 그렇더라도 그들이 자유의지로 부스 안에 밀고 들어갔다는 사실이 바뀌는 않는다. 우리가 자유롭게 행하는 행동은 우리를 마치 외계인처럼 직면하게 한다. 마르크스의 소외와 상품 물신성에 대한 이론은 바로 이런 진실에 토대를 두고 있다.

다른 의미의 필연성도 있다. 짐바브웨에서 정의의 승리가 필연적이라고 주장하는 것은 그 일이 반드시 일어나게 되어 있다는 것을 의미하지는 않는다. 그것은 도덕적 혹은 정치적으로 긴요하다는 말일 테고, 다른 대안이란 너무 끔찍해서 고려할 수도 없다는 것을 의미한다. '사회주의냐 야만이냐' 하는 구호는 의심할 여지없이 결국 둘 중 하나에서 살게 되리라는 것을 암시하지 않을 수도 있다. 이는 사회주의를 달성하지 못했을 경우 발생할 상상할 수 없는 결과를 강조하는 표현일 수 있다. 마르크스는 『독일 이데올로기』에서 "현재 (…) 개인은 사적 소유를 철폐해야 한다."고 주장했지만, 이때 '해야 한다'는 선택의 여지가 없다는 뜻이라기보다는 정치적 권고에 가깝다. 그렇다면 마르크스는 일반적인 결정론자가 아닐 수도 있지만, 그의 작업에는 역사적 결정론의 의미를 전달하는 수많은 형식들이 있다. 그는 때때로 역사 법칙을 자연 법칙에 비유했고, 『자본』에서는 "자본주의 자연 법칙은 (…) 불가피한 결과를 향해 철칙처럼 필연적으로 작용한다"[9]고 썼다. 한 논평가가 그의 작업이 사회의 진화를 자연사의 과정처럼 다룬다고 서술하자, 마르크스는 이에 동의한 듯하다. 그의 작업을 "사물의 현 질서의 필연성과 그

질서가 이행해야 할 또 다른 질서의 필연성"[10]을 보여 주는 것으로 파악한 평자의 말에 수긍하며 인용하기도 했다. 이런 엄격한 결정론이 계급투쟁의 중심성과 어떻게 들어맞는지는 분명치 않다.

엥겔스는 어떤 때는 역사 법칙을 자연 법칙과 예리하게 구분했고, 다른 때는 둘 사이의 유사성을 주장했다. 마르크스는 자연에서 역사의 토대를 찾는다는 생각을 농하듯이 제기하기도 했지만, 우리가 역사를 만드는 것이지 자연을 만드는 것은 아니라고 강조하기도 했다. 때로 그는 생물학을 인간 역사에 적용하는 것을 비판했고, 보편적으로 타당한 역사 법칙이라는 생각을 거부했다. 많은 19세기 사상가들처럼 마르크스도 자기 작업의 어떤 정당성을 얻기 위해 당시 지식의 최고 모델이던 자연과학의 권위를 빌려 썼다. 하지만 이른바 역사 법칙도 확실성을 기반으로 하는 과학 법칙처럼 발견될 수 있다고 믿었을 수도 있다.

그렇다 해서 그가 이른바 자본주의 이윤율이 감소하는 경향을 말 그대로 중력의 법칙 같은 것으로 간주했다고는 믿기 힘들다. 역사가 뇌우처럼 진행된다고 생각했을 리가 없다. 역사적 사건의 경로에 의미 있는 형상이 드러난다고 본 것은 사실이지만, 마르크스만이 그런 생각을 한 건 아니다. 인간 역사를 완전히 우연으로 보는 사람은 많지 않다. 사회생활에 어떤 규칙이나 어느 정도 예측 가능한 경향성이 없다면, 어떤 목적에 따라 행동할 수는 없을 것이다. 이는 철칙이냐 순전한 혼돈이냐를 두고 선택해야 하는 문제가 아니다. 모든 인간 행위와 마찬가지로, 어느 사회든 어떤 미래 가능성을 열면 다른 가능성은 닫히게 되어 있다. 하지만 이런 자유와 제약의 상호 작용은 강철 같은 필연성과는 거리가 멀다. 비참한 경제 조건에서 사회주의를 건설하려 한다면, 이미 본대로 스탈린주의의 아류로 끝나기 십상이다. 이는 잘 입증된 역사 패턴으로, 수많은 실패한 사회 실험들로 확인된다. 평상시에는 역사 법칙에 관한 이야기를 즐기지 않던 자유주의자와 보수주의자들도 이 특정한 사례에 대해서는 목소리 톤을 바꿀 것이다. 그러나 스탈린주의로 끝나게 되어 있다고 주장하는 것은 역사의 우연성을 간과하는 것이다. 어쩌면 일반 민중이 들고일어나 권력을 그들 손아귀에 넣을 수 있고, 아니면 일군의 부유한 나라들이 뜻밖에 도와주러 올 수도 있으며, 당신이 지구상에 가장 큰 유전에 살고 있다는 사실을 우연히 발견하게 되어 이를 활용해서 민주주의적 방식으로 경제를 건설할 수도 있는 일이다.

마르크스의 공산주의 비전

역사의 진로도 마찬가지다. 마르크스는 고대 노예제에서 근대 자본주의에 이르는 다양한 생산양식이 어떤 변함없는 패턴에 따라 하나씩 뒤따른다고 믿었던 것 같지는 않다. 엥겔스는 역사가 "종종 빠르고 큰 폭으로 움직이다가도 갈지자로 느릿느릿 횡보한다."[11]고 했다. 우선 첫째로, 무엇보다 다른 생산양식들이 단지 하나씩 차례로 뒤따르는 것이 아니다. 서로 다른 양식들이 같은 사회 안에서 공존할 수 있다. 그리고 또 마르크스는 서구에 특수하게 적용된 봉건제에서 자본주의로의 이행에 관한 자신의 견해가 보편화될 수는 없다고 주장한다. 생산양식에 관한 한, 모든 나라가 한 체제에서 다음 체제로 이어지는 동일한 경로를 밟아야 하는 건 아니다. 볼셰비키는 기나긴 자본주의 기간을 겪어 보지 않고도 부분적 봉건주의 러시아에서 바로 사회주의 국가로 건너뛸 수 있었다.

한때 마르크스는 자기 조국 독일이 부르주아 지배 단계를 거쳐야만 노동계급이 권력을 잡을 수 있다고 믿었다. 하지만 나중에 이 믿음을 포기하고, 대신 이런 단계들을 일거에 단축하는 '영구 혁명'을 권고한 것으로 보인다. 전형적인 계몽주의 역사관은 유기적으로 진화하는 과정에 대한 사관인데,

각 단계가 다음 단계에서 자발적으로 출현하여 우리가 진보라고 알고 있는 전체를 구성한다는 것이다. 반면 마르크스주의 서사는 폭력·단절·갈등·불연속성을 특징으로 한다. 물론 진보가 있긴 하지만, 인도에 대한 글에서 마르크스가 논평했듯이, 그것은 살해한 자의 두개골에서 골수를 마시는 끔찍한 신神과 같다.

마르크스가 어느 정도까지 역사적 필연성을 믿었는가 하는 점은 정치적·경제적 문제일 뿐만 아니라 도덕적 문제이기도 하다. 그가 봉건제나 자본주의가 발생해야만 한다고 생각한 것 같지는 않다. 주어진 특정한 생산양식에서 벗어날 수 있는 다양한 경로가 있다. 물론 그 폭에는 한계가 있다. 아마 그 사이에 핵전쟁이 일어나지 않는 한 소비자본주의에서 수렵채취로 돌아가진 않을 것이다. 생산력이 발전하여 그러한 회귀는 전혀 불필요하고 매우 바람직하지 않게 될 것이다. 그러나 마르크스가 필연적이라고 본 듯한 특별한 움직임이 하나 있다. 사회주의를 이루려면 자본주의가 필요하다는 것이다. 사익과 무자비한 경쟁과 끊임없는 확장의 요구로 추동되는 자본주의만이, 다른 정치적 분배 아래서 잉여가치가 모두에게 충분한 것을 제공할 수 있는 지점까지 생산력을 발전시킬 수 있다. 사회주의를 갖기 위해서는 먼저 자본주의를 가져야 한다. 더 정확히 말하면, 자본주의를 꼭 당신이 가질 필요는 없을지 모르지만 누군가는 가져야 한다. 마르크스는 러시아가 산업자본주의 역사가 아니라 농민 코뮌에 기반을 둔 사회주의 형태를 이룰 수 있을지 모른다고 생각했지만, 어디 다른 곳으로부터 자본주의 자원의 도움 없이는 이런 일을 달성할 수 있으리라고는 상상하지 않았다. 어떤 특별한 국가는 자본주의를 거칠 필요가 없을지 모른다. 하지만 그 국가가 사회주의로 가려면, 자본주의가 어딘가에 반드시 존재해야 한다.

이는 곤란한 몇몇 도덕적 문제를 야기한다. 일부 기독교인들이 인류를 위한 신의 계획에 악은 어떻게든지 필요하다는 사실을 받아들였듯이, 마르크스는 자본주의가 아무리 탐욕스럽고 부당하다 해도 반드시 도래할 사회주의 미래를 위해 견뎌 내야 한다고 주장한 것으로 당신은 해석할 수 있다. 사실 견뎌 낼 뿐만 아니라 적극적으로 권장되어야 했다. 마르크스 저작에는 자본주의 성장을 환호하는 대목들이 나온다. 그래야만 사회주의로 가는 길이 활짝 열리기 때문이다. 일례로 1847년 한 강연에서, 그는 사회주의 도래를 앞당긴다는 이유로 자유 무역을 옹호한다. 또한 독일 자본주의를 촉진할 것이라는 관점에서 독일 통일을 보려고 했다. 마르크스 저작에는 이 혁명적 사회주의자가 진보적 자본가계급이 '야만주의'를 끝장내리라는 전망에 대해 다소 지나치게 즐거워하는 대목들이 여러 군데 나온다.

이러한 견해는 도덕성 관점에서 분명 문제가 있어 보인다. 이는 사회주의 미래라는 이름으로 감행되는 스탈린이나 마오의 살인적인 프로그램과 어떻게 다른가? 목적은 수단을 어디까지 정당화하는가? 오늘날 사회주의가 필연적이라고 믿는 사람이 거의 없다는 점을 고려하면, 결코 도래하지 않을지도 모를 미래의 제단에 그처럼 잔인하게 현재를 희생하는 일을 멈출 이유는 훨씬 많지 않을까? 자본주의가 사회주의에 필수적이더라도 자본주의가 부당하다면, 이는 불의가 도덕적으로 받아들일 만하다고 주장하는 셈이 아닌가? 미래에 정의가 존재하기 위해 과거에 불의가 존재해야만 하는가? 마르크스는 『잉여가치론*Theories of Surplus Value*』에서 "인류 역량의 발전은 다수의 개인들과 심지어 계급들을 희생하여 이루어진다."[12]고 썼다. 그는 인류의 선이 결국 공산주의 형태로 승리하게 되겠지만, 그 과정에서 많은 불가피한 고통과 불의가 수반될 것이라고 말한다. 결국 자유에 자금을 댈 물질적 번영은 부자유로 얻어 낸 열매인 것이다.

선이 실현되기를 바라며 악을 행하는 것과, 다른 사람의 악을 선하게 쓰려고 하는 것은 서로 다르다. 사회주의자들이 자본주의 악행을 범하지 않았고, 자본주의 범죄로부터 결백하지만, 자본주의 존재를 기정사실화한다면, 최대한 잘 활용하는 것이 합리적일 것이다. 이는 물론 자본주의가 악하기만 한 것은 아니기에 가능한 것이다. 악하다고만 생각하는 것은 극히 일면적인 사고이다. 이는 마르크스도 거의 범한 적이 없는 오류이다. 앞서 보았듯이 이 체제는 야만과 자유, 노예화와 해방을 함께 낳았다. 자본주의 사회는 엄청난 부를 창출하나,

『잉여가치론』 표지(1910)

대다수 시민들의 손에 닿지 않는 곳에 두는 방식으로만 가능하다. 그렇다 해도 그 부는 언제든 손 닿는 곳으로 끌어올 수 있다. 자본주의 부를 그것을 낳은 탐욕스러운 개인주의 형태에서 벗어나 전체 공동체에 투자하고, 하기 싫은 일을 최소한으로 제한하는 데 사용할 수 있다. 그리하여 경제적 필요라는 사슬을 끊고 창조적 잠재력을 자유롭게 실현하는 삶을 영위할 수 있다. 이것이 마르크스가 공산주의에 대해 품었던 비전이다.

마르크스 이론은 목적론이 아니다

그중 어느 것도 자본주의 발흥이 절대적 선이라고 암시하지는 않는다. 훨씬 적은 피와 땀과 눈물로 인간 해방을 실현할 수 있었다면 더 좋았을 것이다. 이런 의미에서 마르크스의 역사 이론은 '목적론'이 아니다. 목적론은 역사의 각 단계가 앞서 지나간 것으로부터 가차 없이 발생한다고 간주한다. 이 과정에서 각 단계는 그 자체로 필연적이고, 모든 다른 단계들은 특정 목표를 달성하는 데 필수 불가결하다. 목표도 그 자체로 필연적이며, 전체 과정의 숨은 동력으로 작용한다. 이런 서사에서는 어떤 것도 빠져서는 안 되며, 겉보기에 아무리 해롭고 부정적으로 보여도 모든 것이 전체의 선에 이르는 데 기여한다.

이것은 마르크스가 가르친 것이 아니다. 더 나은 미래를 위해 자본주의를 활용할 수 있다고 말하는 것은 자본주의가 그런 이유로 존재한다는 얘기가 아니다. 사회주의가 반드시 자본주의에 뒤따르는 것도 아니다. 자본주의의 범죄가 사회주의가 도래하기 위해 정당화된다고 주장하는 것도 아니다. 자본주의가 등장하기로 되어 있다는 말도 아니다. 생산양식이 필연적으로 발생하는 것이 아니다. 어떤 내적 논리에 따라 선행하는 모든 단계와 이어져 있다는 것이 아니다. 과정의 어떤 단계도 다른 단계를 위해 존재하는 것이 아니다. 볼셰비키가 그랬듯이 단계를 뛰어넘을 수도 있다. 그리고 결과는 결코 보장되지 않는다. 마르크스는 역사가 어떤 특정 방향으로 움직인다고 생각하지 않았다. 자본주의가 사회주의 건설에 사용될 수 있다. 그렇다고 전체 역사 과정이 이 목표를 향해 은밀히 작업하고 있다는 뜻은 아니다.

근대 자본주의 시대는 의심할 여지없는 혜택을 가져왔다. 마취제와 형벌 개혁, 효과적인 위생과 표현의 자유에 이르기까지 수많은 특징이 있다. 미래 사회주의가 이를 활용할 방도를 찾을 수 있기 때문이 아니라 이미 그 자체만으로도 소중한 것들이다. 하지만 이것이 자본주의 체제가 결국 정당화된다는 것을 의미하진 않는다. 계급사회가 끝내는 사회주의에 도달한다 해도, 이 훌륭한 결과를 얻기 위해 인류가 치러야 하는 대가가 너무 크다는 사실을 주장하는 것이다. 돌이켜보면, 계급 역사가 겪은 고통이 정당화되려면 사회주의 세계는 얼마나 오래 존속해야 하며, 또 얼마나 활기차게 번영해야만 하는가? 설령 그렇게 된다 할지라도 아우슈비츠가 정당화될 수 있겠는가? 마르크스주의 철학자 막스 호르크하이머 Max Horkheimer는 "역사의 길에는 개인들의 슬픔과 비참이 가로놓여 있다. 이 두 사실을 연결하는 일련의 설명은 있어도 이를 정당화할 만한 의미는 없다."[13]고 논평했다.

마르크스 이론은 비극적이다

마르크스주의는 대체로 비극적 세계관으로 인식되지 않는다. 그러기에는 그 마지막 단계인 공산주의가 너무 낙관적으로 보인다. 하지만 마르크스주의의 비극적 긴장감을 제대로 이해하지 못한다면, 그 복잡한 깊이의 많은 부분을 놓치는 셈이다. 마르크스주의 서사는 끝이 비극적이라는 의미에서 비극이 아니다. 서사가 비극이 되기 위해서 끝이 비극적으로 끝나야만 하는 것은 아니다. 사람들이 끝에 가서 어떤 성취를 발견한다 하더라도, 그들의 성취를 위해 선조들이 지옥을 헤쳐 나와야 했다는 것은 비극적이다. 그리고 성취를 이루지도 못하고 잊힌 채 길가에 쓰러진 사람들도 많았을 것이다. 문자 그대로 부활 같은 것이 일어나지 않는 한, 이렇게 몰락한 수백만의 사람들에게 결코 보상할 수가 없다. 바로 이런 점에서 마르크스의 역사 이론은 비극적이다.

아이자즈 아마드Aijaz Ahmad는 이 점을 잘 포착한다. 그는 농민층 몰락에 대해 마르크스를 이야기하고 있지만, 그의 논점은 마르크스의 작업에 더 일반적으로 적용된다. 그는 "거대한 파괴와 돌이킬 수 없는 상실감, 옛것과 새것 어느 쪽도 전적으로 긍정할 수 없는 도덕적 딜레마, 수난자는 위엄이 있으면서도 흠 또한 있다는 인식, 승리와 패배의 역사가 실은 물적 생산의 역사라는 인식, 그리고 결국 이 무자비한 역사에서 무언가 좋은 것이 나올지도 모른다는 한 줄기 희망의 빛"[14]이 있다고 썼다. 비극이라고 해서 반드시 희망이 없는 것은 아니다. 오히려 두려움에 떨면서 공포로 얼룩진 표정으로 긍정하는 것이 비극이다.

아이자즈 아마드(1941-2002)

마지막으로 언급해야 할 또 다른 논점이 있다. 지금까지는 마르크스 자신이 자본주의가 사회주의를 위해 필수 불가결하다는 생각을 확신했다고 우리는 보았다. 하지만 이것이 사실일까? 매우 낮은 수준에서 생산력을 발전시켜야 하지만, 가능한 한 민주적인 사회주의 가치와 양립 가능한 방식으로 시도할 수는 없는가? 이것은 매우 어려운 임무가 될 것이다. 하지만 볼셰비키 러시아에서 좌익 반대파 일부 멤버들의 견해가 대체로 이런 것이었다. 비록 실패한 기획이긴 했으나, 그 상황에서 취할 수 있는 올바른 전략이었다는 강력한 주장도 있다. 어떤 경우든 자본주의가 결코 발생하지 않았다면 어찌 되었을까? 마르크스가 자본주의의 가장 귀중한 산물로 본 것들 — 물질적 번영, 풍부한 창의적 인간 능력, 자기 결정, 전 지구적 소통, 개인의 자유, 근사한 문화 등 —을 덜 잔혹하게 발전시킬 방법을 인류는 찾을 수도 있지 않았을까? 그런 대안적인 역사가 라파엘로와 셰익스피어에 버금가는 천재들을 배출했을 수도 있지 않았을까? 고대 그리스·페르시아·이집트·중국·인도·메소포타미아 같은 곳에서 번성했던 예술과 과학을 생각해 보라. 자본주의적 근대는 정말로 필요했을까? 부족사회의 정신적 산물과 근대 과학과 인간 자유의 가치를 두고 어떻게 경중을 가릴까? 민주주의와 홀로코스트를 나란히 저울에 올려놓고 무게를 잰다면 무슨 일이 벌어질까?

이 물음은 학술적인 것보다 더 많은 것을 증명해 줄지도 모른다. 우리 중 한 무리의 사람들이 핵이나 환경 대재앙이 발생한 반대쪽에서 기어 나와, 처음부터 문명을 다시 건설하는 엄청난 임무를 시작한다고 가정해 보라. 재앙의 원인을 알고 있기에, 현명한 우리들은 이번에는 사회주의 방식으로 그 임무를 시도하지 않겠는가?

4

마르크스주의는
유토피아를 꿈꾸지 않았다

마르크스주의는 유토피아를 꿈꾼다. 그것은 어려움이나 고통, 폭력이나 갈등이 없는 완벽한 사회의 가능성을 믿는다. 공산주의 아래서는 어떤 대립이나 이기심·소유욕·경쟁·불평등도 없으리라. 누구도 다른 이들보다 더 우월하지도 열등하지도 않으리라. 누구도 일하지 않을 것이고, 인간은 서로 완벽한 화합 속에서 살아갈 것이며, 물질적 재화의 흐름은 끝이 없을 것이다. 이 놀랍도록 순진한 비전은 인간 본성을 너무 쉽게 믿는 데서 나온다. 인간의 사악함은 간단히 제쳐둔다. 우리가 본성적으로 이기적이고 탐욕스럽고 공격적이고 경쟁적인 존재라는 사실, 그리고 어떤 사회공학도 이것을 바꿀 수 없다는 사실은 쉽게 간과된다. 마르크스의 천진난만한 미래 비전은 그의 정치학 전반에 걸쳐 터무니없는 비현실성을 빈영한다.

마르크스는 점쟁이가 아니라 예언자이다

"그렇다면 당신들의 마르크스주의 유토피아에도 여전히 교통사고가 있을까?" 이런 조롱에 가까운 질문에 마르크스주의자들은 익숙하다. 사실 위의 물음은 마르크스주의자의 망상보다는 말하는 사람의 무지를 더 많이 드러낸다. 유토피아가 완벽한 사회를 의미한다면, '마르크스주의 유토피아'는 용법상 모순이기 때문이다.

공교롭게도 마르크스주의 전통에서 '유토피아'라는 단어는 훨씬 더 흥미로운 용례가 있다.[1] 가장 위대한 영국 마르크스주의 혁명가 중 한 사람인 윌리엄 모리스William Morris는 유토피아에 대해 잊을 수 없는 작품으로 『이상향에서 온 소식 *News from Nowhere*』을 남겼다. 여기서 그는 다른 대부분의 유토피아 작품들과는 달리 정치적 변화의 과정이 실제로 어떻게 이루어졌는가를 자세히 보여 주었다. 하지만 '유토피아'를 일상적인 의미로 사용하는 경우, 마르크스는 고통·죽음·상실·실패·몰락·갈등·비극, 혹은 심지어 노동이 없는 미래에 대해서는 조금도 관심이 없었다는 점을 말해 두어야겠다. 사실 그는 미래 자체에 대해 큰 관심을 전혀 보이지 않았다. 사회주의나 공산주의 사회가 어떤 모습일지 상세히 얘기하지 않았다는 점은, 그의 작업에 관한 악명 높은 사실이다. 그런 점 때문에 그의 모호함을 용납할 수 없다고 비난하는 이들도 있다. 하지만 모호하다고 비난하면서 동시에 유토피아 설계도를 그렸다고 비난할 수는 없다. 미래와 거래하는 쪽은 자본주의지 마르크스주의가 아니다. 『독일 이데올로기』에서 마르크스는 공산주의가 "현실이 맞추어 가야 할 이상"이라는 생각에 반대한다. 대신 그는 공산주의를 "사물의 현 상태를 폐지하는 현실 운동"[2]으로 보았다.

유대인들에게 전통적으로 미래를 예견하는 것이 금지되었듯이, 세속적 유대인인 마르크스도 앞에 놓여 있는 것이 무엇인지에 관해 대체로 침묵한다. 앞서 마르크스가 사회주의를 필연이라고 생각한 것 같으면서도, 사회주의가 어떤 모습일지에 대해서는 놀랄 정도로 말이 없었다는 것을 보았다. 이처럼 말을 삼가는 데는 몇 가지 이유가 있다. 무엇보다, 미래란 존재하지 않으므로 미래 이미지를 위조하는 것은 일종의 거짓이다. 그렇게 한다면 미래는 예정되었다는 걸 암시하는 게 된다. 즉 미래는 우리가 발견하도록 그늘진 어떤 곳에 놓여 있다는 것이다. 어떤 의미에서는 미래는 필연적이라고 마르크스가 생각했다는 것을 이미 살펴보았다. 하지만 필연적인 것이 반드시 바람직한 것은 아니다. 죽음도 필연적이지만 바람직하게 바라보는 사람은 거의 없다. 미래가 예정되어 있을지는 모르지만, 그렇다고 현재보다 더 나은 것이 되리라고 가정할 근거는 없다. 앞서 보았듯이 필연적인 것은 꽤나 불쾌하다. 이 점에 대해 마르크스 자신은 잘 알고 있었다.

하지만 미래 예측은 무의미할 뿐만 아니라 실제로 파괴적일 수 있다. 미래에 대해서도 권력을 가지면 잘못된 안도감을 주게 된다. 그것은 불안정하고 예측할 수 없는 현재의 개방적인 본성으로부터 우리 자신을 방어하려는 전술이다. 이는 미래를 일종의 물신으로 이용하는 것인데, 마치 아기가 담요에 매달리듯 위안이 되는 우상에 집착하는 것과 같다. 미래는 (존재하지 않으므로) 유령처럼 역사의 바람으로부터 차단되어 우리를 실망시키지 않을 절대적 가치이다. 당신은 현재를 지배하는 방식으로 미래를 독점하려 할 수도 있다. 우리 시대의 진짜 점쟁이는 자본주의의 죽음을 끔찍하게 예고하며 울부짖는 털북숭이 추방자가 아니라, 체제의 내부를 들여다보고 그 지배자들에게 이윤이 앞으로 10년은 더 안전하다고 확신을 주도록 다국적 기업이 고용한 전문가들이다. 반면에 예언자는 결코 천리안이 아니다. 성서에 등장하는 예언자가 미래를 예견하려 했다고 믿는다면 잘못이다. 오히려 예언자는 현재의 탐욕과 부패와 권력 남용을 비난하고, 삶의 방식을 바꾸지 않으면 미래가 전혀 없으리라고 경고한다. 마르크스는 예언자였지 점쟁이가 아니었다.

더 나은 미래

마르크스가 미래 이미지를 경계한 데는 다른 이유가 있다. 그의 시대에는 이런 이미지들이 주변에 널려 있었다. 게다가 거의 대부분이 가망 없는 관념론적 급진주의자들의 작품이었다. 역사가 완벽한 상태를 향해 나아가고 있다는 생각은 좌파적인 것이 아니다. 혁명적 사회주의로 명성을 날려 본 적이 거의 없는 18세기 계몽주의자들의 전유물이었다. 계몽주의는 활기찬 초기 단계에서 유럽 중간계급의 자신감을 반영한다. 이성은 전제주의를 극복하고 과학은 미신을 몰아내며 평화는 전쟁을 물리치고 었었다. 그 결과로 인간의 역사전체(실제로는 사상가 대부분이 유럽의 역사를 의미했다)가 자유와 화합과 상업적 번영으로 절정에 이를 것이었다. 이런 자족적인 망상 때문에 역사상 가장 유명한 재앙이 중간계급에 내린 것 같지는 않다. 앞서 살펴본 대로 마르크스는 진실로 진보와 문명을 믿었다. 하지만 그것들이 적어도 지금까지는 야만이나 몽매와 분리될 수 없다고 입증된 것으로 생각했다.

그렇다고 마르크스가 샤를 푸리에Charles Fourier, 앙리 드 생시몽Henri de Saint-Simon, 로버트 오언Robert Owen 같은 유

토피아 사상가들한테 아무것도 배우지 않았다고 말하는 건 아니다. 그들에 대해 무례할 수도 있었고, 때로 경탄스러울 만큼 진보적이던 그들의 견해를 칭송할 수도 있었다. (그러나 그들 모두에게 해당되지는 않는다. '페미니즘' 용어를 만들고, 정확히 1,620명을 수용하는 이상적인 사회 단위를 설계한 푸리에는 미래 사회에는 바다가 레모네이드로 변할 거라고 믿었다. 마르크스 자신은 아마 숙성된 리슬링 포도주를 선호했으리라.) 마르크스가 가장 반대했던 것은 순전히 논쟁의 힘으로 반대파를 이길 수 있다는 그 유토피아주의자들의 믿음이었다. 그들에게 사회란 사상의 전쟁터이지 물질적 이해관계의 각축장이 아니었다. 마르크스는 지적 대화에 대한 그와 같은 믿음에 회의적이었다. 그는 사람들을 진정으로 사로잡는 사상은 일상의 실천을 통해 우러나는 것이지, 철학자들이나 논쟁 집단들의 담론을 통해 생기는 것이 아니라는 것을 알고 있었다. 사람들이 실제로 믿는 것이 무엇인지 알고 싶다면, 그들의 말이 아니라 행동을 보아야 한다.

마르크스에게 유토피아의 청사진은 현재의 정치적 임무에 집중하는 것을 방해한다. 거기에 투여된 에너지는 정치투쟁에 훨씬 생산적으로 쓰일 수 있다. 유물론자로서 마르크스는 사상이 역사적 현실과 분리되는 것을 경계했고, 이런 분리에는 대개 그럴 만한 역사적 이유가 있다고 생각했다. 시간이 남아돌아가는 사람은 더 나은 미래를 위한 정교한 구상을 도모할 수 있을 것이다. 그것은 마치 멋진 소설은 결코 쓰지 못하더라도 계획만은 끝없이 꾸적이는 꼴과 같다. 마르크스의 요점은 이상적인 미래를 꿈꾸는 것이 아니라 더 나은 미래가 도래하지 못하게 방해하는 현재의 모순을 해결하는 것이다. 그렇게 된다면 자신과 같은 사람은 더 이상 필요치 않을 것이다.

『프랑스 내전*The Civil War in France*』(1871)에서 마르크스는 혁명적 노동자들은 "실현해야 할 이상을 가진 것이 아니라 무너져 가는 낡은 부르주아 사회가 스스로 잉태한 새로운 사회의 요소들을 해방시켜 준다."[3]고 썼다. 더 나은 미래를 향한 희망은 단지 '…라면 좋지 않겠는가' 하는 식의 아쉬움에 그쳐선 안 된다. 근본적으로 다른 미래가 공허한 환상 그 이상이 되려면, 바람직할 뿐이 아니라 실현 가능해야 하고, 실현 가능하려면 현실에 뿌리를 내려야 한다. 그런 미래는 어떤 정치적 외부 공간에서 현재로 뚝 떨어지는 게 아니다. 현재를 스캔하거나 엑스레이로 찍어 그 안에 잠재된 미래의 모습을 보여 주어야 한다. 그러지 않으면 사람들한테 헛된 욕망을 품게 할 뿐이다. 프로이트는 헛되이 욕망하는 건 신경증을 앓는 일이라고 했다.

현재의 미래

그래서 현재에는 현재 너머를 가리키는 힘이 있다. 예컨대 페미니즘은 지금 현재 실행되는 정치 운동이지만, 현재의 많은 부분을 저만큼 뒤로 밀쳐놓고 미래를 향해 나아가는 방식으로 실행된다. 마르크스에게 현재와 미래 사이의 연결점을 제공하는 것은 노동계급이다. 노동계급은 지금의 현실이며 동시에 이 현실을 변화시키는 행위자이다. 해방 정치는 미래라는 쐐기 촉을 현실의 심장에 박아 넣는다. 해방 정치는 현재와 미래 사이의 다리이며, 이 둘을 가로지르는 교차점이다. 현재와 미래는 둘 다 과거의 자원 — 싸워 지켜야 할 귀중한 정치적 전통 — 에서 연료를 공급받는다.

일부 보수주의자들은 유토피아주의자이지만, 그들의 유토피아는 미래보다 과거에 있다. 그들의 관점에서 역사란 아담과 베르길리우스와 셰익스피어와 새뮤얼 존슨, 토머스 제퍼슨과 벤저민 디즈레일리와 마가렛 대처와 그밖에 덧붙이고픈 이런저런 인물의 시대에 맞추어진 황금기로부터 길고 우울한 쇠퇴의 연속이다. 이는 일부 유토피아 사상가들이 미래에 대해 그러하듯, 과거를 일종의 물신으로 대하는 태도이다. 과거는 꼭 존재했던 것처럼 느껴지지만, 실은 미래만큼이나 존재하지 않는 것이다. 그러나 어느 시대든 다른 시대처럼 끔찍했을 뿐이라는 이유로 이와 같은 타락 신화를 거부하는 보수주의자들도 있다. 그들에게 좋은 소식은 상황이 더 나빠지지는 않는다는 것이고, 나쁜 소식은 더 나빠질 수가 없기 때문에 그렇다는 것이다. 역사를 관장하는 것은 인간의 본성인데, 인간 본성은 (a) 충격적으로 망가져 있고, (b) 절대적으로 개선 불가능하다는 것이다. 가장 큰 어리석음 — 실은 잔인함 — 은 합법적으로 성취할 수 없는 이상을 사람들 앞에 대고 흔드는 일이다. 급진주의자들은 결국 사람들 스스로 혐오하게 만든다. 사람들에게 더욱 고상한 일을 하도록 북돋음으로써 그들을 죄의식과 절망에 몰아넣는 것이다.

지금 있는 곳에서 출발하는 것은 정치적 변화를 위한 최선의 방안이 아닐지도 모른다. 현재는 변화의 계기라기보다 장애물로 보인다. 전형적으로 우둔한 아일랜드 사람에게 철도역으로 가는 길을 물으면 이렇게 답한다. "글쎄요, 나라면 여기서 출발하진 않을 거예요." 이 말은 생각처럼 그렇게 비논리적이지 않아서, 대부분 아일랜드 사람들도 마찬가지로 반응할 것이다. 그것은 '이렇게 불편하고 외진 곳에서 출발하지 않는다면, 더 빠르게 곧장 그곳에 도착할 것'이라는 의미이다. 오늘날 사회주의자들은 이런 정서에 공감할 것이다. 위의 속담에서나 등장할 것 같은 아일랜드 사람이, 포위되고 고립된 준극빈국에서 사회주의 건설 임무에 착수하려는 볼셰비키 혁명 후의 러시아를 조사해 보고는, "글쎄요, 나라면 여기서 출발하진 않을 거예요."라고 말하는 모습을 누구든 상상할 수 있을 것이다.

하지만 달리 출발할 수 있는 어떤 장소가 따로 있는 게 아니다. 다른 미래란 이 특정한 현재의 미래여야만 한다. 현재의 대부분은 과거로 이루어져 있다. 역사에서 물려받은 얼마 되지 않는 이 부적합한 도구들 말고는 달리 미래를 설계할 도구란 없다. 그리고 이런 도구들은 비참과 착취라는 유산으로 오염된 채 우리에게 전해 내려온 것이다. 『고타 강령 비판Critic of the Gotha Program』(1875)에서 마르크스는 새로운 사회에는 그것을 잉태한 자궁인 옛 질서가 남긴 모반母斑이 찍혀 있을 것이라 쓰고 있다. 그러므로 '순수한' 출발 지점 같은 건 없다. 그런 지점이 있다고 믿는 것은 이른바 극좌파(레닌이 '소아병'이라 부르는)의 망상이다. 이 망상에 빠지면, 혁명의 열정에 도취되어 사회개혁·노동조합·정당·의회민주주의 등과 같은 현재의 타협 도구들과는 일절 거래를 거부하게 된다. 그래서 오점이 없는 만큼 무력하게 끝나 버린다.

그렇다면, 사춘기가 유년기에 그냥 덧붙여진 게 아닌 것처럼, 미래도 현재에 그냥 덧붙여진 것이 아니다. 미래는 어떻게든 현재 안에서 감지될 수 있어야 한다. 어린아이라고 반드시 사춘기에 도달하는 게 아니듯이, 가능한 미래가 반드시 일어나기로 되어 있는 건 아니다. 어린아이가 사춘기에 도달하기도 전에 백혈병으로 죽을 수도 있다. 그러니까 어떤 특정한 현재가 주어진다고 해서 어떤 미래라도 가능한 것은 아니라는 사실을 인식해야 한다. 미래는 열려 있지만 완전히 열려 있는 것은 아니다. 어떤 일이라도 다 일어날 수 있는 건 아니다. 10분 후에 내가 어디 있을지는 무엇보다 지금 내가 어디 있는지에 달려 있다. 미래를 현재 속의 잠재력으로 보는 것은 계란을 잠재적 닭으로 보는 것과는 다르다. 깨져서 산산조각 나거나 삶아서 소풍 음식이 되지 않는다면, 계란은 자연법칙에 의해 닭이 될 것이다. 하지만 자연은 사회주의가 자본주의의 뒤를 이을 것이라고 보장하지 않는다. 현재에는 수많은 다른 미래들이 함축되어 있으며, 그것들 중 일부는 다른 것보다 훨씬 덜 매력적이다.

이런 식으로 미래를 보면 무엇보다 미래에 대한 거짓 이미지에 맞서 자기 자신을 방어할 수 있다. 이를테면 미래가 더욱 많은 현재일 뿐이라고 생각하는 자족적인 '진화론적' 미래관을 거부할 수 있게 된다. 이런 미래는 과장된 현재에 불과하다. 이것이 대체로 우리 지도자들이 미래—현재보다 낫지만 결국 현재가 편안히 연장된 미래—를 보고 싶어 하는 방식이다. 불쾌한 우발적인 일은 최소한으로 유지될 것이다. 어떤 트라우마나 격변도 없이 이미 갖고 있는 것에서 꾸준히 개선만 할 것이다. 급진파 이슬람교도들이 귀찮게 역사를 다시 열어젖히기 전까지, 이런 관점은 최근까지도 역사의 종말론으로 알려져 왔다. 우리 눈에 보이는 것처럼 금붕어가 안전하나 단조로운 삶을 꿈꾼다고 한다면, 이를 금붕어 역사 이론으로 불러도 좋을 것이다. 극적인 변화에서 벗어나 완전한 지루함이라는 대가를 지불하는 것이다. 이처럼 그 이론은 미래가 현재보다 훨씬 더 나빠질 수 있지만, 현재와 매우 다를 것이 분명하다는 사실을 간파하지 못한다. 몇 년 전 금융 시장이 붕괴한 한 가지 이유는 미래가 현재와 매우 유사할 것이라고 가정하는 모델에 의존했기 때문이다.

진정한 미래는 현재의 실패이다

반면 사회주의는 어떤 의미에서는 현재와의 결정적인 단절을 나타낸다. 역사는 부서지고 다시 세워져야 한다. 이는 사회주의자들이 온건한 목소리에는 귀를 막고 피에 굶주린 짐승들처럼 제멋대로 개혁보다 혁명을 선호하기 때문이 아니라, 치료해야 할 병이 그만큼 깊기 때문이다. '역사'라고는 했지만 사실 마르크스는 역사라는 이름으로 지금까지 일어났던 모든 일에 위엄을 부여하는 걸 꺼렸다. 그에게는 우리가 지금까지 알아 온 모든 것이 '역사 이전', 즉 연속된 인간 억압과 착취의 변주일 뿐이다. 유일한 참 역사 행위는 이 음울한 서사에서 깨어 바른 역사로 진입하는 것이 될 것이다. 당신이 사회주의자라면 이것이 어떻게 성취될 것이며, 어떤 제도들이 포함될 것인지, 어느 정도 상세하게 설명할 준비가 되어 있어야 한다. 그러나 새로운 사회 질서가 진정으로 변화를 촉발시킨다면, 지금 당장 그에 관해 할 수 있는 말은 극히 제한적이다. 결국 과거나 현재에서 가져온 용어로만 미래를 묘사할 수 있을 것이고, 현재와 철저하게 단절된 미래를 묘사하려면 언어가 가진 한계와 씨름해야 할 것이다. 『루이 보나파르트의 브뤼메르 18일The Eighteenth Brumaire of Louis Bonaparte』(1852)에서 마르크스 자신이 언급한 대로, "사회주의 미래에서는 내용이 형식을 넘어설 것이다." 레이먼드 윌리엄스도 『문화와 사회 1780~1950』에서 본질적으로 같은 지적을 했는데, "공동의 결정에 따라 계획될 수 있는 것은 계획해야 한다. 하지만 문화 개념을 강조할 때 기억해야 할 것은, 문화란 본질적으로 계획할 수 없는 것이라는 사실이다. 우리는 삶의 수단과 공동체의 수단을 확보해야 하지만, 이 수단으로 어떤 삶을 살게 될지는 알 수도 또는 말할 수도 없다."[4]고 쓰고 있다.

이 점은 다른 방식으로 표현될 수 있다. 지금까지 일어난 모든 것이 '역사 이전'이라면, 마르크스가 바른 역사라고 간

주한 것보다 더 많은 것을 예측
할 수 있다. 과거 역사의 어떤 지
점을 잘라 단면을 조사해 보면,
보기도 전에 거기서 무엇을 발견
하게 될지 알 수 있다. 이를테면
이 시기의 수많은 사람들이 지배
엘리트의 이익을 위해 대체로 헛
된 노역의 삶을 살았다는 것을
발견하게 될 것이다. 어떤 형태

윌리엄스(1921-1988)

의 정치 국가든 이런 상황을 유지하기 위해 가끔 폭력을 사
용할 준비가 되어 있다는 걸 발견하게 될 것이다. 이 시기의
수많은 신화·문화·사상이 이런 상황에 적합한 어떤 정당성
을 제공했다는 것을 발견하게 될 것이다. 또한 착취당한 사
람들 사이에서 이런 불의에 대항하는 어떤 형태도 발견하게
될 것이다.

　그러나 일단 인간 번영에 채워진 이런 족쇄들이 제거된다
면, 어떤 일이 일어날지 말하기란 훨씬 어렵다. 그렇게 되면
서로에 대한 책임의 한도 내에서 사람들이 훨씬 자유롭게 원
하는 대로 행동하기 때문이다. 보다 많은 시간을 열심히 일
하기보다 여가 활동이라 부르는 것에 보낼 수 있게 된다면,
사람들의 행동을 예측하기란 더욱 어려워진다. '여가라 부르

는 것'이라고 말한 이유는, 자본주의에 의해 축적된 자원들을 사용해 정말로 많은 사람들을 일에서 해방시킨다면, 그때 가서 사람들이 일 대신 하는 것을 두고 '여가'라고 부르진 않을 것이기 때문이다. 평화에 대한 어떤 개념 없이는 전쟁을 정의할 수 없듯, 여가라는 개념은 그 반대(노동)의 존재에 의존하기 때문이다. 또한 소위 여가 활동이라는 것이 석탄 캐는 것보다 훨씬 더 격렬하고 힘들 수 있음을 명심해야 한다. 마르크스 자신도 이 점을 지적했다. 어떤 좌파들은 일할 필요가 없다는 게 마리화나를 피우며 종일 빈둥거리는 걸 의미하지 않을 수도 있다는 애기를 들으면 실망할 수도 있을 것이다.

감옥에 갇힌 사람들의 행동을 비유로 들어 보자. 행동이 엄격히 규제되어 있기 때문에, 수감자들이 하루 종일 무슨 일을 벌일지는 꽤 쉽게 말할 수 있다. 간수들은 꽤 정확하게 수요일 5시에 그들이 어디에 있을지 예측할 수 있다. 예측할 수 없다면, 간수는 교도소장 앞에 불려갈 수도 있다. 하지만 일단 수감자들이 사회로 복귀하면, 꼬리표에 전자 장치 같은 것을 달지 않는 한 이들을 감시하기란 훨씬 어려워진다. 말하자면 이들은 감금이라는 '역사 이전'에서 바른 역사로 옮아감으로써, 이제 외부 세력에 의해 자신의 존재가 결정되기보다, 자유롭게 스스로가 결정할 수 있게 되었다는 걸 의미한다. 마르크스에게 사회주의란 집단적으로 우리가 우리 자신의 운명을 결정하기 시작한 지점이다. 그것은 (대체로) 정치적 가식이 아니라 진지하게 받아들여진 민주주의다. 사람들이 더 자유롭다는 것은 수요일 5시에 무엇을 하게 될지 말하기가 더 어려워질 거라는 사실을 의미한다.

진정으로 다른 미래는 단순히 현재를 연장한 것도 아니고 현재와 절대적으로 단절한 것도 아니다. 절대적 단절이라면 어떻게 그것을 인식할 수 있겠는가? 그러나 이 다른 미래를 현재의 언어로 꽤 쉽게 묘사할 수 있다면, 어떤 의미에서 진정으로 다르다고 할 수 있겠는가? 마르크스가 의미한 해방 개념은 매끈한 연속성과 완전한 단절 둘 다를 거부한다. 그런 의미에서 그는 매우 희귀한 존재이다. 즉 냉철한 현실주의자이면서 동시에 몽상가였다. 그는 미래 공상에서 현재 단조로운 작업들로 눈을 돌렸는데, 바로 이곳에서 그는 보다 풍부한 미래가 해방되는 걸 목격했다. 그는 많은 사상가들보다 과거에 대해 더 우울했지만, 도래할 것에 관해서는 그들 대부분보다 훨씬 희망적이었다.

현실주의와 비전은 이 지점에서 함께 간다. 현재를 있는 그대로 본다는 것은 그것이 변화 가능하다는 관점으로 보는 것이다. 그렇지 않으면 당신은 제대로 보지 못하고 있는 것이다. 그것은 마치 아이에게서 잠재적 성인을 인식해 내지 못한다면, 아이가 되는 것이 무엇을 의미하는지 완전히 파악할 수 없는 것과 마찬가지다. 자본주의는 비범한 힘과 가능성을 탄생시켰으면서 동시에 좌절시켰다. 이런 이유로 마르크스는 열렬한 진보 옹호자가 아니면서도 희망적일 수 있었으며, 냉소적이거나 패배주의적이지 않으면서도 잔혹할 정도로 현실적일 수 있었다. 최악의 상황을 정면으로 꾸준히 응시함으로써 이를 넘어설 수 있는 것이 비극의 비전이다. 이미 살펴보았듯이 마르크스는 어떤 면에서 비극적인 사상가이지만, 그렇다고 비관적인 사상가는 아니다.

한편, 마르크스주의자들은 고상한 도덕주의를 의심하고 관념론을 경계하는 완고한 유형의 사람들이다. 타고나기를 의심이 많은 이들은 선동적인 정치적 수사 배후에 잠복하고 있는 물질적 이해관계를 찾아내는 경향이 있다. 그들은 경건한 이야기와 감상적인 비전의 밑바닥에 깔려 있는 따분하면서도 비열한 힘에 주목한다. 이는 그들이 이런 비열한 힘에서 사람들을 해방시키고자 하며, 자신들이 더 나은 일을 할 수 있다고 믿기 때문이다. 그렇게 이들은 자신들의 완고함을 인류에 대한 믿음과 결합시킨다. 유물론은 너무 현실적이어서 가슴에 손을 얹는다는 식의 감성적 수사에 속지 않는다. 하지만 사태 개선에 대해선 매우 희망적이어서 냉소적일 수 없다. 인류 역사상 이보다 더 나쁜 조합들이 있었다.

1968년 파리에서 학생들이 내건 화려하고 이색적인 슬로건, "현실주의자가 되라. 불가능한 것을 요구하라!"를 떠올려 본다. 과장된 수사에도 불구하고, 이 슬로건은 상당히 정확하다. 지배 체제는 현실적으로 사회를 개선 하는 데 필요한 것을 감당할 능 력이 없다. 그런 의미에서 이 체

1968년 5월 파리의 시위 학생들

제 하에서의 개선은 불가능하다. 그러나 세상이 원칙적으로 크게 개선될 수 있다고 믿는 것은 현실적이다. 주요한 사회 변화가 가능하다는 생각을 비웃는 사람들이야말로 완전한 환상주의자들이다. 진짜 공상가는 하나씩 하나씩 변화하는 것, 그 이상의 어떤 것이 가능하다는 사실을 부정하는 사람 들이다. 이런 완고한 실용주의는 자신이 마리 앙투아네트라 고 믿는 것만큼이나 기만적이다. 이런 유형은 역사에 준비가 덜 되어 있기에 바르게 대응하지 못할 위험에 늘 처해 있다. 일례로 몇몇 봉건주의 이론가들은 자본주의 같은 '부자연스 러운' 경제 체제가 유행할 수 있다는 사실을 부정했다. 더 많 은 시간과 더 많은 노력을 들인다면, 자본주의가 모두에게 풍요로운 세계를 가져다줄 거라는 환각을 일으키는 슬프고

자기기만적인 인물들도 있다. 그들에겐 지금까지 자본주의가 그러지 못했다는 것이 그저 개탄스러울 뿐이다. 그들은 자아도취와 과대망상이 할리우드에서는 자연스러운 것처럼, 불평등도 자본주의에서는 자연스러운 현상이라는 점을 보지 못한다.

마르크스가 현재에서 발견한 것은 이해관계의 치명적인 충돌이다. 유토피아 사상가라면 사랑과 동료애의 이름으로 이런 갈등을 넘으라고 권고하겠지만, 마르크스 자신은 매우 다른 노선을 택했다. 그는 진실로 사랑과 동료애를 믿었다. 하지만 어떤 거짓 화합으로 성취될 수 있으리라고는 생각하지 않았다. 착취당하고 약탈당한 사람들은 그들의 이익을 포기해서는 안 된다. 그건 주인이 원하는 것일 뿐이니 끝까지 밀어붙여야 한다. 그럴 때만이 자기 이익을 넘어선 사회가 마침내 출현할 수 있다. 대안이라는 게 거짓된 희생정신으로 자신의 사슬을 끌어안는 것이라면, 자기 이익을 추구하는 것을 결코 나쁘다고 하진 않을 것이다.

마르크스 비판자들은 이처럼 계급적 이해관계를 강조한 것에 대해 불쾌하게 여길지 모른다. 그러나 동시에 마르크스가 인간 본성에 대해 터무니없는 장밋빛 견해를 가졌다고 주장할 수는 없을 것이다. 구원받지 못한 현재에서 출발하여 그 타락한 논리를 감수해야만, 그것을 뚫고 넘어서기를 바랄 수 있다. 이것이 전통적인 비극 정신이다. 고요한 무심의 정신으로 거부하지 말고, 모순이 계급사회의 본성임을 받아들여야만 그 모순이 가로막고 있는 인간의 부를 열어젖힐 수 있다. 현재의 논리가 뜯겨져 나가 교착과 불일치의 막다른 길에 부딪치는 지점이야말로, 놀랍게도 마르크스가 변화된 미래의 윤곽을 발견하는 곳이다. 진정한 미래상은 현재의 실패이다.

인간 본성

많은 비판자들은 마르크스주의가 인간 본성에 관해 지나치게 이상적인 견해를 갖고 있다고 불평한다. 어리석게도 모든 사람이 동지가 되어 협력하는 미래를 꿈꾼다는 것이다. 대결·질투·불평등·폭력·공격·경쟁이 지구상에서 추방될 것이란다. 실제로 마르크스의 저작에는 이 황당한 주장을 뒷받침하는 말은 한 마디도 없지만, 상당수의 비판자들은 그 사실을 가지고 자기 주장이 엉망으로 되는 것은 원치 않는다. 그들은 대천사 가브리엘조차 기준에 부응하기 어려운 공산주의라는 인간의 미덕을 마르크스가 예견했다고 확신한다. 그렇게 함으로써 마르크스는 인간 본성으로 알려진, 결함 많고 비뚤어지고 영원히 불만스러운 현상을 의도적으로 혹은 부주의하게 무시했다는 것이다.

어떤 마르크스주의자들은 이 비난에 대해 마르크스가 인간 본성을 간과했다면 그것은 그 개념 자체를 믿지 않았기 때문이라고 반박했다. 이들 관점에 따르면, 인간 본성 개념은 정치적으로 사람을 한 자리에 가두는 방식에 불과하다. 이는 인간은 나약하고 부패하며 이기적인 생물로서 역사 내내 변하지 않으며, 마치 바위와 같은 본성에 부딪쳐서 근본적인 변화를 위한 어떤 시도도 좌절할 수밖에 없음을 암시한다. '인간 본성을 바꿀 수는 없다'는 것이 혁명 정치에 반대하는 가장 흔한 의견이다. 이에 대해 일부 마르크스주의자들은 인간에게 어떤 불변의 핵심은 없다고 주장해 왔다. 이들 견해에 따르면, 지금 우리를 만드는 것은 본성이 아니라 역사이며, 역사란 모두 변화에 관한 것이니, 역사적 조건을 바꿈으로써 우리 자신을 변화시킬 수 있다는 것이다.

마르크스는 이와 같은 '실증주의자' 주장에 전적으로 동의하지는 않았다. 그가 실제로 인간 본성을 믿었다는 증거가 있으며, 그렇게 한 것이 옳았다고 노먼 제라스Norman Geras 는 훌륭한 소책자에서 주장하고 있다.[5] 그렇다고 마르크스는 인간 본성이 개인의 중요성을 무효화한다고 보지는 않았다. 반대로 우리 모두가 독특하게 개별화되어 있다는 것이야말로 인간 공동의 본성이 지닌 역설적 특징이라고 생각했다.

초기 저작(『경제학·철학 수고』,『포이어바흐에 관한 테제』,『독일 이데올로기』등 — 옮긴이)에서 마르크스는 이른바 인간의 '유적 존재species being'에 관해 이야기했는데, 이는 실로 인간 본성에 대한 유물론적 해석이다. 물질적인 육체의 본성으로 인해, 우리는 궁핍하고 노동하며 사교적이고 성적이며 소통하고 자기를 표현하는, 살아남기 위해 서로를 필요로 하는 동물이다. 하지만 그런 동료 관계 속에서 사회적 유용성에다 성취감까지도 발견하게 되는 동물이다. 예전 나의 논평을 인용하면 "다른 생물이 원론상 우리에게 말을 걸 수 있어 우리와 함께 물질 노동에 종사하며, 우리와 성적으로 교섭하고, 겉보기에 별 쓸모없어 보이는 예술품 비슷한 어떤 것을 생산하며, 고통받고 농담하고 죽는다면, 이런 생물학적 사실로부터 엄청난 수의 도덕적이고 심지어 정치적인 결론들을 추론해 낼 수 있다."[6] 기술적으로 철학적 인류학이라 알려진 이런 주장은 오늘날에는 다소 유행이 지났지만, 마르크스가 초기 작업에서 주장했던 것이고, 나중에 이를 폐기했다고 믿을 만한 타당한 이유도 없다.

노동하고 욕망하고 언어를 사용하는 생물이기 때문에, 역사라고 알고 있는 과정 속에서 우리의 조건을 변형시킬 수 있다. 그렇게 함으로써 동시에 우리 자신도 변할 수 있다. 다시 말해 변화는 인간 본성과 대립되는 것이 아니라는 것이다. 인간이란 창조적이고 결말이 정해져 있지 않으며 완결되지 않은 존재이기에 변화가 가능하다. 하지만 담비는 그렇지 않다. 물질적인 육체가 지닌 본성 때문에 담비들은 역사를 가질 수 없다. 교묘하게 계속 자신들을 숨긴 것이 아니라면, 그들에겐 정치도 없다. 비록 그들이 현재 우리 지도자들보다 훨씬 일을 잘할 것이라 해도, 언젠간 우리를 지배하게 되리라고 두려워할 이유도 없다. 우리가 아는 한, 담비들은 사회민주주의자나 국수주의자가 될 수 없다. 그러나 인간은 본성상 — 함께 공동체에서 살아가기 때문만이 아니라, 물질적 삶을 규제할 어떤 체제를 필요로 하기 때문에 — 정치적인 동물이다. 인간은 성생활을 규제할 체제가 필요하다. 그렇지 않으면 성은 사회적으로 지나치게 분열을 야기할 수 있다. 예를 들어 욕망은 사회적 구분을 존중하지 않는다. 그 때문에도 인간에겐 정치가 필요하다. 오늘날까지 인간이 물질을 생산하는 방식에는 착취와 불평등이 내포되어 있었다. 결과적으로 갈등이 발생했는데, 이를 방지하기 위해 정치 체제가 요구되었다. 또한 예술, 신화, 혹은 이데올로기 등 그 무어라 부르든 인간 동물은 이 모든 것을 스스로에게 표현할 수 있는 다양한 상징 방식을 가질 것이라고 예상할 수 있다.

마르크스는 우리가 물질적 본성에 의해 특정한 힘과 능력을 갖추게 되었다고 보았다. 그리고 이런 힘을 순전히 실용적인 목적을 위해서라기보다, 그 자체를 목적으로 실현할 자유가 있을 때 우리는 가장 인간적이라고 생각했다. 이런 힘과 능력은 언제나 역사적으로 특정한 것이지만, 육체에 토대를 두고 있어 그중 일부가 문화에 따라 아주 조금씩 바뀐다. 서로의 언어를 모르는, 서로 다른 언어를 사용하는 매우 다른 문화권에서 온 두 사람은 실용적인 임무를 수행하는 데 쉽게 협력할 수 있다. 그들이 공통으로 지닌 물리적 육체가 그 자체로서 일련의 추정과 기대와 이해를 발생시켰기 때문이다.[7] 인간의 모든 문화는 슬픔과 희열, 노동과 성, 우정과 적대, 억압과 불의, 병과 죽음, 친족 관계와 예술을 안다. 때론 이런 것들을 매우 다른 문화방식으로 아는 것도 사실이다. 마드리드에서 죽는 것과 맨체스터에서 죽는 것은 다르다. 하지만 어쨌든 우리는 죽는다. 마르크스 자신은 『경제학·철학 수고Economic and Philosophic Manuscripts』(1844)에서 인간은 "객관적이고 감각적인 존재이기에 고통받는 존재이며, 자신이 고통받는다고 느끼기에 열정적인 존재"라고 썼다. 그는 죽음을 개인에 대한 종種의 가혹한 승리라고 생각했다. 그는 『자본』에서 뼈를 깎는 노역이나 사고·부상·질병으로 고통받아 제명보다 짧은 삶을 살다 때 이른 죽음을 맞이하는 것은 문제라고 보았다. 공산주의는 고된 노력의 종말을 볼 수 있을 것이다. 하지만 마르크스가 죽음이 없는 사회 질서를 예견했다고 보기 어렵듯이, 사고와 부상과 질병이 없는 사회 질서를 그렸다고 믿기 힘들다.

우리가 어느 정도 기본적인 인간성을 공유하지 않는다면, 지구적 협력에 대한 사회주의자의 전망은 어떤 결실도 바라볼 수 없을 것이다. 『자본』 제1권에서 마르크스는 "일반적인 그리고 (…) 각 시대에 따라 변화된 인간 본성"에 관해 이야기한다. 인간에 관한 상당 부분은 역사가 흘러도 거의 변함이 없다. 하지만 포스트모더니즘은 이 사실을 부인하거나 사소한 것으로 치부하고 만다. 부분적으로는 포스트모더니즘이 자연과 생물학에 대해 비이성적인 편견을 갖고 있기 때문이고, 또 다른 면에서는 어떤 본성들에 대한 이야기들은 모두 변화를 거부하는 방법이라고 생각하기 때문이며,[8] 모든 변화는 긍정적이고 영구적인 것은 모두 부정적이라고 간주하는 경향이 있기 때문이다. 이 마지막 견해에서 포스트모더니즘은 모든 면에서 자본주의적 '근대화론자'와 일치한다. 진실 — 지식인들이 깨닫기에는 너무 진부한 — 은 어떤 변화는 파국적이고, 어떤 종류의 영속성은 매우 바람직하다는 것이다. 예컨대 성차별 없는 사회가 겨우 3주 동안만 유지된다면 애석한 일이 되듯, 내일 모든 프랑스 포도원이 불태워진다면 치욕스러운 일이 될 것이다.

사회주의자들은 흔히 억압과 불의와 착취에 대해 이야기

한다. 그러나 이것이 인류가 알아 온 전부라면, 그것들의 실체를 결코 알 수 없을 것이다. 그냥 타고난 조건처럼 보였을지도 모른다. 그것들을 위한 특별한 이름조차 갖지 않았을지도 모른다. 어떤 관계가 착취적인가를 알려면, 착취적이지 않은 관계가 어떤 모습인지에 관한 어느 정도의 개념이 서야 한다. 그 개념을 얻기 위해 인간 본성 개념에 호소할 필요는 없다. 대신 역사적 요소들에 호소할 수는 있다. 하지만 이 점과 관련해 우리 본성엔 일종의 규범으로 작용하는 특질들이 있다고 주장할 만하다. 이를테면, 인간은 모두 '미숙아'로 태어난다. 인간은 태어난 이후 오랫동안 스스로를 부양할 수 없어 오랜 양육 기간이 필요하다. (일부 정신분석학자들이 주장하듯이, 이후의 삶에서 우리 심리에 그토록 큰 혼란을 일으키는 것은 이 비정상적인 긴 보살핌의 경험이다. 아기가 태어나자마자 일어나 걸을 수만 있다면 성인이 되어 느끼는 비참함의 상당 부분은 피할 수 있었을 것이다. 단지 수면을 방해하며 울어 대는 버릇없는 애새끼는 없을 거라는 의미는 아니다.) 자신들이 받는 보살핌이 형편없다고 해도, 아기들은 다른 사람을 보살핀다는 것이 무슨 의미인지에 대한 어떤 개념을 매우 빠르게 흡수한다. 이런 경험을 바탕으로 아기는 이후 자신의 총체적 삶의 방식이 인간적 요구에 냉담하고 무관심하다는 것을 식별할 수 있게 되는 것이다. 이런 의미에서 우리는 미숙아로 태어났다는 사실에서 정치로 옮겨 갈 수 있다.

생존과 복지에 필수적인 요구들 — 배를 채우고 따뜻한 거처를 갖는 것, 다른 사람들과 친교를 즐기고 노예가 되거나 학대받지 않는 것 등 — 을 충족하지 못하면, 그 어떤 사회라도 분명 결핍된 사회라는 의미에서 이는 정치비판의 토대로 작용할 수 있다. 물론 이보다 지역적 혹은 문화적인 이유로 그런 사회에 반대할 수도 있다. 하지만 그런 사회가 인간 본성의 가장 근본적인 요구를 위반하고 있다고 주장하는 것이 훨씬 설득력이 있다. 따라서 인간 본성 개념을 현 상황에 대한 변명이라고만 생각하는 것은 잘못이다. 오히려 강력한 도전으로 작용할 수 있다.

마르크스 도덕의 시작, 개인성

『경제학·철학 수고』 같은 초기 저작에서 마르크스는 우리가 물질적 동물로서 존재하는 방식이 우리가 어떻게 살아야 하는지에 대해 중요한 점을 말해 줄 수 있다는, 현재는 별 인기 없는 견해를 가지고 있었다. 어떤 의미에서 우리는 인간의 육체에서 출발해서 윤리와 정치의 문제로 나아갈 수 있다. 인간이 스스로를 실현하는 존재라면, 자유롭게 자신의 욕구를 충족시키고 자신의 힘을 표현할 필요가 있다. 하지만 인간이 자기를 표현하는 또 다른 존재들과 함께 살아가는 사회적 동물이기도 하다면, 이 힘이 지닌 무한히 파괴적인 충돌을 막을 필요가 있다. 사실상 이것이 자유주의 사회의 가장 다루기 힘든 문제들 가운데 하나이다. 자유주의 사회에서는 개인은 자유롭다고 간주되지만, 이 자유는 무엇보다 끊임없이 서로 앙숙이 되는 자유이다. 이와는 반대로, 공산주의는 사회적 삶을 구성해 다른 사람들의 자기실현 속에서 스스로도 자기실현에 도달할 수 있다. 마르크스가 『공산당 선언』에서 표현했듯이, "각자의 자유로운 발전이 모두의 자유로운 발전 조건이 된다." 개인에게 열렬히 헌신한다는 의미에서, 사회주의는 단순히 자유주의 사회를 거부하는 것이 아니다. 오히려 자유주의 사회를 기반으로 해서 사회주의를 완성하는 것이다. 그렇게 함으로써 사회주의는, 너의 자유는 오직 나의 자유를 대가로 해서 번영할 수 있다는 자유주의 모순이 어떻게 해소될 수 있는지 보여 준다. 오직 다른 사람들을 통해서만이 마침내 우리 자신이 될 수 있는 것이다. 이는 개인의 자유를 축소하는 게 아니라 풍요롭게 하는 것이다. 이보다 더 훌륭한 윤리를 생각하기란 어렵다. 개인적인 층위에서 이는 사랑으로 알려져 있다.

마르크스 작업에 대한 일반적인 캐리커처가 정반대로 그려져 있기 때문에, 개인에 대한 마르크스의 관심을 강조해도 좋을 것 같다. 이 캐리커처에 따르면, 마르크스주의는 온통 개인의 삶을 짓밟는 얼굴 없는 집단의 모습을 하고 있다. 사실상 어떤 것도 이 캐리커처보다 마르크스 사상에 더 이질적인 것도 없다. 개인들은 함께 번영할 방법을 찾아야 한다는 마르크스의 말을 기억하는 한, 개인의 자유로운 번영이 마르크스 정치의 총체적 목표라고 말할 수 있을 것이다. 마르크스는 『신성 가족*The Holy Family*』(1845)에서 개인성을 주장하는 것은 "(한 사람의) 존재의 가장 주요한 표현"이라고 했다. 이것이야말로 마르크스 도덕의 시작이자 끝이라고 할 수 있다.

개인과 사회 사이에 완벽한 화해란 있을 수 없다고 의심하는 데는 그럴 만한 이유가 있다. 둘 사이의 유기적 통일에 대한 꿈은 너무 널널한 환상이다. 나의 성취와 너의 성취 사이에, 또는 시민으로서 나에게 요구되는 것과 내가 몹시 하고 싶은 것 사이에는 언제나 갈등이 있기 마련이다. 그런 명백한 모순들이 비극의 소재이며, 마르크스주의가 아니라 오직 죽음만이 그 조건을 건너뛰게 할 수 있다. 마르크스가 『공산당 선언』에 주장한, 모든 사람들의 자유로운 자기 발전은 결코 완전히 실현될 수 없다. 최고로 멋진 이상처럼 그 또한 지향할 목표이지 문자 그대로 성취할 수 있는 상태가 아니다. 이상은 이정표일 뿐 손으로 잡을 수 있는 실체가 아니다. 그것은 우리에게 가야 할 길을 일러 준다. 사회주의 이상을 비웃는 사람들은 자유 시장도 결코 완벽하게 실현될 수 없다는 점을 기억해야 한다. 그렇다고 자유 시장주의자들이 발걸음을 멈추지는 않는다. 무결점의 민주주의가 없다고 해서 우리 대부분이 폭정에 안주하지도 않는다. 우리가 돕기도 전에 몇몇은 죽는다는 것을 알기 때문에, 세상의 굶주린 자들을 돕는 노력을 포기하는 것도 아니다. 사회주의가 실행 불가능하다고 주장하는 사람들 중 일부는 가난을 근절하고, 지구 온난화 위기를 해결하고, 아프가니스탄에 자유민주주의를 퍼뜨리고, 유엔 결의안으로 세상의 갈등을 풀 수 있다고 자신한다. 이 힘겨운 임무들은 모두 가능한 범위 안에 편안하게 놓여 있다. 무슨 이유인지 사회주의만 그 범위 바깥에 있다.

문제는 제도다

하지만 모든 사람이 항상 도덕적으로 훌륭하다고 기대할 필요가 없다면, 마르크스의 목표는 성취하기가 더 쉬울 것이다. 사회주의는 시민들의 눈부신 미덕을 요구하는 사회가 아니다. 사회주의는 언제나 함께하는 거대한 축제 속에서 서로를 감싸 주어야 한다는 것을 의미하지 않는다. 왜냐하면 마르크스의 목표에 다가갈 수 있게 해 주는 기제들이 실제로 사회 제도 안에 설치되기 때문이다. 이 기제들은 무엇보다 개인의 선의에 의존하지 않을 것이다. 예를 들어 마르크스가 사회주의 미래의 핵심 생산 단위로 간주한 자치 조합을 보자. 그 조직에서 한 사람의 기여는 일종의 자기실현을 가능하게 하며, 동시에 나머지 사람들의 복지에도 기여한다. 이는 조합이라는 장소의 구성 방식에 힘입은 것이다. 동료 노동자들에게 다정한 생각을 할 필요가 없고, 두 시간마다 자기 자신을 채찍질하며 이타주의적 격정 상태에 빠질 필요도 없다. 단지 이 조직 단위가 갖는 협동적이고 이익 공유적이며, 평등주의적이고 공동으로 운영되는 성격 때문에, 나의 자기실현이 다른 사람의 자기실현을 향상시키는 데 도움이 될 뿐이다. 그것은 개인적 미덕이 아니라 구조적 문제이다. 코델리아Cordelia(셰익스피어의 『리어왕』에 나오는 착한 딸—옮긴이) 같은 사람들이 필요한 것이 아니다.

사회주의 목적을 위해서라면, 내가 서구에서 가장 비열한 벌레라 해도 문제가 안 된다. 마찬가지로, 민간 제약회사에 고용된 생화학자로서 내 일을 과학 발전과 인류 진보에 대한 영광스러운 공헌으로 간주하는 것도 문제가 안 된다. 내가 하는 주된 일—그들 아이들에게 아스피린 한 알에 10달러를 청구하는 파렴치한 사기꾼들을 위해 이익을 창출하는 것—은 사실로 고스란히 남는다. 이쪽에서나 저쪽에서나 내

느낌은 존재하지 않는다. 내 일의 의미는 제도에 의해 규정된다.

어떤 사회주의 제도이든 상당수의 기회주의자·아첨꾼·불한당·사기꾼·부랑자·소매치기·식객·무임승객, 그리고 때로는 사이코패스도 있으리라 예상할 수 있다. 마르크스 글 어디에도 그렇지 않다고 암시하는 부분은 없다. 게다가 공산주의가 모든 사람이 가능한 한 온전히 사회생활에 참여하는 것이라면, 더 많은 개인이 참여하기 때문에 갈등이 줄어들기는커녕 오히려 더 늘어날 것이다. 공산주의는 인류 분쟁의 종식을 가져오진 않을 것이다. 말 그대로 역사가 끝나야 분쟁이 종식될 수 있다. 시기·반목·지배·소유욕·경쟁은 여전히 존재할 것이다. 다만 그것들은 자본주의와 같은 형태를 취하진 않을 것이다. 이는 어떤 우월한 인간의 미덕 때문이 아니라 제도의 변화 때문이다.

이러한 악덕들은 더 이상 아동 노동 착취, 식민지 폭력, 기괴한 사회적 불평등, 살인적인 경제 경쟁에 얽매이지 않을 것이다. 대신 다른 형태를 띤다. 부족 사회에도 그들만의 폭력·경쟁·권력에 대한 굶주림이 있지만, 누에르Nuer족이나 딩카Dinka족은 그러한 제도가 없기 때문에 제국주의 전쟁, 자유 시장 경쟁, 대량 실업의 형태를 띨 수가 없다. 어디를 둘러봐도 악당은 있다. 하지만 이러한 도덕적 불한당들 중 일부만이 연금 기금을 훔치거나 거짓 정치 선전을 언론에 퍼뜨릴 수 있는 위치에 있다. 대부분의 악당들은 그렇게 할 만한 위치에 있지 않다. 대신, 사람들을 고기 갈고리에 매달아 놓는 것으로 족해야 한다. 사회주의 사회에서는 누구도 그럴 수 있는 위치에 있지 않게 될 것이다. 그들이 대단한 성인군자라서가 아니라 개인 연기금이나 개인 소유의 언론이 없을 것이기 때문이다. 셰익스피어 작품의 악당들이 사악함을 표현하는 방식은, 팔레스타인 난민촌에 미사일을 쏘는 것과는 달랐다. 주변에 산업이란 것이 없다면 약자를 괴롭히는 산업계 거물이 될 수 없다. 단지 노예나 궁정 신하, 신석기 시대 동료를 괴롭히는 것으로 대리 만족해야 한다.

또 민주주의의 실행을 생각해 보라. 다른 사람을 위협하는 괴물 같은 이기주의자들과 권력을 잡기 위해 뇌물을 주거나 번드르르한 말로 구슬리는 사람들은 늘 있는 법이다. 하지만 민주주의에는 그런 행위에 대한 안전장치가 내장되어 있다. 1인 1표, 의장, 수정안, 책임, 정당한 절차, 다수결 원칙 등의 장치를 통해 불한당들이 이길 수 없도록 최선을 다한다. 때로 그들이 성공하기도 할 것이다. 심지어 전체 과정을 매수할 수도 있다. 그러나 절차가 확립되어 있다는 것은 대개는 민주주의적 합의에 복종할 수밖에 없다는 뜻이다. 말하자면 미덕은 절차에 내재된 것이지 개인의 변덕에 맡겨진 게 아니다.

전쟁을 끝내기 위해 사람들에게 물리적 폭력을 행사하지 못하도록 만들 필요는 없다. 그저 협상·군축·평화협정·감시 같은 것만 필요할 뿐이다. 이런 일은 어려울 수 있다. 하지만 아주 미미한 침략의 조짐만 보여도 토하고 기절하는 인간 종족을 키우는 것에 비하면 절반도 어렵지 않다.

조건이 없으면 성취도 없다

그러므로 마르크스주의는 인간의 완벽함에 대해 어떤 약속도 하지 않는다. 심지어 고된 노동을 폐지하겠다는 약속도 하지 않는다. 마르크스는 풍요로운 조건에서도 일정량의 불쾌한 노동은 계속 필수적이라고 믿었던 것 같다. 아담의 저주가 풍요의 영역에도 남아 있을 것이다. 마르크스가 내놓은 약속은 현재 진정한 역사가 자유롭고 다채롭게 일어나지 못하도록 가로막고 있는 모순을 해결하는 것이다.

하지만 마르크스주의의 목표는 물질적인 것만이 아니다. 마르크스에게 공산주의는 결핍의 종식과 함께 대부분의 억압적인 노동의 종식을 의미한다. 그러나 공산주의가 가져올 자유와 여가는 더 풍부한 정신적 번영을 위한 환경을 제공할 것이다. 앞서 살펴본 바와 같이, 정신적·물질적 발전은 항상 나란히 진행되는 것은 아니다. 키스 리처즈Keith Richards(롤링

스톤스의 전설적인 기타리스트로 일탈과 기행이 심했다 — 옮긴이)만
봐도 알 수 있다. 정신적 죽음을 부르는 수많은 종류의 물질
적 풍요가 있다. 하지만 굶주리거나 심하게 억압받거나, 끝
없이 따분한 삶으로 인해 도덕적 성장이 방해받는다면, 원하
는 대로 될 수 없는 것도 사실이다. 유물론자는 정신적인 것
을 부정하는 사람이 아니라, 정신적 성취를 위해서는 일정한
물질적 조건이 필요하다는 점을 상기시키는 사람이다. 이런
조건이 성취를 보장하는 것은 아니지만, 조건이 없으면 성취
도 있을 수 없다.

　인간은 자연적이든 인공적이든 결핍 상태에서는 최상의
능력을 발휘할 수 없다. 결핍은 폭력·공포·탐욕·불안·소유욕·
지배, 그리고 치명적인 적대를 낳는다. 그렇다면 이렇듯 극
심한 압박에서 풀려나 물질적으로 풍요로운 조건에서 살 수
있다면, 사람들은 지금보다 다 나은 도덕적 존재로 살아가는
경향을 보일 것이다. 하지만 확신할 수는 없다. 그런 조건을
우리는 결코 알지 못하기 때문이다. 이것이 바로 마르크스가
『공산당 선언』에서 모든 역사는 계급투쟁의 역사였다고 선
언할 때 염두에 둔 것이다. 물론 풍요로운 조건에서도 우리
를 불안하고 공격적이며 소유욕에 사로잡히게 하는 다른 많
은 것들이 있으리라. 우리는 연금술로 인해 천사로 바뀌지는
않을 것이다. 그러나 도덕적 결핍의 근본 원인들 중 일부는

제거될 것이다. 그만큼 공산주의 사회가 대체로 지금 할 수 있는 것보다 더 훌륭한 인간을 만들어 내는 경향이 있다고 주장하는 것은 꽤 합리적이다. 하지만 인간은 여전히 오류를 범하고 갈등을 일으키며 때로 잔인하고 악의적일 수 있다.

그와 같은 도덕적 진보가 가능하다는 것을 의심하는 냉소주의자는 마녀를 화형하는 것과 여성의 동일 임금을 요구하는 것의 차이를 고려해야 한다. 그렇다고 우리 모두가 중세 시대보다 더 섬세하고 민감하며 인도주의적인 사람이 되었다는 말은 아니다. 그 점에 관한 한, 활과 화살 그리고 순항 미사일의 차이도 고려해 볼 수 있다. 요점은 역사 전체가 도덕적으로 개선되었다는 게 아니다. 다만 여기저기서 중요한 진전을 이루었다는 것이다. 그 사실을 냉철하게 인식하는 것은 현실적이다. 마치 우리가 어떤 면에서 로빈 후드 시대 이래로 줄곧 퇴보해 왔다고 주장하는 것이 합리적인 것처럼…. 진보라는 거대 서사도 없고, 쇠퇴라는 동화도 없다.

제도와 교육

어린아이가 소름 끼치는 비명 소리로 "내 거야"를 외치며 동생한테 장난감을 낚아채는 모습을 본 사람이라면, 경쟁과 소유욕의 뿌리가 얼마나 마음 깊이 새겨져 있는지 새삼 상기할 필요가 없다. 뿌리 깊은 문화적·심리적 그리고 심지어 진화적 습관들은 단순히 제도를 바꾼다고 변하진 않을 것이다. 그렇지만 사회적 변화는 모든 사람이 하룻밤 사이에 그들의 태도를 혁명적으로 바꾸는 데 달려 있지 않다. 북아일랜드의 예를 보자. 이 격동의 지역에 평화가 찾아온 것은 가톨릭과 프로테스탄트들이 마침내 수 세기에 걸친 적대감을 버리고 다정하게 서로의 품에 안겼기 때문이 아니다. 그것과는 거리가 멀다. 그들 가운데 일부는 먼 미래에도 계속 서로를 혐오할 것이다. 분파 의식의 변화는 지질학적 수준으로 느리게 진행되기 쉽다. 하지만 어떤 의미에서 이는 그다지 중요하지 않다. 중요한 점은, 대중이 30년간의 폭력으로 지쳐 있는 상황에서 신중하게 관리되고 노련하게 진화할 수 있는 정치적 합의를 확보하는 것이다.

그러나 이는 이야기의 한 측면일 뿐이다. 왜냐하면 오랜 기간에 걸쳐 제도의 변화는 인간의 태도에 중대한 영향을 끼쳐 온 때문이다. 역사가 이룩한 거의 모든 계몽된 형벌 개혁은 당시에는 격렬한 저항에 부딪혔으나, 지금은 너무나 당연하게 받아들여져서 살인자를 바퀴에 매달아 죽인다는 생각은 반감을 일으킨다. 이런 개혁은 우리의 정신에 새겨진다. 세계관을 실제로 변화시키는 것은 사상 자체라기보다 일상의 사회적 관행에 내재된 사상이다. 매우 힘든 일이겠지만, 우리가 그 관행을 바꾸면 결국 우리의 시각도 바뀔 것이다.

우리 대부분은 붐비는 거리에서 대소변을 보지 않도록 강제로 제지당할 필요가 없다. 이를 금지하는 법이 있고 사회적으로 비난도 받기 때문에 그렇게 하지 않는 것이 우리에겐 제2의 천성이 되었다. 아무도 그러지 않는다는 말은 아니다. 특히 시내 중심가에서 술집이 막 문을 닫았을 때는…. 다만 그 행위는 우아함의 극치로 여겨지기보다는 하지 않을 가능성이 훨씬 높다는 것이다. 영국의 좌측 주행 규칙은 영국인의 가슴속에서 우측 주행을 하고 싶은 불타는 욕망과 싸울 필요가 없다. 제도는 우리의 내적 경험을 형성한다. 그것은 재교육의 도구이다. 첫 만남에서 악수를 하는 것은 부분적으로 관습적인 것이기 때문이지만, 관습적인 것이라 악수를 하고 싶은 충동을 느끼기 때문이기도 하다.

이와 같은 습관의 변화는 오랜 시간이 걸린다. 자본주의가 봉건주의에서 물려받은 감정 양식을 뿌리 뽑는 데는 몇 세기가 걸렸고, 버킹엄 궁 밖에 있는 관광객은 어떤 중요한 영역들이 부주의하게 빠졌다고 생각할 수도 있다. 옛날에 수백만 명의 사람들이 굶주리는 동안 한 줌의 무리들은 푸들에게 캐비아를 먹였다는 사실에 대해, 역사를 배우는 어린아이들이 도저히 믿지 못하겠다는 듯이 의아하게 생각하는 사회 질서를 만드는 데는 그렇게 오래 걸리지 않기를 바란다. 그런 사실은 이단이라고 해서 사람의 창자를 떼어 낸다는 생각에 대해 지금 우리가 느끼는 것처럼 아이들에게도 낯설고 혐오스러울 것이다.

어린 학생들을 언급하는 것은 중요한 점을 드러내 준다. 오늘날 수많은 아이들은 열렬한 환경론자이다. 아이들은 바다표범을 때려죽이거나 대기를 오염시키는 일을 공포와 혐오감으로 대한다. 심지어 어떤 아이는 쓰레기 한 조각만 버려도 기겁을 한다. 이는 대체로 교육 덕분인데, 공식 교육만이 아니라 오래된 감정 습관이 덜 자리 잡은 세대들에게 새로운 형태의 사유와 감정이 끼친 영향 때문이기도 하다. 이것이 지구를 구할 것이라고 주장하는 사람은 없다. 사실 웃으면서 오소리의 머리를 내려칠 아이들도 있다. 그럼에도 교육이 어떻게 태도를 바꾸고 새로운 형태의 행동을 일으키는지 보여 주는 증거가 있다.

그렇다면, 정치 교육은 언제든 가능하다. 1970년대 초 영국에서 열린 한 학회에서 인간에게 보편적인 특징이 있는지에 대해 토론이 벌어졌다. 한 남성이 일어나서 "음, 우린 다 고환이 있죠."라고 선언했다. 청중석에 있던 한 여성이 "아니, 우린 없는데요!" 하고 소리쳤다. 그때만 해도 영국에서 페미니즘은 아직 초창기라 회의장의 상당수 남성들은 그 발언을 그저 기이하게만 받아들였다. 심지어 몇몇 여성들조차

당혹스러워했다. 불과 몇 년 후에 어떤 남성이 공개적으로 그런 황당한 소리를 했다면, 당장에 외톨이 신세가 되고 말았으리라.

중세와 근대 초기의 유럽에서 탐욕은 가장 비열한 악덕으로 여겨졌다. 거기서부터 월가의 슬로건인 "탐욕은 선이다!"로 가기까지는 집중적인 재교육 과정이 필요했다. 그 재교육을 한 것은 애초에 학교 선생님이나 선동가가 아니라 우리의 물질적 삶의 형태에서 일어난 변화였다. 아리스토텔레스는 노예제가 자연스럽다고 생각했지만, 몇몇 다른 고대 사상가들은 동의하지 않았다. 하지만 그는 또한 경제적 생산을 이윤에 맞추는 것은 인간 본성에 어긋난다고 생각했는데, 이는 도널드 트럼프Donald Trump의 의견과는 꽤 달랐다. (아리스토텔레스는 흥미롭게도 이런 견해를 갖게 되었는데, 후에 마르크스가 '교환가치'라고 부른 것 — 하나의 상품이 다른 상품과 끊임없이 교환될 수 있는 방식 — 은 일종의 무한성을 내포하므로 유한한 생물인 인간 본성에는 이질적이라고 생각했다.) 중세의 이념가들은 이윤 창출을 부자연스럽다고 보았다. 그들에게 인간 본성은 봉건적 본성을 의미한 때문이다. 아마 수렵 채취인들도 자신들과는 다른 사회 질서의 가능성에 대해 똑같이 비관적이었을 것이다. 미국 연방준비제도 이사회 전 의장 앨런 그린스펀Alan Green-span은 재직하는 동안, 이른바 자유 시장이 인간 본성에 뿌리를 두고 있다고 믿었다. 이는 클리프 리처드Cliff Richard(영국의 가수 — 옮긴이)를 흠모하는 것이 인간 본성에 뿌리를 두고 있다고 주장하는 것만큼이나 터무니없다. 사실 자유 시장은 최근의 역사적 발명품이며 오랫동안 전 세계 일부 지역에만 국한되어 있었다.

마찬가지로 사회주의가 인간 본성에 어긋난다고 말하는 사람들이 있는데, 이는 근시안적 방식으로 인간 본성을 자본주의와 동일시하기 때문이다. 심지어 그들은 사하라 사막 중부의 투아레그Tuareg족도 마음속으로는 자본주의적 기업가들이라, 은밀히 투자은행을 세우는 것보다 더 나은 것은 없다고 우긴다. 그들에게 투자은행이란 개념조차 없다는 사실은 중요치 않다. 그러나 개념이 없는 것을 욕망할 수는 없는 법이다. 내가 아테네 노예라면 주식 중개인을 갈망할 수는 없다. 나는 탐욕스럽고 소유욕이 강하며 종교적으로 자기 이익에 헌신할 수는 있다. 하지만 나는 밀실 자본가closet capitalist가 될 수는 없는 일이다. 마치 11세기에 살면서 뇌 전문의사를 열망할 수 없는 것과 같다.

나는 앞서 마르크스가 이상하게도 과거에 대해 유난히 비관적이면서도 미래에 대해 유난히 낙관적이었다고 주장한 바 있다. 여기에는 몇 가지 이유가 있지만, 그 가운데 한 가지는 지금 살펴보고 있는 문제들과 특히 관련이 있다. 마르크스가 과거의 많은 부분에 대해 우울했
던 이유는 비참한 형태의 억압과
착취가 반복되는 듯했기 때문이다.
테오도르 아도르노Theodor Adorno
는 (마르크스보다는 프로이트를 염두
에 두면서) 비관적인 사상가들이
풋내기 낙관주의 사상가들보다
인간 해방의 대의에 더 기여한다
고 말한 적이 있다. 이는 그들이

아도르노(1903-1969)

구원을 간절히 요구하는 불의를 증언해 주기 때문인데, 그렇
지 않으면 우리는 잊어버릴 것이다. 그들은 상황이 얼마나
나쁜지를 상기시킴으로써 우리에게 그것을 바로잡도록 재촉
한다. 그들은 우리더러 아편 없이 살라고 촉구한다.

하지만 또한 마르크스가 미래에 대해 상당한 희망을 품었
다면, 그건 이 암울한 기록이 대체로 우리 탓이 아님을 깨달
았기 때문이다. 역사가 이토록 피로 얼룩진 것은 대부분의
인간이 사악하기 때문이 아니다. 인간이 굴종해 온 물질적
압력 때문이다. 이렇듯 마르크스는 인간 마음속 어둠의 신화
에 굴복하지 않고 과거를 현실적으로 파악할 수 있었다. 이것
이 그가 미래에 대한 믿음을 간직할 수 있었던 이유이다. 그
에게 이런 희망을 준 것은 다름 아닌 그의 유물론이다. 전쟁,

기근, 대량 학살이 정말로 변하지 않는 어떤 인간적 사악함에서 비롯된 것이라면, 미래가 더 나아지리라고 믿을 이유가 조금도 없다. 하지만 이런 것들은 부분적으로 불공정한 사회 체제의 결과이며 개인이란 때로 이 체제의 기능에 불과한 것이라면, 그 체제를 바꾸면 더 나은 세계로 갈 수 있다고 기대하는 것이 합리적이다. 그러는 동안 완벽함이라는 골칫거리는 겁먹은 바보들한테나 맡겨 두면 된다.

그렇다고 계급사회의 사람들이 자기 행동에 대해 모든 책임을 면할 수 있다거나, 개인적인 사악함이 전쟁과 대량 학살에 아무런 역할도 하지 않는다는 말은 아니다. 수백 명 심지어 수천 명의 노동자들을 강제적인 실직 상태로 몰아넣은 회사들은 비난받아야 마땅하다. 하지만 그들이 증오나 악의, 공격성 때문에 그런 조치를 취한 것은 아닐 것이다. 그들은 자기네 이익을 지키고자 실업을 만들어 낸다. 그렇지 않으면 경쟁 체제에서 망할까 봐 두려워한다. 어린아이가 불타 죽을 수도 있는 곳에서 군대에 전쟁 명령을 내리는 이들은 가장 온순한 사람일 수 있다. 그럼에도 불구하고 나치즘은 유독한 정치 체제였을 뿐만 아니라 진정으로 사악하다고 할 수 있는 개인의 가학증, 편집증, 병적 혐오감에 의존했다. 히틀러가 사악하지 않다면, 사악하다는 용어는 아무 의미도 없다. 하지만 개인의 사악함이란 정치 체제의 작동과 맞물려 있기 때문에, 그런 식의 끔찍한 결과를 낳을 수밖에 없다. 이는 셰익스피어의 이아고(『오셀로』에 나오는 악인 — 옮긴이)에게 포로수용소를 맡기는 격이다.

포스트모더니스트들이 어떻게 생각하든 인간 본성이란 것이 실제로 존재한다면, 이는 어떤 면에선 좋은 소식이다. 왜냐하면 그 본성의 상당히 일관된 특징 중 하나가 불의에 대한 저항이기 때문이다. 그러니까 인간 본성 개념이 항상 보수적인 방식으로 작동해야 한다고 상상하는 것은 어리석다. 역사 기록을 살펴보면, 정치적 억압은 진압되었든 실패했든 거의 언제나 반란을 불러일으켰다. 인간성에는 권력의 오만함에 순순히 고개 숙이지 않는 뭔가가 있는 듯하다. 사실 권력은 아랫사람들의 공모를 얻어 내야만 진정으로 성공할 수 있다. 하지만 이런 담합은 대개 편파적이고 모호하며 임시적이다. 지배계급은 일반적으로 존경받기보다는 용인된다. 우리의 본성이 순전히 문화적이라면, 정치 체제는 그 권위를 우리가 의심 없이 받아들이도록 길들이지 못할 이유가 없다. 하지만 때로는 그렇게 하기가 매우 어렵다는 것은 지역 문화보다 더 깊은 저항의 근원이 있다는 것을 증명한다.

사회주의의 평등

　그렇다면 마르크스는 유토피아 사상가였을까? 현재보다 훨씬 개선된 미래를 그렸다는 의미라면, 그렇다. 그는 물질적 결핍, 사유재산, 착취, 사회계급, 그리고 현재 우리가 알고 있는 국가의 종말을 믿었다. 하지만 오늘날 세계의 축적된 자원을 바라본 많은 사상가들은, 물질적 결핍을 없애는 일이 원칙상 지극히 합리적이라고 판단할 것이다. 실제로 그것을 달성하기가 아무리 힘들다 해도 말이다. 우리의 길을 가로막는 것은 정치다.

　앞서 살펴보았듯이, 마르크스는 이것이 대규모로 인간적·정신적 부의 해방을 수반할 것이라고 생각했다. 제약에서 해방된 사람들은 전에는 불가능했던 방식으로 개성을 꽃피울 것이다. 하지만 마르크스 저작 어디에도 그렇게 함으로써 우리가 어떤 완벽함에 도달하리라고 암시하는 대목은 없다. 인간이 자유를 행사하는 조건이란 다름 아닌 자유를 남용할 수 있다는 것이다. 사실 그와 같은 남용이 없으면, 어떤 만족할 만한 규모의 자유란 있을 수 없다. 따라서 공산주의 사회에서도 수많은 문제와 다수의 갈등과 돌이킬 수 없는 여러 비극이 있으리라고 믿는 것이 합당하다. 아동 살해, 교통사고, 형편없는 소설, 치명적인 질투, 지나친 야망, 멋없는 바지,

달랠 수 없는 슬픔 등이 있으리라. 또 화장실 청소 같은 일도 있을 것이다.

공산주의는 모두의 필요를 충족시키려는 것이지만, 풍요로운 사회에서조차 이런 일에는 한계가 설정될 필요가 있다. 노먼 제라스가 지적하듯이, "(공산주의 아래서) 자기 계발을 위해 당신은 바이올린이 필요하고 나는 경주용 자전거가 필요하다면, 그건 문제 될 것이 없다고 생각할 수 있다. 하지만 다른 사람들의 방해를 받지 않고 마음대로 돌아다니거나 내가 원하는 대로 사용하기 위해 호주와 같이 엄청나게 넓은 지역이 필요하다면, 그때는 분명 문제가 될 것이다. 어떤 상상 가능한 풍요라도 이런 규모로 자기 계발의 필요를 충족시킬 수는 없다. (⋯) 그보다 훨씬 덜 극단적인 필요일지라도 결과는 같으리라는 것을 어렵지 않게 생각할 수 있다."[9]

앞서 본 대로, 마르크스는 미래를 안일한 사변의 문제가 아니라 현재로부터 실현 가능한 추정의 문제로 다룬다. 그는 평화와 동료애라는 시적 비전이 아니라 진정한 인간적 미래가 출현할 수 있는 물질적 조건에 관심을 두었다. 유물론자로서 그는 현실의 복잡하고 까다롭고 완결되지 않은 성격에 유의했는데, 그런 세계는 완벽성의 비전과 양립할 수 없다. 완벽한 세계란 모든 우연성 — 일상생활의 바탕을 구성하는 온갖 우발적인 충돌과 뜻밖의 사건과 예측 불가한 비극적인 결과들 — 이 제거된 세계일 것이다. 그것은 또한 과거의 범죄를 바로잡고 과거의 공포를 치료하여, 살아 있는 자뿐만 아니라 죽은 자도 정의롭게 대하는 세계가 될 것이다. 하지만 그런 사회는 가능하지 않다. 꼭 바람직하지도 않다. 열차 충돌 사고가 없는 세계는 암 치료의 가능성 또한 없는 세계일지도 모른다.

모두가 평등한 사회 질서를 갖는 것도 불가능하다. "사회주의는 우리를 모두 똑같이 만들 것"이라는 불평은 근거가 없다. 마르크스는 그런 의도가 없었다. 그는 획일성과 철천지원수였다. 사실 그는 평등을 부르주아적 가치로 간주했다. 그는 그가 (한 상품이 다른 상품과 가치가 같아지는) 교환가치라고 부른 것이 정치 영역에 반영된 것을 평등으로 보았다. 그는 상품은 "실현된 평등"이라고 말한 적이 있다. 한때는 일반적인 사회적 균등화를 수반하는 공산주의에 대해 언급했지만, 『경제학·철학 수고』에서는 이를 "문화와 문명 세계 전체에 대한 추상적인 부정"이라고 비난했다. 마르크스는 또한 평등 개념을 그가 중간계급 민주주의의 추상적 평등이라고 본 것과 연관시켰는데, 여기서는 유권자이자 시민으로서의 형식적 평등이 부와 계급의 실질적인 불평등을 모호하게 하는 역할을 한다. 그는 또 『고타 강령 비판』에서 사람들은 각기 욕구가 다르므로 수입의 평등이라는 발상을 거부했다. 어떤 사람들은 남들보다 더 더럽거나 위험한 일을 하고, 또 어떤 사람들은 부양할 자식이 많기 때문이다.

그렇다고 마르크스가 평등 개념을 완전히 버렸다는 말은 아니다. 그는 중간계급에서 유래된 발상이라고 해서 단순히 무시하지 않았다. 그는 중간계급 사회의 이상을 경멸하기는 커녕, 자유와 자기 결정과 자기 계발이라는 중간계급의 위대한 혁명적 가치들을 용감하게 옹호했다. 심지어 추상적 평등조차 봉건제 위계질서에 비해 환영할 만한 진전으로 여겼다. 다만 자본주의가 존재하는 한, 이 귀중한 가치들이 모든 사람에게 작용할 가능성은 없다고 생각했을 뿐이다. 그럼에도 그는 중간계급을 역사상 가장 혁명적인 집단으로 아낌없이 칭송했다. 그런데 이상하게도 그를 반대하는 중간계급 평자들은 이 사실을 간과하는 경향이 있다. 아마도 그들은 마르크스로부터 칭찬받는 것이 마지막 죽음의 키스라고 의심하는 모양이다.

마르크스가 보기에, 평등에 대한 지배적인 개념의 문제는 너무 추상적이라는 점이다. 그것은 사물과 사람의 개별성—마르크스가 경제 영역에서 '사용가치'라고 부른 것—에 충분히 주의를 기울이지 않았다. 사람을 표준화하는 것은 사회주의가 아니라 자본주의였다. 이것이 마르크스가 권리 개념에 다소 신중했던 한 가지 이유이다. 그는 '권리'에 대해서 이렇게 말한다.

> 권리는 본질적으로 평등한 기준을 적용해야만 이루어질
> 수 있다. 하지만 불평등한 개인(평등하다면 서로 다른 개인
> 이 아닐 것이다)은 평등한 관점 아래 놓이는 한에서만, 즉
> 한 가지 한정된 측면으로 받아들여지는 한에서만, 예를
> 들어 현재의 경우 노동자일 뿐 그 이상은 아닌 것으로
> 간주되고 다른 모든 것이 무시되는 한에서만, 평등한
> 기준으로 측정될 수 있다.[10]

마르크스가 우리 모두를 완전히 동일한 수준으로 환원하
고자 했다는 주장은 이쯤 하기로 하자. 마르크스가 사람을
볼 때 노동자로만 본다는 주장도 이쯤 해 두자. 사회주의에
서 평등은 모두가 똑같다는 걸 의미하지 않으며, 모두가 똑
같다는 건 정말 터무니없는 명제이다. 마르크스조차 자신이
웰링턴 공작보다 더 명석하다는 건 알고 있었을 것이다. 평
등은 모두에게 똑같은 양의 부나 자원이 주어진다는 의미도
아니다.

진정한 평등은 모든 사람을 똑같이 대접한다는 의미가 아
니라, 모든 사람의 각기 다른 필요를 균등하게 돌본다는 의
미이다. 그리고 이것이 마르크스가 기대했던 사회 유형이다.

인간의 필요가 모두 서로 상응하는 것은 아니다. 모든 필요를 같은 잣대로 측정할 수는 없다. 마르크스에게 모든 사람은 자기실현의 평등권이 있고, 사회적 삶을 형성하는 데 적극적으로 참여해야 했다. 따라서 불평등의 장벽은 무너질 것이다. 그러나 그 결과 가능한 한 각자가 고유한 개인으로서 번영할 수 있게 될 것이다. 결국 마르크스에게 평등은 차이를 위해 존재한다. 사회주의는 모든 사람이 같은 종류의 작업복을 입자는 것이 아니다. 소비자본주의야말로 시민들에게 운동복과 운동화 같은 유니폼을 입힌다,

그러므로 마르크스 관점에서 사회주의는 지금보다 훨씬 더 다원적 질서를 구성할 것이다. 계급사회에서는 소수의 자유로운 자기 계발이 다수를 족쇄로 채운 대가로 얻어진다. 그래서 그 다수는 거의 똑같은 단조로운 서사를 공유하게 된다. 공산주의는 정확하게 모두가 각자의 개별적인 재능을 발전시키도록 장려하기 때문에 훨씬 더 확산되고 다양하며 예측 불가능하게 될 것이다. 리얼리즘 소설보다 모더니즘 소설에 더 가까울 것이다. 마르크스 비판자들은 이를 판타지라고 비웃을지 모른다. 하지만 동시에 마르크스가 선호하는 사회질서가 조지 오웰George Orwell의 『1984년』과 매우 흡사하다며 비난하진 못할 것이다.

악성 유토피아주의의 한 형태가 실제로 근대에 악영향을

끼쳤지만, 그것의 이름은 마르크스주의가 아니다. 그것은 자유 시장으로 알려진 단 하나의 지구적 체제가 가장 다양한 문화와 경제에 그 체제를 강요하여 모든 병폐를 치료할 수 있다고 하는 광적인 생각이다. 이런 전체주의적 환상을 조달하는 자들은 제임스 본드 영화의 악당들처럼 지하 벙커에서 흉터 있는 얼굴을 숨긴 채 음흉하게 목소리를 까는 사람들이 아니다. 그들은 워싱턴의 고급 레스토랑에서 식사를 하고 서식스Sussex 사유지를 산책하는 사람들이다.

마르크스는 유토피아 사상가였는가에 대한 물음에 아도르노는 확실하게 예와 아니오로 답했다. 아도르노는 그가 유토피아의 적으로서 유토피아를 실현하고자 했다고 썼다.

5

마르크스주의는
경제 환원론이 아니다

마르크스주의는 모든 것을 경제로 환원한다. 이는 경제 결정론의 한 형태이다. 예술·종교·정치·법·전쟁·도덕, 역사적 변화, 이 모든 것들은 가장 조악한 관점에서 단지 경제나 계급투쟁의 반영으로 간주된다. 참으로 복합적인 인간사는 단색적인 역사관 때문에 무시된다. 경제에 집착한 마르크스는 자신이 반대한 자본주의 체제의 거꾸로 된 이미지에 불과하다. 그의 사상은 다양한 역사 경험을 하나의 고정된 틀에 꾸겨넣을 수는 없다고 인식한 근대 사회의 다원주의적 시각과 상충된다.

경제 환원론

어떤 의미에서 보면 모든 것은 경제로 귀결된다는 주장은 하나 마나 뻔한 말이다. 실상 너무 자명해서 어떻게 의심할 수 있는지조차 의아할 정도다. 다른 무엇을 할 수 있기 전에 우리는 먼저 먹고 마셔야 한다. 그리고 적어도 사모아가 아니라 셰필드에 살고 있다면 옷과 집도 필요하다. 마르크스는 『독일 이데올로기』에서 인류 최초의 역사적 행위는 물질적 필요를 충족시킬 수단을 생산하는 것이라고 했다. 그때라야 비로소 우리는 밴조를 연주하고 에로틱한 시를 짓고 현관에 페인트칠하는 법을 배울 수 있다. 문화의 토대는 노동이다. 물질 생산 없이는 어떤 문명도 존재할 수 없다.

그러나 마르크스주의는 그 이상을 주장하려고 한다. 마르크스주의는 물질 생산 없이는 어떤 문명도 존재할 수 없다는 의미에서만이 아니라, 궁극적으로 그 문명의 성격을 결정한다는 의미에서 물질 생산이 근본적이라고 주장한다. 펜이나 컴퓨터가 소설을 쓰는 데 필수 불가결하다고 말하는 것과, 그것들이 소설의 내용을 결정한다고 주장하는 것 사이에는 차이가 있다. 후자의 경우는 결코 명확하지도 않다. 그런데도 이런 마르크스주의 주장은 일부 반마르크스주의 사상가들에게서조차 지지를 받고 있다. 결코 마르크스주의 옹호자라고 할 수 없는 철학자 존 그레이John Gray는 "시장 사회에서는 (…) 경제활동이 나머지 사회생활과 구분될 뿐만 아니라, 때로는 사회 전체를 조건 짓고 지배한다."[1]고 쓰고 있다. 그레이가 시장 사회에 한정한 것을 마르크스는 인간 역사 자체가 그렇다는 것으로 일반화한다.

마르크스 비판자들은 이 두 가지 주장 가운데 더 강한 쪽을 환원론의 한 형태로 간주하여 만사를 하나의 요소로 압축시켜 버리는데, 이는 명백히 잘못된 생각이다. 놀랍도록 다양한 인간 역사가 어떻게 이런 식으로 구속될 수 있단 말인가. 분명 역사에는 다수의 힘이 작용하고 있는데, 어떻게 단 하나의 변하지 않는 원칙으로 환원될 수 있단 말인가? 하지만 이런 식의 다원성이 어디까지 갈 수 있는지도 궁금하다. 역사적 상황에는 다른 것들보다 중요한 어떤 하나의 요소가 있을 수 없다는 말인가? 이는 분명 받아들이기 힘들다. 프랑스 대혁명의 원인에 대해서는 최후의 심판 날까지도 논란이 그치지 않을 테지만, 치즈를 너무 많이 먹어서 프랑스 사람들의 뇌에 생화학적 변화가 생겨 혁명이 일어났다고는 아무도 생각지 않을 것이다. 백양궁 자리가 상승했기 때문에 일어났다고 주장하는 사람들도 극소수 괴짜들에 그칠 것이다. 어떤 역사적 요인들은 다른 것보다 더 중대하다는 데는 누구나 동의한다. 그렇다고 해서 이로 인해 다원주의자가 되지 못하는 것은 아니다. 여전히 모든 중요한 역사적 사건은 여러 힘들의 결과로 받아들일 수 있다. 다만 이 모든 힘 각각에 똑같은 비중을 부여하는 것에 주저할 뿐이다.

엥겔스는 바로 이런 의미에서 다원주의자였다. 그는 자신과 마르크스가 경제적 힘이 역사의 유일한 결정 요소라고 늘 주장했다는 점을 맹렬히 부인한다. 이런 주장은 "의미 없고 추상적이며 둔감한 표현"[2]이라고 생각했다. 특정한 상황에서 어느 요소가 다른 요소와 똑같이 중요하다고 생각한다면 누구도 다원주의자가 아니다. 가장 열렬한 평등주의자들을 포함해 모든 사람들은 위계를 믿는다. 굶주린 사람을 간지럼 태우는 일이 먹을 것을 주는 일보다 더 바람직하다고 생각하는 사람은 없을 것이다. 어느 누구도 영국 내전에서 찰스 1세의 손톱 길이가 종교보다 더 결정적인 요인이었다고 주장하진 않는다. 내가 당신의 머리를 20분 동안 물속에 처박는 데는 수많은 이유(가학증, 과학적 호기심, 당신이 입고 있는 형편없는 꽃무늬 셔츠, 텔레비전에 지루하고 오래된 다큐멘터리만 나온다는 사실 등)가 있지만, 가장 중요한 이유는 유언장에서 당신이 나한테 물려주겠다고 한 우승 경력 있는 경주마들을 당장 손에 넣을 수 있기 때문이다. 그러하니 다른 무엇보다 공적인 사건이 최고로 중요한 동기가 되지 말아야 할 이유가 어디 있겠는가?

일부 다원주의자들은 공적 사건이 단 하나의 주된 원인에서 나올 수 있다는 데 동의한다. 다만 같은 원인이 왜 모든 경우에 작용되어야 하는지는 알 수 없다는 것이다. 분명 이른바 역사 경제 이론에서 설득력이 떨어지는 점은 모든 것이, 모든 곳에서, 동일한 방식으로 조건 지워진다는 개념이다. 이는 역사가 막대사탕처럼 늘 기적적으로 같은 형태를 유지하는 단 하나의 현상이라고 암시하는 건 아닌가? 내 두통의 원인이 파티에 쓰고 가겠다고 고집을 부린 우스꽝스럽게 꼭 끼는 마릴린 먼로 가발이라고 생각하는 건 말이 된다. 하지만 역사는 두통 같은 단일한 것이 아니다. 누군가 불평했듯이, 역사는 그저 빌어먹을 일의 연속일 뿐이다. 동화적 일관성도 없고 유기적인 서사 형태를 취하지도 않는다. 역사를 관통하여 흐르는 부단한 의미의 실타래 같은 것은 없다.

이미 살펴본 바와 같이, 역사에 인지할 만한 패턴이 전혀 없다고 보는 사람은 거의 없다. 역사가 단지 혼돈과 운과 우연과 사태 등이 어지러이 섞인 하나의 무더기라고 보는 사람 또한 드물다. 물론 프리드리히 니체와 그의 제자 미셸 푸코는 이따금 이런 견해를 향해 가까이 다가갈 때도 있다. 하지만 대다수의 사람들은 아무리 복잡하고 측량하기 어렵다 해도 역사에는 원인과 결과의 연쇄들이 있고, 이런 것들이 어떤 거친 패턴을 제공한다는 점을 받아들인다. 예를 들어, 여러 나라들이 특정한 역사 시점에서 어떤 공통점도 없이 각기 다른 이유로 식민지를 만들어 나가기 시작했다고는 믿기 힘들다. 아프리카 노예들이 어떤 이유도 없이 아메리카로 실려 간 것은 아니다. 파시즘이 20세기에 여러 나라에서 거의 동시에 출현한 것도 단순히 모방에 의한 사건은 아니었다. 별다른 이유도 없이 총알이 빗발치는 전선에 갑자기 자기 몸을 던지는 사람은 없다. 온 세상 사람들이 분명 그렇게 하진 않는다는, 눈에 띄게 단일한 어떤 패턴이 존재하는 것이다.

역사의 지배적인 패턴

분명한 것은 역사에 패턴이 있는지가 아니라 하나의 지배적인 패턴이 있는가이다. 후자를 신뢰하지 않고도 전자를 믿을 수는 있다. 하나의 전체로 통합되지 않는 일련의 겹쳐진 디자인이면 왜 안 되는가? 도대체 인간의 역사처럼 다양한 것이 어떻게 통일된 이야기를 구성할 수 있단 말인가? 동굴 거주자에서 자본주의에 이르기까지 물질적 이해가 줄곧 제1 원동력이었다고 주장하는 것이, 다이어트·이타주의·위인·장대높이뛰기·행성들의 조합이 제1 원동력이었다고 주장하는 것보다 훨씬 믿을 만하다. 하지만 만족스러운 답이 되기에는 여전히 지나치게 단편적이다.

이 답이 마르크스에게 만족스러웠다면, 그건 마르크스가 역사란 보기보다는 결코 다양하거나 다채롭지 않다고 생각했기 때문이다. 역사는 눈에 보이는 것보다 훨씬 더 단조로운 이야기였다. 역사에 어떤 통일성이 있는 건 분명하나, 찰스 디킨스의 소설 『블릭 하우스Bleak House』나 프레스 진네만 감독의 서부영화 「하이눈High Noon」처럼 우리에게 어떤 기쁨을 주는 통일성은 아니다. 역사를 한데 묶어 주는 끈은 대개 결핍과 고된 노동과 폭력과 착취였다. 비록 형태는 매우 달랐지만, 이런 것들이 지금까지 기록 문명의 토대를 놓았다. 우리가 바라는 것보다 인류 역사에 훨씬 더 많은 일관성을 부여한 것은 바로 이런 단조롭고 지루한 반복이었다. 실로 역사에는 거대 서사가 있다. 그러기에 더 유감스럽다. 테오도어 아도르노가 지적했듯이, "때때로 숨을 고르며 오늘날까지 굴러온 모든 사람은 목적론적 관점에서 보면 고통의 절대자가 될 것이다." 역사의 거대 서사는 진보나 이성이나 계몽의 서사가 아니다. 아도르노의 표현에 따르면 "새총에서 원자력까지" 이어진 우울한 이야기이다.[3]

폭력과 고된 노동과 착취가 인간 역사의 토대라고는 인정할 수는 없더라도, 상당한 부분을 차지한다는 데는 동의할 것이다. 이런 것들이 마르크스주의자들에게 매우 중요한 이유는 육체적 생존과 깊이 관련되어 있기 때문이다. 이것들은 물질적 존재로서 우리를 유지하는 방식의 변함없는 특징이었지, 우연한 사건이 아니었다. 산발적으로 발생한 야만적이거나 공격적인 행위를 말하는 것이 아니다. 거기에 어떤 필연성이 있다면, 우리들의 물질적 삶을 생산하고 재생산하는 구조에 그것들이 내재되어 있기 때문이다. 그럼에도 불구하고, 어떤 마르크스주의자도 이런 힘들이 절대적으로 모든 것을 형성한다고는 상상하지 않는다. 만일 그렇다면 장티푸스, 망아지 꼬리처럼 늘어뜨린 머리, 발작적 웃음, 수피교, 「마태수난곡」, 이국적인 보라색으로 발톱 칠하기 등이 전부 경제적 힘의 반영이라 해야 할 것이다. 직접적으로 경제적 원인 때문에 발생한 것이 아닌 전투라든지 계급투쟁에 침묵하는 예술작품 같은 것들은 상상할 수도 없을 것이다.

마르크스도 때로는 마치 정치적인 것이 경제적인 것의 반영에 불과한 양 쓰기도 했다. 하지만 그는 역사적 사건 배후에 놓인 사회적·정치적 혹은 군사적 동기들을 조사했다. 그럼에도 그는 종종 이런 동기들은 내면에 더 깊은 경제적 동기들이 겉으로 드러난 징후에 불과하다는 암시를 일절 하지 않았다. 때로 물질적 힘은 정치와 예술과 사회생활에 매우 직접적인 자국을 남기곤 한다. 하지만 일반적으로 물질의 영향은 더욱 장기적이며 심층부에 잠복해 있다. 때로는 이 영향이 매우 부분적일 때도 있고, 거의 이치에 닿지 않을 때도 있다. 자본주의 생산양식이 어떻게 내 넥타이 취향을 결정하겠는가? 어떤 의미로 행글라이딩이나 열두 소절 블루스를 결정하겠는가?

그러니 여기에 환원주의 같은 것이 작동할 여지란 없다. 일부 신경과학자들이 정신은 단지 변장한 두뇌라고 주장하듯이, 정치·문화·과학·사상과 사회적 존재가 단지 변장한 경제인 것은 아니다. 그것들은 자신만의 실체가 있고 자신만의 역사를 발전시켰으며 자신만의 내적 논리에 의해 작동한다. 다른 어떤 것의 창백한 반영에 불과한 것이 아니다. 그것들은 또한 생산양식 자체를 형성하는 데에도 강력하게 작용한다. 뒤에서 살펴보겠지만, 경제적 '토대'와 사회적 '상부구조' 사이의 교통은 일방통행이 아니다. 그렇다면 이 시점에서 어떤 기계적 결정론을 말하는 게 아니라면, 무슨 주장을 하고 있는 것일까? 너무 모호하고 일반화되어 정치적으로 이빨 빠진 주장인가?

이 주장은 무엇보다 부정적이다. 즉 사람들이 물질적 삶을 생산하는 방식이, 그들이 건설한 문화적·법적·정치적·사회적 제도들의 종류에 제한을 가한다는 것이다. '결정한다'는 말은 문자 그대로 '제한을 가한다'는 걸 의미한다. 하지만 생산양식이 특정 종류의 정치나 문화나 일련의 사상을 좌우하진 않는다. 자본주의는 존 로크 철학이나 제인 오스틴 소설의 원인이 아니다. 오히려 그런 것들이 조명될 수 있는 맥락이다. 생산양식이 자기 목표에 기여하는 사상과 제도만을 서둘러 내놓는 것도 아니다. 만약 사실이라면, 마르크스주의 자체가 불가능했을 것이다. 무정부주의 길거리 공연이 어디서 나왔는지, 또는 톰 페인Tom Paine이 당시 영국이라는 억압적 경찰국가의 심장부에서 어떻게 모든 시대의 베스트셀러 가운데 하나인 혁명적인 『인권론Rights of Man』을 쓰게 되었는지는 미스터리였으리라. 그럼에도 영국 문화는 톰 페인이나 무정부주의 공연 그룹들만 포함하고 있다는 걸 발견한다면 놀라울 것이다. 대부분의 소설가·학자·광고인·신문·교사와 텔레비전 방송국 들은 현 체제를 극적으로 전복하는 작품을 생산하지 않는다. 이 점은 너무나도 자명해서 중요하게 느껴지지도 않는다. 마르크스는 단지 이 사실이 우연은 아니라는 것을 강조하려고 했다. 그리고 바로 이 지점에서 그의 주장을 보다 적극적으로 형식화할 수 있다. 넓게 말하자면, 계급 사회의 문화와 법과 정치는 사회 지배계급들의 이해관계와 결합되어 있다. 마르크스 자신이 『독일 이데올로기』에서 썼듯이, "사회를 지배하는 물질적 권력인 계급은 동시에 사회를 지배하는 정신적 권력이기도 하다."

경제적 역사 이론

잠시만 멈춰 생각해 보면 아마 대부분의 사람들은 다음과 같은 사실을 인정할 것이다. 물질을 생산하는 일이 인간 역사에 너무 거대한 그림자를 드리웠고, 시간과 에너지 자원을 끝없이 소모했으며, 한패끼리 싸우는 내부 갈등을 초래했다. 또 너무 많은 이들을 요람에서 무덤까지 열중하게 만들었고, 너무 많은 사람들에게 생사의 문제로 다가왔기 때문에, 우리 존재의 많은 다른 양상들에까지 흔적을 남기지 않는다면 오히려 이상할 것이다. 다른 사회 제도들은 어쩔 수 없이 그것의 궤도 안에 스스로 끌려 들어가는 모습을 발견할 것이다. 정치와 법과 문화와 사상이 본연의 모습대로 발전하기보다 지배적인 사회 질서를 정당화하는 데 더 많은 시간을 쏟게 만듦으로써 스스로를 왜곡하게 된다. 스포츠에서 성性에 이르기까지, 어떻게 하면 자신을 던져 천국의 맨 앞 좌석을 확보하는지부터, 광고를 따낼 목적으로 시청자의 주의를 끌려고 고막이 터지도록 목소리 톤을 높이는 미국 텔레비전 리포터에 이르기까지, 상품의 형태가 모든 것에 그것의 더러운 지문을 남기는 오늘날의 자본주의를 생각해 보라. 마르크스의 역사 이론을 가장 설득력 있게 확증해 주는 것이 후기 자본주의 사회이다. 시간이 흐를수록 그의 주장이 더 사실에 가까워지는 느낌이 든다. 경제 환원주의는 마르크스주의가 아니라 자본주의이다. '생산'이라는 단어의 더 좁은 의미에서 생산을 위한 생산을 믿는 것이 자본주의인 것이다.

이와는 반대로 마르크스는 더 넓은 의미에서 생산을 위한 생산을 믿는다. 그는 인간의 자기실현은 어떤 다른 목표를 위한 도구로 환원되기보다, 그 자체가 목적으로 가치 평가되어야 한다고 주장한다. 그는 좁은 의미에서의 생산을 위한 생산이 지배적인 한 이런 일은 불가능하다고 생각했다. 그렇게 되면 대부분의 창조적 에너지가 삶 자체를 음미하기보다 삶의 수단을 생산하는 데 쏟을 것이기 때문이다. 마르크스주의가 갖는 의미의 상당 부분은 '생산을 위한 생산'이란 문구가 지니고 있는 두 가지 용례의 대조 — 경제적 용법과 창조적·예술적 용법 — 에 있다. 경제 환원주의자라는 단정은 말할 것도 없고, 마르크스는 인간의 생산 활동을 트랙터와 터빈에 한정 짓는 것을 강력히 비판했다. 그에게 의미 있는 생산은 트랜지스터 라디오를 조립하거나 양을 도축하는 것보다는 예술에 더 가까웠다. 잠시 후 이 주제로 돌아가겠다.

그렇다 해도 마르크스가 다가올 역사에서 (좁은 의미의) 경제적인 것에 의해 발휘될 중심 역할을 강조한 것은 사실이다. 그러나 이는 마르크스주의자들에게만 한정된 믿음은 아니었다. 키케로는 국가의 목적이 사유재산을 보호하는 것이라고

『인간 불평등 기원론』 삽화(1755)

생각했다. '경제 중심'의 역사 이론은 18세기 계몽주의에서는 흔한 것이었다. 많은 계몽주의 사상가들은 역사를 생산양식의 연속으로 보았다. 그들은 또한 이 점이 지위, 생활양식, 사회적 불평등, 가족과 정부 내의 관계들을 설명해 줄 수 있다고 믿었다. 아담 스미스는 역사에서 각 단계별 물질 발전이 자체의 법과 재산과 정부의 형태를 만들어 낸다고 보았다. 루소는 『인간 불평등 기원론Discourse on Inequality』에서 재산이 전쟁과 착취와 계급갈등을 불러온다고 주장한다. 그는 또한 이른바 사회계약이란 부자들이 그들의 특권을 지키려고 가난한 사람들에게 저지른 사기라고 주장한다. 루소는 처음부터 약자들에게 족쇄를 채우고 부자들에게 권력—"천부의 자유를 복구할 수 없을 정도로 파괴하고, 재산과 불평등의 법칙을 영구적으로 확립하며 (…) 몇몇 야심 찬 사람들의 이득을 위해 인류를 노동과 굴종과 비참에 떨어뜨리는"[4]—을 부여하는 인간 사회를 이야기한다. 루소는 일반적으로 법이 약자에 대해 강자를 후원하고, 정의는 대개 폭력과 지배의 무기이며, 문화·과학·예술·종교는 사람들을 무겁게 짓누르는 사슬에 '화환'을 던짐으로써 현 상태를 방어하는 일에 활용된다고 생각했다. 루소는 인간 불만족의 근원에는 재산이 있다고 주장한다.

사회주의를 "순전한 경제적 무지의 산물"로 간주했고, 한때 모든 고전 경제학자 가운데 가장 정통파 인물로 여겨졌던 19세기의 위대한 아일랜드 경제학자 존 엘리엇 케언스John Elliot Cairnes는 "인간의 물질적 이해관계가 정치적 견해와 행동을 결정하는 데 어느 정도로 지배적인지"[5]에 대해 관찰했다. 그는 또 자신의 책 『노예력The Slave Power』 서문에서, "역사의 경로는 대체로 경제적 원인에 의한 행동으로 결정된다."고 언급했다. 그와 같은 국적으로 당대 가장 위대한 아일랜드 역사가이자 지독한 반사회주의자였던 W. E. H. 레키는 "어떤 것도 재산 승계를 규정하는 법률만큼 사회 유형을 구성하는 데 기여하는 것은 없다."[6]고 썼다. 프로이트조차 경제적 결정에 매달렸다. 그는 노동할 필요가 없다면, 우리는 종일 수치심도 없이 마음껏 리비도에 탐닉하며 바닥에서 빈둥거리고만 있을 것이라고 생각했다. 타고난 나태함에서 우리를 벌떡 일으켜 사회활동으로 등을 떠미는 것은 경제적 필요이다.

또한 잘 알려지지 않은 역사적 유물론자의 논평을 보자.

(인간 사회의) 거주민은 사냥꾼과 목동, 농부라는 여러 다른 단계들을 거쳐야만 비로소 재산이 소중한 것이 되고 결과적으로 불의의 원인이 된다. 그리하여 손해를 예방하고 소유를 보장해 줄 법이 정해지고, 이 법의 승인에 따라 사람들이 과잉 소유하게 될 때, 사치가 도입되어 지속적인 공급을 요구하게 된다. 그리하여 과학이 필요하고 유용한 것이 되어, 그것 없이는 국가가 존속할 수 없게 되고 (…)[7]

이것은 진기하게 예스러운 산문체로 쓴 어느 마르크스주의자의 소견이 아니라 독실한 토리당원이던 18세기 아일랜드 작가 올리버 골드스미스Oliver Goldsmith의 숙고이다. 이 아일랜드 사람이 이른바 '경제 역사 이론'에 특별히 경도된 것은, 영국계 아일랜드 토지 소유 계급에 의해 지배되던 초라한 식민지에 살면서 그런 문제를 완전히 무시하기가 어려웠기 때문이었다. 아일랜드보다 복잡한 문화 상부구조가 있었던 영국에서는, 시인과 역사가들에게 경제적 사안들이 고통스러울 만큼 선명하진 않았다. 오늘날, 마르크스 역사 이론을 비웃으며 거부할 사람들 가운데 다수는 무슨 일이 있어도 그것이 진실인 양 행동한다. 이런 사람들은 은행업자, 금융 자문가, 재무부 관리, 기업 임원 등으로 알려져 있다. 그들이 하는 모든 일은 경제의 우선순위에 대한 그들의 믿음을 증명한다. 그들은 최후의 1인까지 자발적 마르크스주의자들이다.

흥미롭게도 '경제 역사 이론'이 산업자본주의와 마찬가지로 맨체스터 근방에서 태어났다는 사실을 덧붙일 가치가 있다. 엥겔스는 이 도시에서 지낸 시간이 경제의 구심력을 처음으로 인식하게 해 주었다고 말했다. 앞서 보았듯이 엥겔스와 (상당한 기간 동안) 마르크스까지 부양했던 엥겔스 부친이 그곳에서 공장을 운영했기 때문에, 이런 통찰은 가정에서 시작되었다고 말할 수도 있겠다. 그러니까 유복한 엥겔스가 마르크스라는 지적 상부구조에 물적 토대 역할을 한 것이다.

계급과 노동

마르크스에게는 모든 것이 '경제'에 의해 결정된다는 주장은 터무니없는 단순화이다. 그의 관점에서 역사의 진로에 형태를 부여하는 것은 계급투쟁이며, 계급은 경제적 요인으로 환원될 수 없다. 마르크스가 대체로 생산양식 안에서 같은 위치를 차지하고 있는 사람 집단을 계급으로 보는 것은 사실이다. 하지만 경제적 계급이 아니라 사회적 계급을 말하고 있다는 점이 중요하다. 마르크스는 '사회적' 혁명뿐만 아니라 '사회적' 생산관계에 대해 썼다. 사회적 생산관계가 생산력보다 우선한다면, '경제적'이란 노골적인 딱지가 붙은 것이 어떻게 역사의 제1동력일 수 있는지 이해하기 어렵다.

계급은 탄광이나 보험회사에만 존재하는 게 아니다. 계급은 경제적 실체인 만큼이나 사회 구성체이자 공동체이기도 하다. 계급은 관습과 전통, 사회 제도, 일련의 가치와 사유 습관들을 포함한다. 계급은 정치 현상이기도 하다. 실제로 마르크스 저작에는 자신들을 정치적으로 대변할 수 있는 대표자가 없는 계급은 엄밀한 의미에서 계급이 아니라는 암시도 있다. 마르크스는 계급이란 스스로를 계급으로 의식하게 될 때라야 비로소 온전히 계급이 된다고 주장하는 것 같다. 계급은 법적·사회적·문화적·정치적·이데올로기적 과정들을 포함한다. 자본주의 이전 사회에서는 이런 비경제적 요소들이 특별히 중요하다고 마르크스는 주장한다. 계급은 단일하지 않고, 수많은 내적 분할과 다양성을 드러낸다.

게다가, 잠시 후 살펴보겠지만 마르크스에게 노동은 경제적인 것을 넘어 훨씬 많은 것들에 관심을 둔다. 노동은 총체적인 인류학 — 자연과 인간 행위자, 인간 육체와 그것의 요구들, 감각의 성질, 사회적 협력과 개인적 자기실현에 관련된 개념에 대한 이론 — 을 포함한다. 이것은 『월스트리트 저널 *The Wall Street Journal*』이 알고 있는 그런 경제학이 아니다. 『파이낸셜 타임스 *The Wall Street Journal*』에는 유적 존재로서의 인간에 대한 내용이 별로 없다. 노동은 젠더와 혈연관계와 성性을 포함한다. 또한 노동자들이 애초에 어떻게 탄생하며, 어떻게 물질적으로 지속되고 정신적으로 보충되는지에 대한 문제도 포함되어 있다. 생산은 특정한 삶의 양식들 안에서 수행되고, 사회적 의미로 충만해진다. 노동은 언제나 무언가를 의미하며, 인간은 의미 있는 (문자 그대로 의미를 만들어 내는) 동물이므로, 노동은 결코 단순히 기술적이거나 물질적인 사건일 수만은 없다. 신에게 기도하거나 조국을 찬양하거나, 아니면 푼돈을 얻는 방법도 노동으로 볼 수 있다. 간단히 말해, 경제적인 것은 언제나 그 자체보다 더 많은 것을 전제로 한다. 노동은 시장이 어떻게 움직이느냐 하는 문제가 아니다. 노동은 우리가 단순히 주식 중개인이 되는 방식이 아니라 인간이 되는 방식에 관한 것이다.[8]

그렇다면, 성性이 단순히 개인적인 것만은 아니듯, 계급도 단순히 경제적인 것만은 아니다. 사실상 단지 경제적이기만 한 어떤 것을 떠올리기는 힘들다. 심지어 동전도 수집해서 유리 케이스에 진열해 미적 가치를 감상하거나 아니면 금속을 얻기 위해 녹일 수도 있다. 돈이 나와서 하는 말인데, 돈에 대해 이야기하다 보면 왜 인간의 전 존재를 경제적인 것으로 환원하기가 그토록 쉬운지를 이해할 수 있게 된다. 어떤 의미에서 그것이 바로 돈이 하는 일이기 때문이다. 돈이 지닌 마술은 인간의 엄청난 가능성들을 돈의 협소한 반경 안에 압축해서 집어넣는다는 것이다. 삶에는 돈보다 더 가치 있는 것이 많다는 건 사실이지만, 그런 가치들의 대부분에 접근할 수 있게 해 주는 것도 돈이다. 돈은 배가 고파 갑자기 쓰러지는 것 같은 사회적으로 당황스러운 경우와 마주하지 않고 다른 사람들과 관계를 성취하는 일에 집중하도록 해 준다. 돈은 워릭셔Warwickshire의 튜더 시대 저택과 더불어 사생활, 건강, 교육, 아름다움, 사회적 지위, 유동성, 안락, 자유, 존중, 감각적 충족을 구매할 수 있게 해 준다. 『경제학·철학 수고』에서 마르크스는 변화무쌍하게 형태를 바꾸는 연금술 적인 돈의 속성과, 평범한 형태에서 황홀한 상품들을 마술처럼 불러내는 돈의 방식을 훌륭하게 묘사했다. 돈 자체가 일종의 환원론이다. 한 줌의 동전 속에 전체 우주를 집어넣는 것이다.

하지만 앞서 보았듯이 동전조차 날것의 경제학은 아니다. 실상 '경제'란 결코 날것으로 나타나지 않는다. 금융 언론들이 '경제'라고 부르는 것은 일종의 환영이다. 분명 누구도 그 것을 본 사람은 없다. 그것은 복합적인 사회과정의 추상적 관념이다. 정통 경제학 사상은 경제적 관념을 축소하는 경향이 있다. 이와는 대조적으로 마르크스주의는 가장 풍부하고 가장 변덕스러운 방식으로 생산을 상상한다. 마르크스 역사

168

이론이 유효한 한 가지 이유는 물질적인 상품이 결코 단순히 물질적인 상품이 아니라는 사실이다. 그것들은 인간 복지에 대한 약속에 손을 내밀며, 인간 삶의 수많은 소중한 것들에 이르는 문이다. 이런 이유로 사람들은 토지와 재산과 돈과 자본을 두고 죽어라고 싸운다. 경제 분야에 전문직업 경력을 쌓아 가는 사람들 말고는, 어느 누구도 경제적인 것을 단순히 경제적인 것으로 가치 평가하는 사람은 없다. 이는 인간 존재 영역이 많은 다른 차원들을 자기 영역 안에 넣어 인간 역사에서 중요한 역할을 하기 때문이다.

노동은 인간적인 즐거움

마르크스주의는 종종 자신의 정치적 적대자들의 거울 이미지라는 비난을 받아 왔다. 자본주의가 인류를 경제적 인간으로 환원한 것처럼, 그 최대 적대자도 마찬가지란 것이다. 자본주의가 물질적 생산을 신성화하듯이, 마르크스도 똑같은 일을 한다는 것이다. 하지만 이는 마르크스의 생산 개념을 오해한 것이다. 마르크스는 현재 진행 중인 대부분의 생산은 결코 진짜 생산이 아니라고 주장한다. 그의 관점에서는, 사람들이 자유롭고 생산 자체를 위해 생신할 때만이 진정한 생산이 이루어진다고 보았다. 이런 일은 오직 공산주의 아래서

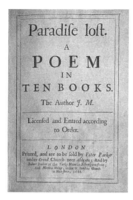

Paradise lost.
A
POEM
IN
TEN BOOKS.
The Author J. M.

Licensed and Entred according
to Order.

LONDON
Printed, and are to be sold by *Peter Parker*
under *Creed Church near Aldgate*; And by
Robert Boulter at the *Turky Head in Bishopsgate-street*;
And *Matthias Walker*, under St. *Dunstons Church*
in *Fleet-street*. 1668.

『실락원』 초판 속표지(1668)

만 완전히 가능하다. 하지만 그 전에 예술이라고 알고 있는 특별한 형태의 생산에서 그와 같은 창조성을 미리 맛볼 수 있다. 마르크스는 존 밀턴이 "누에가 비단을 생산하는 것과 같은 이유로 『실낙원*Paradise Lost*』을 생산했다. 그것은 그의 본성적인 활동이었다."[9]고 썼다. 예술은 소외되지 않은 노동의 이미지이다. 마르크스는 자기 저작들을 "예술적 총체"로 간주하고 싶었다고 어디선가 묘사했는데, (그의 대다수 제자들과는 다르게) 문체에 꼼꼼히 주의를 기울여 묘사했다. 예술에 대한 그의 관심은 순전히 이론적인 것만도 아니었다. 그는 서정시와 미완의 코믹 소설과 토막 시극, 예술과 종교에 관한 상당한 분량의 미출간 원고 등을 썼다. 또한 드라마 비평 잡지와 미학 논문도 계획했다. 세계문학에 대한 그의 식견은 믿기 어려울 정도로 광대했다.

인간이 노동을 통해 충분한 성취감을 느꼈던 적은 거의 없었다. 무엇보다 언제나 이런저런 방식으로 강요되어 왔기 때문인데, 문제되는 강요가 굶어 죽지 않기 위한 것일지라도 마찬가지였다. 다음으로, 노동은 계급사회에서 수행되기에 그 자체가 목적이 아니라 다른 사람들의 권력과 이익의 수단으로 전락했기 때문이다. 그의 멘토였던 아리스토텔레스와 마찬가지로, 마르크스에게 좋은 삶이란 그 자체를 목적으로 하는 활동으로 이루어진 삶이다. 최상의 것은 어떤 특별한 목적 없이 그냥 행해지는 것이다. 우리는 인간이라는 동물 본연의 모습 그대로 성취감 때문에 그것을 행하는 것이지, 의무나 관습, 정서나 권위나 물질적 필요성이나 사회적 유용성 혹은 전지전능한 신에 대한 두려움 때문에서가 아니다. 이를테면 누군가와 함께 있을 때 즐거움을 느끼는 데는 아무 이유가 없다. 하지만 함께 있을 때 우리는 '유적 존재'로서 활력이 넘치는 능력을 발휘한다. 그리고 마르크스 관점에서 이는 감자를 심는 일처럼 일종의 생산이다. 인간적 연대는 정치적 변화를 위해서는 필수적이지만 궁극적으로는 그 자체가 이유이다. 『경제학·철학 수고』에 나오는 감동적인 대목이 이 점에 대해 많은 것을 분명히 밝혀 준다.

공산주의 노동자들이 함께 모일 때, 당장의 목적은 지도와 선전 등이다. 하지만 동시에 그들은 새로운 필요, 즉 교제할 필요가 생기게 되어, 수단으로 보였던 것이 목적이 된다. 담배 피우기, 먹고 마시기 등은 더 이상 사람들 사이의 관계를 이어 주는 수단이 아니다. 이제 그들에게는 사귐·제휴·대화 그 자체가 목적이다. 인간의 형제애는 공허한 문구가 아니라 현실이며, 노동으로 다져진 모습에서 인간의 고귀함이 빛을 발한다.[10]

그리하여 마르크스에게 생산은 현실을 변형하는 행위 과정에서 인간의 본질적인 힘을 실현하는 것을 의미한다. 그는 『정치경제학 비판 요강 *Grundrisse*』에서 진정한 부란 "인간의 창조적인 잠재력이 절대적으로 발현된 것 (…) 즉 미리 정해진 잣대로 측정되는 것이 아니라 그 자체를 목적으로 하는 모든 인간 능력의 개발"[11]이라고 주장했다. 『자본』에서 마르크스는 계급의 역사를 넘어서야만, "그 자체가 목적으로 진정한 자유의 영역인 인간 에너지 개발"[12]이 시작될 수 있다고 썼다. 마르크스의 저작에서 '생산'은 플루트를 연주하거나 복숭아를 맛보거나 플라톤에 관해 언쟁을 하거나 릴reel 춤을 추거나 연설을 하거나 정치에 종사하거나 아이를 위해 생일 파티를 준비하는 것 등 자기 충족적인 활동 일체를 포괄한다. 그것은 근육이나 마초적인 남자다움을 말하는 것이 아니다. 마르크스가 인간성의 본질로 생산을 말할 때, 소시지를 포장하는 것을 의미하진 않았다. 우리가 알고 있는 노동은 그가 '프락시스praxis'라고 부르는 것으로부터의 소외된 형태인데, 프락시스는 고대 그리스어로 세상을 변형시킬 수 있는 자유롭고 자기실현적 활동을 말한다. 고대 그리스에서 이 단어는 노예와 반대편에 있는 자유민이 하는 모든 활동을 뜻했다.

하지만 좁은 의미에서 경제적인 것만이 우리를 경제적인 것 너머로 갈 수 있게 해 줄 것이다. 자본주의가 우리를 위해 그렇게 많이 축적해 놓은 자원들을 사회주의는 재배치함으로써, 사회주의는 경제적인 것을 더 보잘것없는 구석으로 밀어낼 수 있다. 그것은 증발해 버리진 않을 테지만 눈에 덜 띄게 될 것이다. 충분한 상품을 누릴 수 있다는 것은 늘 돈에 대해 생각하지 않아도 된다는 걸 의미한다. 그것은 우리를 해방시켜 덜 지루한 일들에 몰두할 수 있게 할 것이다. 경제적 문제들에 결코 매몰되지 않았던 마르크스는 이 문제들을 진정한 인간 잠재력을 희화화하는 것으로 보았다. 그는 경제적인 것이 더 이상 이토록 많은 시간과 에너지를 독점하지 않는 사회를 원했다.

우리 선조들이 물질적인 문제에 그렇게 몰두할 수밖에 없었다는 점은 이해할 만하다. 아주 적은 양의 경제적 잉여만 생산하거나 아예 어떤 잉여도 생산할 수 없을 때, 쉬지 않고 고된 노동을 하지 않는다면 당신은 죽을 것이다. 그러나 자본주의는 상당한 규모로 여가를 늘리는 데 실제로 사용될 수 있을 만큼의 충분한 잉여를 생성한다. 아이러니한 짐은 끊임없는 축적과 확장, 그리고 끊임없는 노동을 요구하는 방식으로 자본주의는 부를 창출한다는 것이다. 또한 여기에 빈곤과 고통을 야기하는 방식이 동원된다. 자본주의는 스스로를 좌절시키는 체제이다. 결과적으로 수렵 채취인이나 고대 노예, 봉건 농노로서는 상상할 수 없었던 풍요로 둘러싸인 현대인들은 이 선조들만큼이나 오래, 힘들게 일하게 되었다.

마르크스 저서는 모두 인간적인 즐거움에 관한 내용이다. 인간에게 좋은 삶은 노동의 삶이 아니라 여가의 삶이다. 자유로운 자기실현은 확실히 일종의 '생산'이지만, 강압적인 생산이 아니다. 사람들이 자신의 관심사에 시간을 투자하려면 여가가 필요하다. 그러니 마르크스주의가 더 많은 골수 게으름뱅이와 전문 건달들을 자기 대열에 끌어들이지 못한 것이 놀라울 따름이다. 하지만 이는 마르크스가 말한 목표를 달성하는 데 더 많은 에너지를 쏟아부어야 하기 때문이다. 여가란 일해야만 얻어지는 것이다.

6

마르크스는
기계적 유물론자가 아니었다

마르크스는 유물론자였다. 그는 물질 외에는 아무것도 존재하지 않는다고 믿었다. 그는 인류의 정신적인 면에는 어떤 관심도 없었고 인간 의식을 단지 물질세계의 반영에 불과한 것으로 보았다. 그는 잔인하게 종교를 멸시했고 도덕을 단지 목적이 수단을 정당화하는 문제로 보았다. 마르크스주의는 인류에게 가장 소중한 모든 것을 고갈시켜, 환경에 좌지우지되는 무력한 물질 덩어리로 환원시켜 버렸다. 이런 식의 인류에 대한 음울하고 영혼 없는 관점에서 스탈린이나 다른 마르크스 제자들의 잔혹성으로 이어지는 명백한 노선이 있다.

민주주의적 유물론

세계가 물질이나 정신으로 이루어졌는지, 아니면 생치즈로 이루어졌는지 같은 질문은 마르크스가 잠을 설치며 고민할 것이 못 되었다. 그는 그런 거대한 형이상학적 추상을 경멸했으며, 한가한 사변으로 단번에 정리해 버렸다. 가장 강력한 근대 지성의 한 사람으로서, 마르크스는 공상적 관념에 알레르기 반응을 보인 것으로 유명하다. 그를 냉혹한 이론가로 간주하는 사람들은 그가 무엇보다 추상을 의심하고 구체와 특수를 향한 열정을 지닌 낭만주의 사상가였다는 걸 망각한다. 그는 추상적인 것은 단순하고 특징이 없으며, 구체적인 것이야말로 풍부하고 복합적이라고 생각했다. 그리하여 유물론이 그에게 무엇을 의미했든 간에, '세계가 무엇으로 이루어져 있는가' 같은 질문을 중심으로 삼지 않은 것만은 분명하다.

그러나 18세기 계몽 시대의 유물론 철학자들에게는 유물론은 그러한 것이었고, 그들 중 일부는 인간을 그저 물질세계의 기계적인 기능으로 보았다. 그러나 마르크스 자신은 이런 종류의 사유를 순전히 이데올로기적인 것으로 간주했다.

무엇보다 이런 사유는 인간을 수동적인 조건으로 환원해 버린다. 인간 정신은 백지로 간주되어 외부의 물질세계에서 주어진 감각적 인상을 그대로 받아들인다. 그리고 이런 인상을 통해 생각을 형성한다. 따라서 '옳은' 생각을 생산하도록 어떻게든 인상이 조작될 수만 있다면, 인간은 사회적으로 완벽한 상태를 향해 꾸준한 진보를 이루어 낼 수 있다는 것이다. 이는 정치적으로 때가 묻지 않은 순결한 사안이 아니다. 이 문제의 관념은 정의와 자유와 인권뿐 아니라 개인주의와 사유재산과 자유 시장을 옹호한 중간계급 엘리트 사상가들이 품었던 관념이다. 그들은 이런 정신 개조 과정을 통해 일종의 부성父性적인 방식으로 평범한 사람들의 행동에 영향을 주려 했다. 마르크스가 이런 식의 유물론에 동의했다고는 믿기 어렵다.

　마르크스가 손을 대기 전, 유물론 철학이 의미한 모든 것이 이런 식은 아니었다. 하지만 이런저런 면에서 마르크스는 대체로 유물론을 중간계급의 운명과 긴밀히 연동된 사유 형태로 보았다. 『포이어바흐에 관한 테제*Theses on Feuerbach*』(1845)와 그 밖의 다른 곳에서 발전시킨 마르크스의 유물론은 이와는 매우 달랐는데, 그도 이 사실을 충분히 의식하고 있었다. 그는 자신이 옛 유형의 유물론과는 단절하고 매우 새로운 어떤 것을 창안해 내고 있음을 알고 있었다. 마르크스에게 유물론이란 우리가 열망하는 어떤 흐릿한 이상이 아니라 실제 있는 그대로의 인간에서 출발하는 것을 의미했다. 실제 있는 그대로의 인간이란 무엇보다 현실적이고 물질적이며 육체적인 존재다. 우리가 어떤 다른 존재이든 혹은 그렇게 될 수 있든, 그 모두는 이 근본적인 사실로부터 파생되어야만 했다.

대담하게 혁신적인 진전으로, 마르크스는 중간계급 유물론의 수동적인 인간 주체를 거부하고 그 자리에 적극적 주체를 놓는다. 모든 철학은 이 전제─다른 무엇이든지 간에 사람은 무엇보다 행위 주체다─에서 출발해야 한다. 사람은 자신의 물질적 환경을 변형하는 행위를 통해 스스로를 변형하는 생물이다. 그들은 역사나 물질이나 정신에 전당 잡힌 노리개가 아니라, 자신의 역사를 만들 능력이 있는 능동적인 자기 결정적 존재였다. 이는 마르크스주의의 유물론이 계몽사상의 지적 엘리트주의와는 대조적으로 민주주의적 유물론임을 의미한다. 다수의 집단적인 실천 활동을 통해서만 우리 삶을 통치하는 사상들은 진정으로 변화될 수 있다. 그것은 이런 사상들이 우리의 실제 행위 속에 깊숙이 박혀 있기 때문이다.

이런 의미에서 마르크스는 철학자라기보다 반反철학자에 가깝다. 실제로 에티엔 발리바르Étienne Balibar는 마르크스를

포이어바흐(1804-1872)

"아마도 (…) 근대의 가장 위대한 반철학자"[1]라고 불렀다. 반철학자는 철학을 경계하는 사람이지만, 브래드 피트가 그랬을 것 같은 의미에서가 아니라, 흥미로운 철학적 이유에서 철학에 신경이 과민한 사람이다. 반철학자는 사상을 의심하는 사상을 제시하는 경향이 있고, 비록 모든 부분에 대체적으로 이성적이나, 결국 모든 것은 이성에 달려 있다고는 믿지 않는 경향의 사람이다. 마르크스가 자신의 유물론에 대해 부분적으로 배운 바 있던 루트비히 포이어바흐는 진정한 철학이라면 누구든 자신의 반대편, 즉 비非철학에서부터 시작해야 한다고 말했다. 그는 철학자라면 "철학적인 이야기가 아닌 것, 오히려 철학과 추상적 사유에 반대되는 것"[2]을 받아들여야 한다고 말했다. 그는 또한 "생각하는 것은 인간이지 자아나 이성이 아니"[3]라고 논평했다. 알프레트 슈미트Alfred Schmidt가 주목했듯이, "부족하고 감각적이며 생리적인 존재로서 인간을 이해하는 것이 주체성에 관한 이론을 세우는 데 전제 조건이다."[4] 다시 말해 인간의 의식은 육체적이라는 것이다. 하지만 인간이 단지 육체에 불과하다는 의미는 아니다. 오히려 육체는 어떤 의미에서 늘 종결되지 않은 열린 결말이며, 당장에 드러나기보다는 더욱 창조적인 활동이 발휘될 힘이 있는 기호에 가깝다.

그렇다면 우리는 행동하는 대로 생각한다는 것인데, 이는 우리가 바로 그런 유의 동물이기 때문이다. 우리의 생각이 길게 이어진다면, 그건 우리의 육체와 감각 인식 또한 그렇게 작동하기 때문이다. 철학자들은 때때로 기계가 생각을 할 수 있는지 궁금해한다. 가능할 수도 있겠지만, 우리와는 아주 다른 방식일 것이다. 기계의 물질적 구조는 우리와 매우 다르기 때문이다. 예를 들어 기계는 육체적 욕구가 없으며, 그런 욕구와 긴밀하게 연결된 인간의 정서적 삶이 없다. 인간의 사유는 감각적이고 실제적이며 정서적인 맥락과 분리될 수 없다. 그러므로 기계가 생각을 할 수 있다 해도, 무슨 생각을 하는지 우리는 이해하지 못할 것이다.

마르크스가 단절했던 철학은 대부분 명상하는 것 같은 사색이었다. 그런 사색의 전형적인 각본은 수동적이고, 소외되었으며, 육체가 제거된 인간 주체가 소외된 대상을 초연하게 탐구하는 그런 종류의 것이었다. 앞서 살폈듯이 마르크스는 이런 종류의 주체를 거부했다. 그는 또한 앎의 대상은 항구적으로 고정되고 주어진 어떤 것이 아니라고 주장했다. 이는 역사적 활동의 산물에 더 가깝다. 주체를 실천의 형식으로 재사유해야 하듯이, 객관적인 세계를 인간 실천의 결과로 재사유해야 한다. 이는 무엇보다 실재하는 세계가 원칙적으로 변화될 수 있다는 사실에 근거한다.

인간이 능동적이고 실천적인 존재라는 데서 출발하고 인간의 사유 또한 그와 같은 맥락 속에 둔다면 철학자들을 괴롭혀 온 몇 가지 문제를 새로운 관점에서 살펴보는 데 도움이 될 것이다. 여유롭게 거리를 두고 세상을 관조하는 사람보다 세상 속에서 일하는 사람은 무언가가 저곳에 존재한다는 것을 의심할 가능성이 적다. 사실 회의론자가 존재할 수 있는 것도 무엇보다 저기에 무언가가 존재하기 때문이다. 그들을 먹일 물질세계가 없다면 그들은 죽게 될 것이니, 그들의 죽음과 더불어 의심 또한 사라질 것이다. 인간이 현실 앞에서 수동적이라고 믿는다면, 이런 사실 또한 그런 세계의 존재에 의문을 제기하도록 요구할 것이다. 왜냐하면 우리의 요구에 저항하는 사물을 경험함으로써 우리는 사물의 존재를 확인하기 때문이다. 그러니까 무엇보다 실천적 활동을 통해야만 한다는 뜻이다.

유물론의 정신 1: 사유와 소외

때로 철학자들은 '다른 사람들의 정신'이라는 문제를 제기해 왔다. 우리가 마주치는 인간 육체들이 우리와 같은 정신을 갖고 있다는 것을 어떻게 아는가? 유물론자라면, 같은 정신이란 것이 없다면 그런 질문을 제기할 마음도 내키지 않았을 것이라고 답할 것이다. 사회적 협동이 없었다면 우리를 살아 있게 해 주는 물질 생산이 있을 수 없었을 것이다. 그리고 다른 사람들과 소통할 수 있는 능력은 상당 부분 우리가 정신을 갖고 있다는 것을 의미한다. 또한 '정신'이라는 단어는 특정 종류의 육체적 행위, 즉 창조적이고 유의미하며 소통적인 행위를 묘사하는 방식이라고 말할 수 있다. 사람들이 이 신비한 실체를 소유하고 있는지 아닌지를 보려고 그들 머릿속을 들여다보거나 그들을 기계와 연결시킬 필요는 없다. 우리는 그들이 무엇을 하는지 본다. 의식은 어떤 유령 같은 현상이 아니다. 우리가 보고 듣고 다룰 수 있는 어떤 것이다. 인간의 육체는 물질 덩어리지만, 독특하게 창조적이고 표현적인 덩어리이며, 이 창조성이야말로 우리가 '정신'이라 부르는 것이다. 인간이 합리적이라고 하는 것은, 그들의 행위가 의미와 중요성의 유형을 드러내 준다고 말하는 것이다. 계몽주의 유물론자들은 때로 세계를 완전히 죽은, 무의미한 물질로 환원했다고 당연히 비난받아 왔다. 마르크스의 유물론은 그와 정반대이다.

유물론자는 반박할 수 없는 논거를 가지고 회의론자를 응대하지는 않는다. 사회적 협동이나 우리 계획에 저항하는 세계에 대한 경험 자체를 신뢰할 수 없다고 언제든 주장할 수 있다. 어쩌면 이런 것들은 우리가 머리로만 상상하는 것일지도 모른다. 하지만 유물론자의 정신으로 그런 문제들을 바라보면 새로운 방식으로 그것들을 조명할 수 있다. 예를 들면, 육체와 분리된 정신에서 시작해, 흔히 그렇듯이 분리된 채 끝나 버리는 지식인들은, 정신이 다른 사람의 육체뿐만 아니라 자신의 육체와 어떤 관계를 맺는지에 관해 쉽게 혼란에 빠지는 것을 볼 수 있다. 이들은 아마도 정신과 세계 사이의 간극이 보이는 것 같다. 하지만 이런 생각은 아이러니하다. 왜냐하면 대체로 세상이 그런 생각을 하도록 그들의 정신을 형성하기 때문이다. 지식인들이란 물질세계로부터 다소 떨어져 있는 특권 집단이다. 오로지 사회의 물질적 잉여 덕분에 성직자·현자·예술가·고문·교수 등 같은 전문 엘리트가 배출될 수 있는 것이다.

플라톤은 철학은 여유 있는 귀족 엘리트를 필요로 한다고 생각했다. 단지 사회적 삶이 굴러가기 위해 모든 사람이 일해야 한다면, 문학 살롱이나 학자 집단은 존재할 수가 없다.

상아탑은 종족 문화에서는 볼링장만큼이나 드물다. (상아탑은 대학이 기업 자본주의의 조직이 되어 버린 선진국에서도 종족 문화에 못지않게 드물다.) 지식인들은 벽돌공이 하는 식의 노동을 할 필요가 없기 때문에, 자신이나 자신의 생각을 나머지 사회적 존재와는 독립된 것으로 간주하게 된다. 바로 이런 것이 마르크스주의자들이 이데올로기라고 생각하는 것 가운데 하나이다. 이런 사람들은 그들이 위치하는 사회로부터의 거리 자체가 사회적으로 조건 지워진 것임을 이해하지 못하는 경향이 있다. 사유가 현실에서 독립된 것이라는 편견 그 자체가 실은 사회적 현실에서 형성된 것이다.

마르크스에게 사유란 세상에서 일하는 과정에서 형성된다. 이는 육체적 요구에 의해 결정되며 물질적으로 필수 불가결한 것이다. 그러니 사유라는 것 자체가 물질적으로 필수 불가결한 것이라는 주장이 가능하다. 사유와 육체적 충동은 기밀히 연관되어 있다고, 니체와 프로이트도 생각했다. 의식은 우리 자신과 우리의 물질적 환경 사이에서 발생한 상호 작용의 결과이다. 의식은 그 자체로 역사적 산물이다. 마르크스는 인류가 물질세계에 의해 "성립되었다"고 썼는데, 물질세계와 관계를 맺음으로써만 우리는 자신의 능력을 행사할 수 있고, 그 힘의 실체를 확인할 수 있기 때문이다. 우리를 최초로 자기 인식에 이르게 하는 것은 현실의 '타자성'이다. 즉 현실에 내 의지를 가한 것에 대한 타자의 저항이다. 이는 무엇보다 타자의 존재를 의미한다. 다른 사람을 통해서 자기 자신이 되는 것이다. 개인의 정체성은 사회적 산물이다. 하나의 숫자만 존재할 수 없는 것처럼 한 사람만 존재할 수는 없다.

그러나 동시에 현실은 우리 자신의 손으로 만든 작품으로 인식되어야 한다. 그렇게 보지 않는 것, 다시 말해 현실을 우리 자신의 행위와는 독립적이고 자연적이어서 설명할 수 없는 것으로 생각하는 것이 마르크스가 소외라 명명한 것이다. 역사가 우리 자신의 산물임을 망각하고 마치 외부로부터 온 생경한 힘인 듯, 그것에 지배당하는 상태를 그는 소외라고 보았다. 독일 철학자 위르겐 하버마스는 마르크스에게 세계의 객관성은 "인간의 육체적 구조에 (…) 토대를 두고 있으며, 이 구조는 행동을 하도록 맞추어져 있다."[5]고 말했다.

그런데 어린아이에게 이성이 '늦게' 찾아오는 것처럼, 의식은 어떤 의미에서 항상 '뒤늦게' 온다. 감정을 표현하기도 전에, 우리는 언제나 이미 물질적 맥락 속에 자리하고 있다. 겉보기엔 추상적이고 이론적으로 보여도 사유는 철저히 이 사실에 의해 형성된다. 그러나 철학적 관념론은 우리의 생각이 실천에 토대를 둔다는 사실을 망각한다. 관념론은 생각을 맥락에서 분리시킴으로써 사유가 현실을 창조한다는 망상에 사로잡힌다.

따라서 마르크스에게는 이성의 작용과 육체적 삶 사이에 긴밀한 유대가 형성된다. 인간의 감각은 이 둘 사이의 일종의 경계선을 표현한다. 이와는 대조적으로 몇몇 관념론 철학자들은 '물질'과 관념 혹은 '정신'을 전혀 별개인 것으로 간주한다. 마르크스에게는 인간의 육체 자체가 이런 분리에 대한 반박이다. 더 정확히 말하자면, 행동하는 인간의 육체가 분리를 반박하고 있다는 것이다. 실천이란 명백히 물질적인 사건이지만, 의미와 가치와 목적과 의도의 문제와 분리될 수 없다. 실천은 '주관적'이면서 또한 '객관적'이다. 혹은 이 모든 구분을 의문에 부친다. 이전의 일부 사상가들은 정신을 능동적인 것으로 감각을 수동적인 것으로 보았다. 하지만 마르크스는 인간의 감각을 스스로가 능동적으로 현실에 참여하는 형식으로 보았다. 감각은 물질세계와 상호 작용을 통해 낳은 오랜 역사의 결과이다. 『경제학·철학 수고』에서 그는 "오감의 함양은 이전의 모든 역사가 만들어 낸 산물"이라고 썼다.

로크나 데이비드 흄David Hume 같은 사상가는 감각에서 출발하지만, 마르크스는 감각 자체가 어디서 오는지 묻는다. 그에 대한 답은 대략 이렇다. 우리의 생물학적 요구가 역사의 토대라는 것이다. 인간은 결핍된 생물이므로 역사를 가지며,

그런 의미에서 역사는 인간에게 자연스럽다. 자연과 역사는 마르크스의 관점에서 동전의 양면이다. 하지만 인간의 요구들은 역사에 사로잡혀 있기에 변화를 겪는다. 가령 어떤 요구를 충족시키고 나면, 곧 새로운 요구를 창조하는 자신을 발견하는 것이다. 이런 전체 과정을 통해 우리의 감각적 삶이 형성되고 정련된다. 요구를 충족하는 데는 욕망이 포함되어 있기에 이 모든 것이 발생하는데, 이 부분의 그림을 채우는 작업은 프로이트에게 남겨졌다.

이런 식으로 우리는 이야기를 시작한다. 실은 우리 자신이 이야기가 되기 시작한다. 욕망과 복합적 노동과 정교한 소통 형식을 갖지 못한 동물들은 스스로를 반복하는 경향이 있다. 그들의 삶은 자연 주기에 의해 결정된다. 동물들은 자신들의 능력으로 서사를 만들어 내지 못하는데, 서사 창조야말로 마르크스가 자유로 알고 있는 것이다. 그의 관점에서 아이러니는, 자기 결정이 인류의 본질적 요소임에도 불구하고, 역사 내내 대다수의 사람들이 이를 실행하지 못했다는 점이다. 그들은 온전한 인간이 되도록 허락되지 않았다. 대신에 그들의 삶은 대체로 계급사회의 음울한 주기에 의해 결정되어 왔다. 왜 그렇게 되었으며, 어떻게 하면 교정될 수 있는지가 바로 마르크스 작업의 핵심이다. 그 작업은 우리가 어떻게 필요의 왕국에서 자유의 영역으로 이동할 수 있는가에 관한 것이다.

이는 우리가 오소리와는 좀 더 달라지면서 더욱 더 우리 자신이 되는 것을 의미한다. 그 자유의 문턱에 우리를 데려다 놓은 다음, 마르크스는 우리 스스로의 힘으로 부양해 가도록 그냥 놔두었다. 그러지 않으면 어떻게 자유라고 할 수 있겠는가?

유물론의 정신 2: 육체와 정신

철학자들의 이원론을 피하려면, 인간이 실제로 어떻게 행동하는지를 보기만 하면 된다. 인간의 육체는 어떤 의미에서 물질적 대상이며, 역사의 일부일 뿐만 아니라 자연의 일부이기도 하다. 하지만 양배추나 석탄통과는 매우 다른, 특수한 종류의 대상이다. 우선 인간의 육체는 상황을 변화시킬 역량을 갖고 있다. 또한 자연을 인간의 육체를 연장한 것으로 변형시킬 수 있는데, 이는 석탄통으로는 가능하지 않다. 인간의 노동은 자연을 가공하여 우리 육체의 연장으로 바꾸어 놓았는데, 이를 우리는 문명이라고 한다. 미술관과 아편굴에서 카지노와 세계보건기구에 이르는 온갖 인간 제도는 생산적인 육체를 연장한 것들이다.

그것들은 또한 인간 의식의 구현이다. 마르크스는 가능한 한 폭넓은 의미로 '산업'이란 단어를 사용하여, "인간 산업은 인간의 의식, 즉 감각으로 인식된 인간의 심리가 펼쳐진 책"[6]이라고 썼다. 육체는 우리가 역사라 알고 있는 열린 결말의 과정에서 스스로를 초월하는 힘 — 같은 종류의 다른 육체들과 복합적인 관계를 맺을 뿐만 아니라, 자신과 자신이 처한 환경을 변형시키는 — 을 가졌기 때문에 이 모든 일을 할 수 있다. 시체란 이런 일을 할 수 없는 인간 육체를 말한다.

물론 양배추도 이런 일을 할 수 없다. 하지만 양배추는 그런 일을 할 필요도 없다. 양배추는 인간에게서 볼 수 있는 요구를 갖고 있지 않은, 순수한 자연적 실체이다. 인간은 창조적인 존재이기 때문에 역사를 만들 수 있지만, 자신의 물질적 삶을 계속해서 생산하고 재생산해야 하는 결핍된 조건에 처해 있기 때문에, 역사를 만들 필요가 있다. 인간을 끊임없는 활동으로 밀어 넣는 것도 바로 이런 조건 때문이다. 필요가 인간의 역사를 만든 것이다. 물질적으로 풍요로운 상황에서도 여전히 역사를 갖게 되겠지만, 지금까지 알아 오던 역사와는 다른 의미를 띨 것이다. 우리는 오로지 사회적 수단 — 생산수단을 집단적으로 생산하는 — 으로써만 우리의 자연적 요구들을 충족할 수 있다. 이 충족은 다른 요구들을 낳고 그것이 또 다른 요구들을 낳는다. 하지만 우리가 문화나 역사나 문명으로 알고 있는 이 모든 것의 뿌리에는, 결핍된 인간의 육체와 물질적 조건이 놓여 있다. 이는 경제적인 것이 우리 삶 모든 것의 토대라고 말하는 것이나 마찬가지다. 이것이 생물학적인 것과 사회적인 것을 이어 주는 결정적인 고리이다.

이렇게 해서 인간은 역사를 갖게 되었으며, 이것이 바로 정신이 의미하는 것이다. 정신적인 문제들은 육체가 분리된 다른 세상의 사안이 아니다. 번창한 부르주아는 정신적인 문제들을 일상생활에서 고상하게 떨어진 영역으로 보는 경향이 있는데, 이는 자신의 조야한 유물론으로부터 숨을 곳이 필요하기 때문이다. 마돈나 같은 물질적인 여성들이 카발라 Kabbala 같은 신비주의에 매료되는 건 놀랄 일이 아니다. 이와는 대조적으로, 마르크스에게 '정신'은 예술, 우정, 재미, 공감, 웃음, 성애, 반란, 창조성, 관능적 즐거움, 공분, 삶의 풍요로움의 문제이다. (하지만 그는 때로 다소 지나칠 정도로 재미를 즐기기도 했는데, 한번은 몇몇 친구들과 옥스퍼드 스트리트에서 햄스테드 로드까지 술집들을 배회했는데, 지나가는 술집마다 멈춰서 가로등에 보도블록을 던져 경찰 추적을 받은 적이 있었다.[7] 국가의 억압성에 대한 그의 이론이 단순히 추상적인 사변만은 아니었던 것 같다.) 『루이 보나파르트의 브뤼메르 18일』에서 마르크스는 예상대로 정치를 사회적 이해관계라는 관점으로 논했다. 하지만 그는 정치를 "옛 기억들, 개인적 적의, 두려움과 희망, 편견과 망상, 공감과 반감, 확신, 신념과 원칙의 항목들"을 표현하는

비트겐슈타인(1889-1951)

것으로 화려하게 묘사하고 있다. 이 모든 것이 반反마르크스주의 환상에 등장하는 냉혹할 정도로 분석적인 사상가에게서 나온 말이다.

방금 열거한 모든 정신적 활동들은 육체와 연결되어 있는데, 이는 우리가 그런 존재이기 때문이다. 내 육체와 연루되지 않은 것은 그 어떤 것이라도 나와 상관없는 것이다. 내가 당신과 전화로 이야기할 때, 물리적으로는 아니지만 육체적으로 나는 당신에게 현존한다. 철학자 루트비히 비트겐슈타인은 영혼의 이미지를 원한다면 인간의 육체를 보라고 말했다. 아리스토텔레스와 마찬가지로, 마르크스에게 행복이란 정신 상태가 아니라 실질적인 행동이다. 마르크스가 유대교도는 아니지만 혈통적으로 후손인 유대 전통에 따르면, '정신적인 것'은 굶주린 자를 먹이고 이주민을 환영하며, 가난한 자를 부자의 폭력으로부터 보호하는 문제이다. 그것은 세속적이고 일상적인 존재와 반대편에 있는 것이 아니다. 세속적인 일상을 사는 특별한 방식이다.

언어는 실제 삶의 표현

'정신'이 특별히 두드러지는 육체 활동이 있는데 바로 언어이다. 총체적인 육체와 마찬가지로 언어도 정신 혹은 인간 의식이 물질로써 구현된 것이다. 마르크스는 『독일 이데올로기』에서 "언어는 의식만큼 오래되었으며, 다른 사람들을 위해서도 존재하는 실질적이고 참된 의식이며, 오직 그런 이유 때문에 언어는 나를 위해 존재한다. 언어는 의식과 마찬가지로 오직 다른 사람들과 교류할 필요와 필연성에서 발생한다."[8]고 썼다. 의식은 하나부터 열까지 사회적이고 실용적이기 때문에, 언어는 의식을 나타내는 최상의 표시이다. 내가 정신을 갖고 있다고 말할 수 있다면, 그것은 오로지 내가 공유된 의미의 유산을 물려받고 태어났기 때문이다. 마르크스는 또한 언어를 "스스로 말하는 공동체적 존재"라고 했다. 그는 철학의 언어가 현실 세계의 언어에 대한 왜곡된 판본이라고 언급했다. 사유와 언어는 자기만의 영역에 존재하는 것이 아니라 실제 삶의 표현이다. 가장 난해한 개념조차 결국은 우리 일상의 실제 삶에서 그 근원을 추적할 수 있다.

그렇다면 인간 의식은 상당한 규모로 물질적 무대 장치가 필요하다. 그래서 많은 철학이 그런 것처럼, 인간 의식에서 출발하게 되면 일반적으로 이런 사실을 무시하게 된다. 그것은 너무 많은 논점들을 회피하는 것이다.[9] 관습적인 철학은 충분히 거슬러 올라간 곳에서 출발하지 않는다. 이런 철학은 관념이 발생하는 사회적 조건과, 관념이 연루되는 열정, 또 열정에 얽힌 권력 투쟁, 투쟁이 요구하는 물질을 간과한다. 이런 철학은 일반적으로 "인간 주체가 어디서 왔는지?" 또는 "대상이 어떻게 생산되었는지?"를 묻지 않는다. 생각을 할 수 있으려면 먼저 먹어야 하는데, '먹다'라는 단어는 전체적인 사회적 생산양식이라는 물음을 제기한다. 또 인간은 먼저 태어나야 하는데, '태어나다'라는 단어는 친족 관계와 성, 가부장제, 성적 재생산 등 영역 전체에 대한 물음을 제기한다. 현실에 대해 성찰하기 전에 우리는 이미 현실과 실질적이고 정서적으로 연결되어 있으며, 우리의 사유는 항상 이런 맥락 안에서 이루어진다. 철학자 존 맥머레이John Macmurray는 "세계에 대한 우리 지식은 우선적으로 세계에서 행하는 우리 행동의 한 양상이다."[10]라고 논평한다. 마르크스는 「바그너에 관한 주석Comments on Wagner」(1879)에서 하이데거적인 논조로 "인간은 결코 외부 세계의 사물과 이론적인 관계 속에서 자신을 발견하는 것으로부터 출발하지 않는다."[11]라고 쓰고 있다. 이성적 사유를 시작하기 전에 많은 것들이 제자리에 놓여 있어야 한다.

우리의 사유는 또 다른 의미로 역시 세계와 연결되어 있다.

그것은 단순한 현실의 '반영'이 아니라 자신의 권리로 물질적인 힘이다. 마르크스주의 이론 자체는 세계에 관한 단순한 논평이 아니라, 세계를 변화시키는 도구이다. 마르크스 자신은 마치 사유가 단지 물질적 상황을 '반영'한 것처럼 말할 때가 있는데, 이는 그의 보다 섬세한 통찰을 제대로 전달하는 데 실패한 발언이다. 일반적으로 해방 이론으로 알려진 어떤 특정 이론들은 세계를 해석하는 방식에 그치지 않고 세계 안에서 정치적 힘으로 작동될 수 있다. 이 점이 이 이론들의 독특한 특징으로, 사물의 실제와 가능성 사이의 연결 고리를 형성한다. 그것들은 세계의 존재 방식에 대한 묘사를 제공함으로써 사람들이 세계를 이해하는 방식을 바꾸는 데 일조하고, 이는 다시 현실을 바꾸는 역할을 한다. 노예는 자신이 노예라는 사실을 알고 있지만, 왜 자신이 노예가 되었는지 그 이유를 아는 것만이 노예가 되지 않는 길을 향한 첫걸음이다. 따라서 상황을 있는 그대로 묘사함으로써, 이런 이론들은 현실을 넘어 더 바람직한 상황으로 가는 길을 제시한다. 이는 현재 상황에서 그래야만 하는 상황으로 이동하는 것이다. 이런 종류의 이론들은 자신과 자신이 처한 상황에 대해 의문을 제기하는 방식으로 묘사함으로써, 궁극적으로는 자신을 다시 기술하도록 해 준다. 그런 의미에서 이성과 지식과 자유 사이에는 긴밀한 관련이 있다. 특정한 지식은 인간의 자유와 행복에 중요하다. 그리하여 그런 지식에 근거해 행동함으로써, 사람은 그 앎을 더 깊이 이해하게 되고, 그 앎에 근거해 더 효과적으로 행동할 수 있게 된다. 더 많이 이해할수록 더 많은 것을 할 수 있지만, 마르크스의 관점에서 진정으로 중요한 이해는 실천적 투쟁을 통해서만 가능하다. 튜바를 연주하는 것이 실제 지식이듯, 정치적 해방 또한 실제 지식이다.

마르크스의 그 유명한 포이어바흐에 대한 열한 번째 테제를 액면 그대로 받아들이면 안 되는 이유가 바로 이 때문이다. 그는 거기서 철학자들이 세계를 해석만 해 왔을 뿐, 중요한 것은 세계를 변화시키는 것이라고 썼다. 하지만 세계를 해석하지 않고 어떻게 변화시킬 수 있는가? 특정 관점에서 세계를 해석하는 힘이 정치적 변화의 시작이 아닌가?

사회적 존재가 의식을 규정한다

마르크스는 『독일 이데올로기』에서 "의식을 규정하는 것은 사회적 존재"라고 썼다. 혹은 비트겐슈타인이 『확실성에 관하여On Certainty』라는 저작에서 지적했듯이, "언어 게임의 밑바닥에 있는 것은 우리의 행동이다."[12] 이는 중대한 정치적 결과를 함의한다. 예컨대 우리가 사유하고 느끼는 방식을 근본적으로 바꾸기를 원한다면, 우리가 행하는 것을 바꾸어

196

야 한다는 말이다. 교육이나 마음의 변화로는 충분하지 않다. 사회적 존재라는 사실이 사유에 제약을 가하는 것이다. 따라서 사회적 존재라는 물질적 삶의 형식을 바꾸어야만 이런 제약을 넘어설 수 있다. 단지 사유하는 것으로 사유의 제약을 넘어설 수는 없다.

하지만 여기에 잘못된 이분법이 포함되어 있는 건 아닐까? 만일 '사회적 존재'라는 말이 우리가 하고 있는 일을 의미한다면, 여기에는 이미 의식이 포함되어 있어야만 한다. 마치 의식은 분리된 것의 한쪽에 있고, 사회적 활동은 다른 쪽에 나눠져 있는 것이 아니다. 투표를 하든 키스를 하든, 악수를 하든 이주민을 착취하든, 모두 의미와 의도 없이는 할 수 없다. 계단에서 넘어지거나 뱃속이 꾸르륵거리는 것을 의도적 기획이라 하지 않듯, 의미와 의도가 없는 행위를 인간 활동으로 부르지는 않을 것이다. 마르크스도 이 사실을 부인하지는 않았을 것으로 생각한다. 앞서 살펴본 대로 그는 인간 의식을 구현된 것으로, 즉 우리의 실천적 행위에서 육화된 것으로 보았다. 그렇다 해도, 그는 여전히 물질적 존재가 어떤 점에서 의미와 관념보다 더 근본적이며, 의미와 관념이 물질적 존재의 관점으로 설명될 수 있다고 생각했다. 이러한 주장을 어떻게 이해해야 할까?

그에 대한 한 가지 답은 비버와 고슴도치의 더 원시적인 방식에서 본 것처럼 인간에게 사유는 물질적인 필수 요건이란 것이다. 인간은 물질적 동물이기 때문에 생각할 필요가 있다. 우리는 육체적 존재이기 때문에 인지적 존재인 것이다. 마르크스에게 인지 과정은 노동과 산업 그리고 실험과 함께 발달한다. 『독일 이데올로기』에서 마르크스는 "관념·개념·의식의 생산은 처음부터 인간의 물질적 활동과 물질적 교류, 실제 삶에서 사용하는 언어와 직접적으로 엮여 있다."[13]고 썼다. 만일 자연이 그 맛좋은 보물들을 고마워하며 벌린 우리 입에 곧장 떨어뜨려 준다면, 또는 (말도 안 되는 생각이지만) 평생에 단 한 번만 먹어도 된다면, 그렇게 많은 생각을 할 필요가 전혀 없을지도 모른다. 드러누워 즐기기만 하면 될지도 모른다. 그러나 자연은 너무도 인색하여 인간의 육체는 영원히 만족되지 않는 결핍에 시달려야만 한다.

그렇다면 사유 방식을 형성하는 것은 무엇보다 육체적 요구라 할 수 있다. 그런 이유로 사유가 아무리 최우선이라고 생각하고 또 생각하더라도, 사유는 그런 것이 아니다. 인간 발전의 후기 단계에 이르러서야 비로소 마르크스는 관념이 육체적 요구로부터 보다 더 독립하게 되었고, 이것이 우리가 문화라고 알고 있는 것이라고 주장한다. 생존을 위한 가치가 아니라, 관념 그 자체를 음미하게 된 것이다. 베르톨트 브레히트는 사유가 진정한 관능적 쾌락이 될 수 있다고 언급한 적이 있다. 그럼에도 불구하고 아무리 고양된 이성적 사유라도 그것의 초라한 기원이 생물학적 요구에 있다는 사실은 변함없다. 니체가 가르친 것처럼, 사유는 자연에 대한 힘의 행사와 밀접하게 연결되어 있다.[14] 환경에 대해 실질적 통제력을 가지려는 충동은 생사가 걸린 문제로서, 더욱 추상적인 지적 활동을 요구하는 것이다.

그런 점에서 니체와 프로이트의 사상처럼, 마르크스의 사유에도 카니발적인 측면이 있다. 저급한 것은 항상 고상한 것 내부에 잠복한 그림자 같은 존재이다. 비평가 윌리엄 엠슨 William Empson이 언급한 듯이, "가장 품위 있는 욕망은 가장 평범한 것 안에 내재되어 있다. 그렇지 않으면 그 욕망은 거짓일 것이다."[15] 우리의 가장 고결한 관념의 뿌리에는 폭력·욕망·식욕·결핍·공격성이 놓여 있다. 우리가 문명이라 부르는 것의 은밀한 이면이 바로 이런 모습이다. 아도르노는 시각적 문구로 "문화라는 돌 아래 바글바글한 공포"라고 시각적 이미지로 표현했다.[16] 발터 벤야민은 "계급투쟁은 (…) 조야하고 물질적인 것들을 향한 싸움이지만, 이런 것들 없이는 어떤 고상하고 정신적인 것도 존재할 수 없다."[17]고 썼다. 마르크스와 마찬가지로 벤야민 역시 '고상하고 정신적인 것'의 가치를 부정하려는 게 아니라는 점을 주목해야 한다. 그는 이런 것을 역사적 맥락에 놓는 것에 중점을 두었다. 많은

카니발적인 철학자들과 마찬가지로 마르크스도 고상한 관념을 진심으로 불신한 사상가의 거장이었다. 이와는 대조적으로 관습적 정치가들은 공적인 자리에서는 이상주의적 용어로 진지하게 말하지만, 사적인 자리에서는 냉소적일 정도로 물질주의적 용어로 말하는 경향이 있다.

벤야민(1892-1940)

'사회적 존재'가 의식보다 우위에 있다는 것의 또 다른 의미에 대해서는 이미 언급했다. 이는 찰싹 들러붙는 이해는 대개 실제 몸으로 행한 것으로부터 나온다는 의미이다. 실제로 사회 이론가들은 무언가를 하는 행위 속에서만 얻어질 수 있으므로 다른 이에게 이론적인 형태로는 전달될 수 없는 종류의 지식—그들이 무언의 지식이라 부르는—을 이야기한다. 누군가에게 '대니 보이Danny Boy'를 휘파람으로 부는 법을 설명해 보라. 이런 종류의 지식이 아니라 해도 요지는 마찬가지다. 책으로 바이올린 연주법을 배운 다음 악기를 잡고 멘델스존 바이올린 협주곡 E단조를 단숨에 현란하게 연주할 수는 없다. 협주곡에 대한 지식은 그것을 연주하는 능력과 분리될 수 없다.

토대와 상부구조 1

'물질적 현실은 관념보다 근소하게 우위에 있다'는 말의 의미에는 또 다른 측면이 있다. 의식에 관해 이야기할 때, 마르크스가 항상 일상 활동에 내재된 관념과 가치를 생각한 것은 아니었다. 그는 때때로 법·과학·정치 같은 보다 형식적인 체계를 생각하기도 했다. 그의 요지는 이와 같은 사유의 형태는 궁극적으로 사회적 현실에 의해 결정된다는 것이다. 이것이 사실상 토대와 상부구조라는 유명하지만 동시에 비방도 많이 받았던 마르크스주의 교리이다. 마르크스는 이를 다음과 같이 요약한다.

> 자신의 존재를 사회적으로 생산하는 데 있어, 인간은 자기 의지와는 상관없이 한정된 관계를 맺게 된다. 여기서 관계란 물질적 생산력을 발전시키는 과정에 적합한 생산관계를 말한다. 이런 생산관계의 총체가 사회의 경제구조, 곧 법적·정치적 상부구조가 발생하는 실질적 토대를 구성한다. 이 토대에 일정한 형식의 사회의식이 상응하는 것이다.[18]

마르크스는 여기서 '경제적 구조' 혹은 '토대'라는 용어를 생산력과 생산관계를 의미하는 것으로, 상부구조는 국가·법·정치·종교·문화 같은 제도를 의미하는 것으로 쓰고 있다. 그의 관점에서 이 제도의 기능은 지배적인 계급 체제를 뜻하는 '토대'를 유지하는 것이다. 그중에 문화와 종교 같은 제도는 대체로 체제를 정당화하는 이념을 생산함으로써 토대를 유지하는 임무를 수행한다. 이것이 바로 이데올로기라고 알려진 것이다. 마르크스는 『독일 이데올로기』에서 "어느 시대를 막론하고 지배계급의 이념이 모든 시대에 지배적인 이념이다."라고 했다. 유통되고 있는 대부분의 사상이 맹렬하게 반봉건적임에도 불구하고, 번영하는 봉건사회와 마주치는 것은 이상할 것이다. 앞서 본 대로 마르크스는 물질적 생산을 통제하는 사람들이 정신적 생산 또한 통제할 경향이 있다고 생각했다. 이런 주장은 마르크스 당대보다 언론 거물들과 미디어 부호들의 시대에 한층 더 힘을 발휘한다.

토대-상부구조 모델이 일부 마르크스 비판자와 심지어 일부 지지자로부터 많은 비웃음을 받아 왔기에, 여기서는 삐딱하게 좋은 말로 변론을 해 볼 생각이다. 때로 이 모델이 너무 정태적이라는 이유로 반대하는 경우가 있지만, 모든 모델은 정태적이며 단순화된다. 마르크스는 사회적 삶이 두 조각으로 완전히 나뉘는 걸 의미하지 않았다. 오히려 이 둘 사이에 많은 소통이 오간다. 토대가 상부구조를 발생시키겠지만, 토대가 지속되기 위해서는 상부구조가 중요하다. 국가·법·체계·정당·미디어와 그 밖의 곳에서 유통되는 친자본주의적 사상의 지원이 없으면 현재의 소유 체제는 상당히 흔들릴 것이다. 마르크스의 관점에서 이 쌍방향의 소통은 법·종교·정치·친족·국가가 물질적 생산 업무에 핵심적으로 관여하게 되는 자본주의 이전 사회에서 더욱 두드러진다.

어쨌든 상부구조가 덜 현실적이라는 면에서 토대보다 부차적인 것도 아니다. 감옥, 교회, 학교, 텔레비전 방송국은 은행이나 탄광 못지않게 현실적이다. 토대가 상부구조보다 중요할 수도 있다. 하지만 어떤 관점에서 더 중요한가? 예술은 초콜릿 바의 신제품 발명보다 인류의 정신적 복지에 중요하다. 초콜릿 바는 대개 토대의 일부로 여겨지지만 예술은 그렇지 않다. 마르크스주의자들은 역사에서 진정으로 새 시대를 여는 변화는 대체로 관념이나 믿음이 아닌 물질적 힘의 결과라는 의미에서 토대가 더 중요하다고 주장할 것이다.

관념과 믿음은 엄청난 영향을 미칠 수 있으나, 강력한 물질적 이해관계와 결합될 때만 진정으로 역사적 세력이 된다고 유물론자들은 주장한다. 호머는 트로이 전쟁을 명예·용맹·섭리 등의 관점에서 보았을지 모른다. 하지만 고대 그리스 역사가이자 나름대로 온전한 유물론자였던 투키디데스는 그 충돌이 그토록 오래 지속된 까닭은, 자원 부족과 그리스인들이 전투를 중단하고 토지 경작과 약탈 원정에 나서는 습성 때문이었다고 냉정하게 지적한다. 투키디데스는 또한 그리스의 전체 권력 체제는 항해술의 발전과 그로 인한 통상과 축적에 토대를 두었다고 보았다. 이렇듯 유물론적 역사 이론은 마르크스 훨씬 이전으로 거슬러 올라간다.

또한 토대와 상부구조에 동시에 속한다고 할 수 있는 제도들도 상당히 많다. 미국의 거듭난 교회Born-again church들은 이데올로기 발전소이면서 막대한 수익 사업이기도 하다. 출판이나 미디어, 영화 산업의 경우도 마찬가지다. 일부 미국 대학들도 지식 공장일 뿐 아니라 거대한 기업체이다. 혹은 찰스 왕세자를 떠올려 보라. 그의 존재는 대체로 영국 대중에게 경의를 불러일으키지만, 그렇게 함으로써 상당한 이윤을 창출한다.

분명 인간 존재 전체가 토대와 상부구조로 양분될 수는 없다. 당연히 그럴 수 없다. 물질석 생산이나 상부구조 어디에도 속하지 않는 것들이 셀 수 없을 만큼 많다. 언어, 성애性愛, 정강이뼈, 금성, 쓰라린 후회, 탱고 춤추기, 노스 요크셔North Yorkshire의 황야가 그중 몇몇이다. 이미 살펴본 대로 마르크스주의는 모든 것에 관한 이론이 아니다. 우연히 계급투쟁과 문화 사이에 전혀 있을 것 같지 않은 상관관계를 발견할 수도 있다. 성애는 자식이라는 새로운 노동력의 잠재적 원천을 생산하는 것으로 꽤 자주 이어질 수 있으니 물질적 토대와 관련이 있다. 치과의사들은 2008년 경기 침체기 동안 스트레스로 인해 이를 악물어 야기된 턱 통증이 눈에 띄게 증가했다고 보고했다. 재앙에 직면하여 이를 악문다는 게 더 이상 비유가 아님이 분명하다. 소설가 마르셀 프루스트가 아직 어머니의 배 속에 있을 때, 고상한 그의 어머니는 사회주의적 파리 코뮌의 출현으로 심리적으로 몹시 괴로워했다는데, 어떤 이들은 이 고통이 프루스트가 평생 고생한 천식의 원인이라고 추측한다. 프루스트의 엄청나게 길고 복잡한 문장들이 호흡 곤란에 대한 일종의 심리적 보상이라는 이론도 있다. 그런 맥락에서 보면, 프루스트의 구문과 파리 코뮌 사이에는 상관관계가 있다.

상부구조가 존재하는 이유는 그것이 하는 기능을 도와주는 것이라는 모형 이론의 주장은 분명히 잘못되었다. 이는 국가에 대해서는 모르지만 예술에는 해당되지 않는다. 학교·신문·교회·국가의 모든 활동이 현재의 사회 체제를 지원한다는 것 또한 사실이 아니다. 학교가 아이들에게 신발끈 매는 법을 가르쳐 주거나 텔레비전 방송국이 일기 예보를 할 때, '상부구조적으로' 행동하는 것은 아니다. 그것들은 생산관계를 지탱하고 있지도 않다. 국가는 특수부대를 파견하여 곤봉을 휘두르며 평화 시위를 진압하지만, 경찰은 또한 실종 어린이를 수색하기도 한다. 타블로이드판 신문이 이민자들을 비난할 때는 '상부구조적으로' 행동하지만, 교통사고를 보도할 때는 대부분 그럴 것 같지는 않다. (그러나 교통사고에 대한 보도는 언제든 체제에 저항하는 데 사용될 수 있다. 오래된 영국 공산당 신문인 『데일리 워커*Daily Worker*』 보도국에서는 편집국원들이 "동지, 계급적 시각으로 써."라는 지시와 함께 교통사고 기사들을 건네받곤 한다.) 그러니 학교나 교회, 텔레비전 방송국이 상부구조에 속한다고 발표하는 것은 오해를 야기할 수 있다. 상부구조는 장소라기보다 일련의 실천이라고 생각할 수 있다. 마르크스 자신은 아마 상부구조를 이런 식으로 생각하지 않은 것 같다. 이는 다만 그의 주장을 유용하게 개량한 것이다.

원칙적으로는 어떤 것이든 현재 체제를 떠받치는 데 사용될 수 있는 게 사실일 것이다. 만약 텔레비전 기상예보관이 시청자들을 우울하게 만들 수 있고, 무기력한 시민은 유쾌한 시민만큼 열심히 일하지 않기가 쉽다는 이유로 토네이도의 접근을 가볍게 보도한다면, 그는 지배 권력의 대리인으로 행동하는 것이다. (우울이 정치적으로 전복적이라는 이상한 믿음이 있는데, 특히 병리적으로 낙관적인 미국에서 그렇다.) 그러나 일반적으로 이런 제도들의 어떤 측면은 이런 식으로 작용하고 또 다른 측면은 그렇지 않다고 말할 수 있다. 혹은 어떤 측면은 어떤 때에는 이렇게 작용하고 또 다른 때에는 그렇지 않다고도 말할 수 있다. 그런 경우에 하나의 제도가 수요일에는 '상부구조적'일 수 있지만 금요일에는 그렇지 않을 수 있다. '상부구조'란 말은 하나의 실천을 특정한 맥락에 둘 것을 요구한다. 그것은 관계적인 용어이며, 하나의 활동이 다른 활동과의 관계에서 어떤 기능을 하는지 묻는다. G. A. 코언Cohen의 주장처럼, 그것은 비경제적인 제도를 경제적인 관점으로 설명한다.[19] 그러나 이것이 그와 같은 모든 제도를 설명하거나, 그것들이 하는 것 모두를, 혹은 무엇보다 그것들이 생겨난 이유를 전부 설명해 주지는 않는다.

토대와 상부구조 2

그렇다 해도 마르크스의 요지는 보기보다 더 예리하다. 그것은 어떤 사과는 적갈색이고 어떤 것은 아니라는 식으로 어떤 것은 상부구조적이고 어떤 것은 아니라고 단지 선언하는 문제가 아니다. 오히려 계급사회의 법·정치·종교·교육·문화를 살펴보면, 그것들이 하는 것 대부분이 지배적인 사회 질서를 지탱하고 있음을 발견할 것이다. 진실로 그 이상을 기대할 수는 없다. 법이 사유재산을 금지하거나, 아이들이 경제적 경쟁의 사악함을 정규적으로 배우는 자본주의 문명은 없다. 수많은 예술과 문학이 현 상태를 심각하게 비판해 왔다. P.

B. 셸리와 윌리엄 블레이크, 메리 울스턴크래프트, 에밀리 브론테, 찰스 디킨스, 조지 오웰, D. H. 로런스가 모두 창피한 줄도 모르고 지배계급을 위한 선전을 쏟아 냈다는 건 말이 안 된다. 하지만 영문학 전체를 들여다보면, 사회 질서에 대한 비판이 소유 체제를 문제 삼는 데까지 확장된 예를 찾아보기 힘들다. 『잉여가치론』에서 마르크스는 이른바 "자유로운 정신적 생산"을 언급했는데, 그는 이데올로기의 생산과 대조적으로 예술을 이데올로기 아래에 놓았다. 아마 예술은 둘 다—자유로운 정신적 생산과 이데올로기 생산—를 포괄한다고 말하는 편이 더 정확할지 모르겠다.

　토머스 하디의 소설 『무명의 주드*Jude the Obscure*』에서, 제리코Jericho로 알려진 옥스퍼드의 노동계급 거주 지역에 사는 가난한 장인 주드 폴리Jude Fawley는 자신의 운명이 대학의 첨탑과 사각형 안뜰이 아니라, "자신이 거주하는 초라한 빈민 소굴 속 막일꾼들 사이에 있으며, 이 소굴은 도시 방문객이나 예찬자들로부터 전혀 도시의 일부로 인정받지 못하지만, 이 소굴의 거주민들이 없다면 필적 감정사도 읽을 수 없고 고상한 사상가들도 살아갈 수 없다."고 회상한다 (제2부 6장). 이런 신랄한 말들이 마르크스의 토대/상부구조 교리의 진술인가? 꼭 그렇진 않다. 유물론적 정신에서, 이 말들은 육체노동 없이는 어떤 정신노동도 있을 수 없다는 사실에 주목한다. 옥스퍼드 대학은 제리코라는 '토대'에 대한 '상부구조'이다. 학자들이 스스로 요리사·배관공·석공·인쇄공 등이 되어야 한다면, 공부할 시간이 없을 것이다. 철학의 모든 작업은 모든 교향곡이나 대성당이 그런 것처럼, 이름 없는 수많은 육체노동자 집단을 전제로 한다. 그러나 이미 살펴본 것처럼 마르크스는 그 이상을 의미했다. 단순히 플라톤을 연구하기 위해서 먹어야 한다는 식의 이야기가 아니다. 그것은 물질적 생산이 조직되는 방식이 플라톤에 대해 생각하는 방식에 영향을 줄 것이라는 이야기다.

여기서 중요한 점은 사유가 이루어지는 옥스퍼드라는 장소가 아니라 사유의 성격이다. 다른 사람들과 마찬가지로, 옥스퍼드 학자들의 생각도 당대의 물질적 현실에 의해 형성되었다. 그들 학자 대부분은 플라톤을, 또는 그 점에 관한 한 다른 어떤 작가를, 사유재산의 권리나 사회 질서의 필요성 등을 깎아내리는 방식으로 해석할 것 같지는 않다. 주드가 대학 학장에게 어떻게 하면 그 대학에 학생이 될 수 있을지를 묻는 간절한 편지를 썼을 때, 그는 당신 같은 노동자는 학생이 되려고 하지 않는 편이 나을 것이라는 답장을 받았다. (아이러니한 것은 하디 자신이 비록 충고의 이유에는 동의하지 않을지 몰라도, 충고 자체에는 동의할 것이라는 사실이다.)

우선 첫째로 왜 상부구조가 필요할까? 이는 왜 우리에게 예술이나 법이나 종교가 있는지를 묻는 것과는 다른 물음이다. 그에 대한 답은 많다. 이 물음은 오히려 "왜 그렇게 많은 예술·법·종교가 현재의 체제를 정당화하기 위해 활동해야 하는가?"를 묻는다. 답은 한마디로 '토대'가 스스로 분열되었다는 것이다. 토대는 착취를 내포하고 있기 때문에 수많은 갈등을 야기한다. 그래서 상부구조의 역할은 그런 갈등을 조정하고 승인하는 것이다. 상부구조는 착취가 존재하기에 필수적이다. 착취가 없었더라도 여전히 예술과 법, 아마 종교까지도 있었을 것이다. 하지만 이런 불명예스러운 기능을 더 이상 수행하지는 않았을 것이다. 대신에 이런 제약들을 던져 버리고 더욱 자유로워질 수 있었을 것이다.

토대-상부구조 모델은 수직적이다. 그러나 수평적으로도 생각해 볼 수 있다. 그렇게 생각해 보면, 토대는 정치가 미칠 수 있는 외부 한계라고 볼 수 있다. 그것은 우리의 요구에 궁극적으로 저항하는 것 — 모든 다른 개혁들이 허락될 때라도 양보를 거부하는 것 — 이다. 따라서 이 모델은 정치적 중요성을 띤다. 단순히 사람들의 생각을 바꾸거나 새로운 정당을 출범시켜 사회의 근본을 바꿀 수 있다고 생각하는 사람은 그런 것들이 때로 대단히 중요하긴 해도, 궁극적으로 우리가 살아가는 방식이 아니란 점을 보여 주는 것이 유익할 수 있다. 그렇게 되면 그는 자신의 에너지를 더 풍요로운 목표를 향해 쏟을 수 있으리라. 토대는 사회주의 정치가 계속 압박을 가하는 마지막 장애를 나타낸다. 미국인들의 표현으로는 최종 결산bottom line이다. 미국인들에게 최종 결산은 흔히 돈을 의미하기에, 수많은 이 자유의 땅 시민들이 자신도 모르게 마르크스주의자들임을 보여 주는 사례이다. 몇 년 전 그 분명한 사실을 알게 되었는데, 그때 나는 미국 중서부 주립대학의 예술대학 학장과 차를 타고 꽃이 만발한 옥수수 밭을 지나가고 있었다. 그 풍성한 농작물을 흘낏 한번 쳐다보더니 학장이 말했다. "올해는 풍년이겠어요. 여기서 조교수 두서너 명은 나오겠는데요."

위대한 도덕 사상가 마르크스

그러니 유물론자들은 영혼 없는 생물이 아니다. 그렇다 하더라도 반드시 유물론자이기 때문에 그런 것은 아니다. 마르크스 자신은 중부 유럽의 위대한 전통 속에 경이로울 정도로 교양 있는 사람이었으며, 발자크에 관한 대작을 쓰려고 스스로 "경제학 헛소리"라 혹평했던 『자본』을 끝내기를 바란 사람이었다. 자신에게는 불행이지만 우리로서는 다행스럽게도 그는 그 책을 쓰지 못했다. 『자본』을 쓰느라 그는 건강과 행복과 가족을 희생했지만, 만약 인류의 고통에 등을 돌렸다면,

자신은 "소"나 다름없었을 것이라고 말했다.[20] 또한 자기만큼 돈에 대해 그렇게 많이 썼으면서도 자기만큼 그렇게 돈이 없는 사람도 없을 거라고도 했다. 인간으로서 그는 열정적이고 풍자적이며 유머가 풍부했고, 활기차고 상냥했으며 격한 논쟁을 마다하지 않은 불굴의 정신을 소유한 사람으로, 지독한 가난과 고질적 병을 우직하게 이겨 냈다.[21] 물론 그는 무신론자였지만 영적이기 위해서 종교적일 필요는 없었다. 유대교의 위대한 주제들 가운데 일부 — 정의, 해방, 평화와 풍요의 통치, 심판의 날, 해방 서사로서의 역사, 개인뿐만 아니라 박탈당한 사람들 전체의 구원 — 는 적당하게 세속화된 형태로 그의 작업을 채우고 있다. 또한 그는 우상과 물신과 노예로 만드는 망상에 대한 유대인의 적대감까지도 물려받았다.

종교에 관한 한 유대교 마르크스주의자, 이슬람 마르크스주의자, 이른바 해방 신학을 옹호한 기독교 마르크스주의자들이 있었다는 점을 지적해 두는 것이 좋겠다. 이들 모두는 마르크스 관점에서 유물론자들이다. 실제로 마르크스의 딸 엘리노어 마르크스Eleanor Marx는 다음과 같이 전한다. 마르크스가 한번은 부인에게 "형이상학적 요구를 만족시키는 것"이라면, 그녀가 가끔 참석하는 세속 모임Security Society보다 유대교 예언자들에게서 찾아야 한다고 말했단다.[22] 마르크스주의 유물론은 '만물은 원자로 이루어져 있다'거나 '신은 없다' 같은 우주에 관한 진술이 아니다. 그것은 역사적 동물이 어떻게 기능하는가에 관한 이론이다.

엘리노어 마르크스(1855-1898)

유대 전통과 연결되어 있는 마르크스는 정열적인 도덕 사상가였다. 『자본』을 끝낸 다음 발자크에 관한 책을 쓸 생각이었듯이, 그는 윤리에 관한 책도 쓰려고 계획했다. 그러니 그가 사회를 순전히 과학적인 방식으로만 접근했던 냉정한 비도덕적 인간이란 편견에 대해선 충분히 말했으니 이쯤 해 두자. 자본주의 사회가 "사람들 사이의 진정한 유대를 전부 분쇄하고, 이기심과 이기적 욕구로 대체했으며, 인간의 세계를 서로에게 적대적인 원자화된 개인의 세계로 분해했다."[23]고 쓴 사람한테 그렇게 느끼기란 힘들다. 마르크스는 자본주의 사회를 지배하는 윤리 — 나 자신에게 이득이 될 때만 나도 너에게 유용할 것이라는 생각 — 가 혐오스러운 삶의 방식이라고 믿었다. 우리는 친구나 자녀들을 이런 식으로 대하지 않을진대, 어찌하여 공적 영역에서는 다른 사람들을 이렇게 대하는 것을 온전히 자연스러운 방식으로 받아들여야 하는가?

마르크스가 자주 도덕을 비난했던 것은 사실이다. 하지만 진의는 도덕적 요소를 선호하고 물질적 요소를 무시한 역사 연구에 대한 비난이었다. 여기에 맞는 용어는 도덕이 아니라 도덕주의이다. 도덕주의는 '도덕적 가치'라 불리는 것을 그것이 위치한 역사적 맥락에서 추출해, 일반적으로 절대적인 도덕적 판단을 내리는 것을 말한다. 반면에 진실된 도덕적 연구는 인간이 처한 상황의 모든 양상을 탐구하는 연구이다. 그것은 인간의 가치, 행위, 관계, 성격적 특징을 그것들을 빚어낸 사회적·역사적 힘에서 분리시키는 것을 거부한다. 그리하여 한쪽엔 도덕적 판단을 다른 쪽엔 과학적 분석을 두는 거짓 구분을 피한다. 진정한 도덕적 판단은 관련된 모든 사실들을 가능한 한 철저하게 조사할 필요가 있다. 그런 의미에서 비록 스스로는 항상 인식하진 않았다 하더라도, 마르크스는 아리스토텔레스 전통을 잇는 진정한 도덕가였다.

게다가 그는 도덕이 법·의무·규범·금지의 문제가 아니라 가장 자유롭고 충만하며 자기실현적인 방법의 문제라고 생각한 점에서도 위대한 아리스토텔레스 전통에 속한다. 마르크스에게 도덕은 결국 스스로 즐기는 일에 대한 것이다. 하지만 누구든 홀로 고립되어 살 수는 없으니, 윤리는 정치를 포함할 수밖에 없다. 아리스토텔레스도 같은 생각이었다.

정신적인 것은 확실히 이 세계와는 다른 세계에 관한 것이다. 하지만 그것은 목사들이 생각하는 다른 세계는 아니다. 사회주의자들이 건설하려고 하는 다른 세계는 유통 기한이 명백히 지난 이 세계를 대체하는 것이다. 그런 의미에서 다른 세계에 무관심한 사람은 주변을 꼼꼼히 둘러보지 않았음에 틀림없다.

7

마르크스주의는
계급 강박증이 없다

마르크스주의에서 계급에 대한 지루한 강박보다 더 낡은 것은 없다. 마르크스주의자들은 마르크스가 글을 쓴 이래로 사회계급의 풍경이 거의 알아볼 수 없을 정도로 변했다는 사실을 알아차리지 못하는 것 같다. 특히 그들이 사회주의로 안내해 주리라고 즐거이 상상하는 노동계급은 거의 흔적 없이 사라졌다. 우리는 계급은 점점 덜 중요해지고, 사회적 유동성은 더욱 심해지며, 계급투쟁 이야기가 마녀를 화형시키는 이야기만큼이나 구식이 되어 버린 세계에서 살고 있다. 사악한 자본가만큼이나 혁명 노동자도 마르크스주의 상상력이 낳은 헛것이다.

노동계급이 사라졌다고?

마르크스주의자들이 유토피아 개념을 동의하지 않는다는 점은 이미 살펴보았다. 오늘날 최고경영자들이 자랑하듯이 스니커즈를 신고 레이지 어게인스트 더 머신Rage Against the Machine(미국 4인조 뉴 메탈 밴드 — 옮긴이)을 들으며 직원들한테 자기를 '절친'으로 부르라고 간청한다 해서 사회계급이 지구 상에서 싹 사라져 버렸다고 하는 환상을 마르크스주의자들은 거부한다. 마르크스주의는 스타일이나 지위·수입·억양·직업 혹은 벽에 오리 그림이나 에드가르 드가Edgar Degas의 그림을 걸었는지를 기준으로 계급을 정의하지 않는다. 사회주의 자들이 단지 속물주의를 끝내자고 수 세기 동안 싸우다 때로 죽기까지 했던 건 아니다.

'계급주의'라는 괴상한 미국식 개념은 계급이 대체로 태도 의 문제인 것처럼 암시한다. 백인들이 아프리카계 미국인들 에게 느끼는 우월감을 버려야 하듯이, 중간계급은 노동계급 을 경멸해선 안 된다는 것이다. 그러나 마르크스주의는 태도 의 문제가 아니다. 아리스토텔레스에게 덕德의 문제처럼, 마 르크스주의에서 계급은 어떻게 느끼느냐의 문제가 아니라 무엇을 하느냐의 문제이다. 특정한 생산양식 안에서 당신이 어디 — 노예, 자영농, 소작인, 자본가, 금융업자, 노동력 판매자, 소자본 소유자 등 — 에 위치하는가의 문제인 것이다. 이튼스쿨 졸업생들이 단어 첫 h자 발음을 안 하기 시작한다거나(영국에서 이런 경우엔, 교육이 부족하거나 하층민의 표시로 간주되곤 한다 — 옮긴이), 왕실 가문의 왕자들이 나이트클럽 바깥 배수로에 토하거나, 또는 오래된 계급 구분의 형태들이 돈이라는 보편적 용해제로 흐려진다고 해서 마르크스주의가 문닫는 건 아니다. 유럽의 귀족들이 믹 재거Mick Jagger(1943년 영국 출생으로 영국의 전설적인 록밴드 롤링 스톤스의 리더 — 옮긴이)와 친하게 지내는 걸 영광으로 여긴다고 해서 계급 없는 사회가 오는 건 분명 아니다.

노동계급이 사라졌다고 추정하는 말들은 많았다. 하지만 이 주제로 들어가기 전에, 이보다 덜 예견된 전통 상류층 부르주아의 소멸이나 중상류층의 소멸은 어떤가? 페리 앤더슨 Perry Anderson이 지적했다시피, 마르셀 프루스트와 토마스 만 같은 소설가들이 훌륭하게 묘사한 유형의 사람들은 이제 거의 멸종되었다. 앤더슨은 "대체로 샤를 보들레르나 마르크스, 헨리크 입센이나 아르튀르 랭보, 조지 그로스나 브레히트 — 심지어 사르트르나 오하라 — 가 알고 있던 부르주아는 과거의 유물이 되었다."고 썼다. 하지만 사회주의자들은 이 부고訃告에 지나치게 흥분해선 안 된다. 왜냐하면 앤더슨이 "견고한 원형 경기장이 있었던 자리에 덧없이 떠다니는 형태들 — 현대 자본의 기획자와 경영자, 감사와 관리인, 운영자와 투기업자같이 사회적으로 고정불변하고 안정된 정체성을 모르는 우주적 화폐의 기능들 — 이 담겨 있는 수족관이 들어섰다."[1]고 말을 이어 갔기 때문이다. 계급은 자신의 구성을 늘 바꾼다. 그렇다고 계급 자체가 흔적 없이 사라진다는 의미는 아니다.

구분을 혼란케 하고 위계를 무너뜨리며, 무엇보다 다양한 삶의 형태들을 잡다하게 섞는 것이 자본주의의 본성이다. 어떤 삶의 형태도 이보다 더 혼합적이고 다원적이지는 않다. 정확히 누구를 착취해야 하는지에 대해서 이 체제는 감탄스러울 정도로 평등하다. 자본주의는 가장 독실한 포스트모더니스트만큼이나 반反위계적이며, 가장 성실한 성공회 목사만큼이나 관대한 포용주의자이다. 어느 누구 하나도 빠뜨리지 않으려 조바심을 낸다. 이윤이 나는 곳이면, 흑인과 백인, 여성과 남성, 유아와 고령자, 웨이크필드 이웃이나 수마트라 시골 어디든 가리지 않고 돈벌이 삼아 흠잡을 데 없이 공명정대하게 다룬다. 사회주의가 아니라 상품 형태야말로 위대한 평등론자이다. 상품은 잠재적 소비자가 어느 학교를 다니는지 또는 'basin'이라는 단어를 'bison'과 운을 맞추기 위해 발음하는지 여부를 따지지 않는다. 상품은 앞서 본 대로 마르크스가 단호히 반대했던 바로 그 획일성을 부과한다.

그러니 선진 자본주의가 계급이 없다는 망상을 낳는다는 사실에 놀라지 말아야 한다. 이는 자신의 진짜 불공평을 그 이면에 감춘 체제의 표면일 뿐 아니라 이 짐승의 본성이다. 그렇다 해도 현대식 사무실의 편한 복장 차림의 격식 없음과 부와 권력의 편차가 그 어느 때보다 더욱 크게 벌어진 것이 현 지구적 체제이다. 구식 유형의 위계는 일부 경제 부문에서 탈중심화, 네트워크 기반, 팀 중심, 풍부한 정보, 서로 이름 부르기, 셔츠 단추 풀기를 특징으로 하는 시스템으로 변화될 수 있다. 하지만 자본은 전보다 더욱 소수의 손에 집중되고, 가난하고 착취당하는 계층들은 시시각각 늘어나고 있다. 최고경영자가 스니커즈에 청바지를 쿨하게 차려입는 동안, 이 행성에 10억 명이 넘는 사람들이 매일 굶주린다. 남반구 대부분의 거대 도시는 질병과 인구 과밀로 넘쳐나는 악취가 진동하는 슬럼이며, 슬럼 거주민들은 전 세계 도시 인구의 3분의 1에 이른다. 도시 빈곤층은 적어도 세계 인구의 절반을 차지한다.[2] 그 와중에도 일부 서구인들은 복음주의의 열정으로 자유민주주의를 나머지 세계에 퍼뜨리려 한다. 자기들 주주 외에는 누구에게도 책임지지 않는 한 줌의 서구 기업들이 세계의 운명을 결정하는 바로 이 시점에 말이다.

노동계급의 중요성

그렇지만 마르크스주의자들은 사냥이나 흡연을 반대하듯이 자본가 계급에 마냥 '반대'만 하지는 않는다. 마르크스만큼 이들의 놀라운 성취를 찬양한 사람도 없다는 점은 이미 살펴보았다. 자본주의 성취들 — 정치적 독재에 대한 결연한 반대, 보편적 번영에 대한 전망을 가져온 엄청난 부의 축적, 개인적이고 시민적인 자유와 민주주의적 권리에 대한 존중, 참된 국제 공동체 등 — 을 토대로 사회주의는 건설될 필요가 있었다. 계급의 역사는 활용되는 것이지 단지 폐기되어야 하는 것이 아니다. 앞서 주목했듯이, 자본주의는 재앙의 힘일 뿐만 아니라 해방의 힘으로 판명되었으며, 다른 어떤 정치 이론보다 마르크스주의는 무조건적인 찬양이나 비난과는 대조적으로, 자본주의에 대한 신중한 분석을 내놓으려고 노력했다. 의도하지는 않았으나 자본주의가 세상에 가져다준 엄청난 선물 중 하나가 바로 노동계급 — 자본주의가 자기에게 이익이 되는 목적을 위해 길렀으나, 원론적으로는 자본주의를 접수할 능력을 갖게 되는 지점까지 키운 사회 세력 — 이다. 바로 이 점이 마르크스의 역사관 중심에 놓여 있는 아이러니이다. 자본주의 질서가 자신의 무덤을 팔 사람을 낳은 광경 속에 음울한 유머가 들어 있는 것이다.

마르크스주의가 노동에서 어떤 눈부시게 빛나는 미덕을 발견하기 때문에, 노동계급에 초점을 맞추는 게 아니다. 강도나 은행업자도 열심히 일하지만, 마르크스가 이들을 옹호했다는 말은 없다. (하지만 자신의 경제 이론을 멋있게 패러디하여 가택 침입에 대해 쓴 적은 있다.) 앞서 본 대로 마르크스주의는 가능한 한 노동을 폐지하려 한다. 가장 혹사당하는 사회 집단으로 생각되니까 그런 정치적 중요성을 노동계급에 부여한 것도 아니다. 노동계급 외에도 그런 집단들은 많다. 이를테면 부랑자, 학생, 난민, 고령자, 실업자, 만성 고용 불능자 등등. 이들은 평균 노동자보다 때론 훨씬 더 열악하다. 노동계급이 실내 욕실이나 컬러텔레비전을 완비하는 순간 마르크스주의자들의 관심이 중단되는 것은 아니다. 가장 결정적인 요소는 자본주의 생산양식 안에서 노동계급이 차지하는 자리이다. 그 체제 안에 있으니 체제의 작동에 익숙하고, 체제에 의해 숙련되어 정치 의식적인 집단 세력으로 조직화되며, 체제의 성공적 운영에 없어서는 안 되는 존재이면서도 체제를 몰락시키는 데 물질적 이해관계가 있는 사람들만이, 실제로 체제를 접수하여 모두의 이익을 위해 체제를 운영할 수 있다. 어떤 선의를 지닌 온정주의자나 외부 선동가 무리라도 그들을 대신하여 이런 일을 할 수는 없다. 이는 (마르크스 시대 인구의 압도적 다수였던) 노동계급에 대한 마르크스의 관심이 민주주의에 대한 그의 깊은 존중과 분리될 수 없음을 말한다.

마르크스가 노동계급을 그토록 중요하게 여긴 이유는 무엇보다 이들을 보편적 해방의 담지자로 보았기 때문이다.

> 철저하게 속박되어 있는 계급, 부르주아 사회의 계급은 아니지만 부르주아 사회 안에 있는 계급, 모든 계급의 해체인 계급, 자신의 고통이 보편적이기 때문에 보편적 성격을 지니며, 자신에게 가해진 부당함이 특정한 부당함이 아니라 일반적인 부당함이기 때문에 특정한 권리도 요구하지 못하는 사회 영역, 전통적인 지위가 아니라 오직 인간적 지위만을 요구하는 사회 영역이 형성되어야 한다. (…) 이는 한마디로 인간성의 완전한 상실이니 인간성의 완전한 회복을 통해서만 스스로를 회복할 수 있다. 이렇게 사회를 해체하는 특정 계급이 프롤레타리아트이다.[3]

마르크스에게 노동계급은 어떤 의미에서는 하나의 특정한 사회 집단이다. 하지만 그에게 노동계급은 숱한 다른 잘못들(제국주의 전쟁, 식민지 확장, 기근, 집단 학살, 자연 약탈, 일정 정도의 인종주의와 가부장제)을 계속 유지하는 잘못을 상징하기 때문에 그 자체의 영역을 훨씬 넘어서는 중요성이 있다. 이런 의미에서 노동계급은 보편적 범죄를 대변하기에 도시에서 추방되나, 비로 그 이유로 새로운 사회 질서의 초석이 될 힘을 갖게 된 고대 사회의 희생양과 닮았다. 자본주의 체제에 필요하면서도 동시에 배제된다는 점에서 이 '계급 아닌 계급'은 일종의 수수께끼요 어려운 문제이다. 문자 그대로, 노동계급은 사회 질서—이들의 끝없는 무언의 노동을 기반으로 세워진 장대한 사회 전체의 구조물—를 창조하지만, 그 질서 내부에서 인간성에 대한 어떤 진정한 묘사나 충분한 인정도 발견할 수 없다. 노동계급은 기능적이면서도 박탈당하고, 특수하면서도 보편적이며, 부르주아 사회의 필수적인 부분이면서도 아무것도 아닌 존재이다.

이런 면에서 사회 토대 자체가 자기모순적이기 때문에, 노동계급은 이 질서의 모든 논리가 흐트러져 해체되기 시작하는 지점을 가리킨다. 노동계급은 문명이라는 카드 한 벌에서 조커이고, 안전하게 문명의 내부에 있는 것도 외부에 있는 것도 아닌 요소이며, 삶의 형태가 그 삶을 구성하는 바로 그 모순과 대면할 수밖에 없는 위치이다. 현상을 유지하는 데 어떤 실질적 이익도 없기에, 노동계급은 그 안에서 부분적으로 보이지 않는 존재이다. 하지만 바로 그 때문에 대안적 미래를 미리 그릴 수 있다. 노동계급은 사회의 부정—사회 질서가 어떤 실질적 자리도 마련해 주지 못하는 찌꺼기나 폐기물 — 이라는 의미에서 사회의 '해체'이다. 그런 의미에서 노동계급은 그것을 포함하려면 어떤 근본적인 파괴와 재생이 필요할 것인지를 나타내는 기호 역할을 한다. 그러나 그것은 더 긍정적인 의미에서 현존 사회의 해체이기도 하다. 노동계급이 권력을 잡으면 마침내 계급사회를 모두 폐지할 것이기 때문이다. 그렇게 되면 개인들은 드디어 사회계급이라는 구속복을 벗게 될 것이며, 자기 자신으로서 성장할 수 있을 것이다. 이런 의미에서 노동계급은 또한 '보편적'인데, 왜냐면 자신의 조건을 변화시키려고 하면서 계급사회 자체의 추잡한 서사 전체에 막을 내릴 수 있기 때문이다.

그렇다면 여기에 또 하나의 아이러니 혹은 모순 — 계급은 계급을 통해서만 극복할 수 있다 — 이 있다. 마르크스주의가 계급 개념에 그토록 사로잡힌 것은 계급에서 벗어나고 싶었기 때문이다. 마르크스 자신은 사회계급을 일종의 소외로 보았던 것 같다. 사람들을 단지 '노동자' 혹은 '자본가'로 부르는 것은 그들 고유의 개별성을 얼굴 없는 범주 아래 묻어버리는 것이다. 하지만 소외는 오직 내부로부터 철폐될 수 있다. 소외가 사라지기를 경건하게 바라기보다, 계급을 온전히 통과해 피할 수 없는 사회적 현실로 받아들임으로써만이 소외는 해체될 수 있다. 인종과 젠더도 마찬가지다. 모두(아마 도널드 트럼프와 보스턴 연쇄살인범까지 포함하여)가 '특별'하다는 미국 자유주의자들처럼, 모든 개인을 고유한 사람으로 대우하는 것으로는 충분치 않다. 사람들이 익명의 한 무리로 모여 있다는 사실은 어떤 면에서 소외일 수 있지만, 다른 면에서는 해방의 조건이 되기도 한다. 다시 한 번, 역사는 '나쁜' 면에 의해 움직인다. 가령 '루리타니아 해방 운동'(루리타니아는 앤서니 호프의 소설 『젠다성의 포로*The Prisoner of Zenda*』(1894)에 나오는 가상 국가이다 — 옮긴이)의 모든 구성원들을 각기 고유한 개인으로 생각하는 선의의 자유주의자들은 루리타니아 해방 운동의 목적을 파악하는 데 실패했다. 이 운동의 목표는 루리타니아 사람들이 진정으로 자유롭게 자기 자신이 될 수 있는 지점에 도달하는 것이다. 그러나 지금 당장 그렇게 될 수 있다면, 그들은 해방 운동이 필요하지 않을 것이다.

마르크스주의가 노동계급을 주목하는 과정에서 그 너머를 바라본다는 데는 또 다른 의미가 있다. 자존감 있는 사회주의자라면 어느 누구도 노동계급이 순전히 혼자 힘으로 자본주의를 무너뜨릴 수 있다고 믿지 않는다. 정치적 동맹을 구축해야만 그런 중대한 임무를 구상할 수 있다. 마르크스 자신은 특히 프랑스와 러시아와 독일같이 산업 노동자가 여전히 소수인 나라에서는 노동계급이 프티 부르주아 농민들을 지지해야 한다고 생각했다. 볼셰비키는 노동자, 빈농, 군인, 선원, 도시 지식인 등의 연합 전선을 구축하려고 했다.

그런 점에서 원래 프롤레타리아트는 블루칼라 남성 노동 계급이 아니었다는 점을 주목할 필요가 있다. 고대 사회에서는 오히려 하층계급 여성을 지칭했다. '프롤레타리아트'라는 말은 '자손'을 의미하는 라틴어에서 유래했는데, 너무 가난해서 자궁 말고는 국가에 봉사할 길이 없는 사람을 뜻했다. 너무 궁핍해 다른 방법으로는 경제생활에 기여할 도리가 없는 이 여성들은 자식이라는 형태로 노동력을 생산한 것이다. 육신의 과실 외에는 생산할 것이 없었다. 사회가 이들에게 요구했던 것은 생산이 아니라 재생산이었다. 프롤레타리아트는 노동 과정 내부가 아니라 그 바깥에 있던 사람들로부터 태어났다. 하지만 그들이 견뎌 낸 노동은 바위를 깨는 것보다 훨씬 더 고통스러웠다.

오늘날, 제3세계 노동착취형 공장과 농업노동의 시대에도 전형적인 프롤레타리아트는 여전히 여성이다. 빅토리아 시대에 주로 중하층계급 남성들에 의해 수행되던 화이트칼라 노동이 오늘날에는 주로 노동계급 여성들 몫으로 남겨졌다. 이들은 대체로 비숙련 남성 육체노동자보다 임금이 낮다. 제1차 세계대전 이후 중공업이 쇠퇴하자 엄청나게 늘어난 상점과 사무직 노동을 떠맡은 것도 주로 여성들이었다. 마르크스 당대에 최대 임금노동자 집단은 산업 노동계급이 아니라 가정부들이었고, 그들 대부분은 여성이었다.

노동계급의 범위

따라서 노동계급이 반드시 큰 망치를 잘 다루는 건장한 남성은 아니다. 그런 식으로 생각하면 "지구상 프롤레타리아트 수는 전보다 훨씬 더 많다."[4]는 지리학자 데이비드 하비David Harvey의 주장에 어리둥절할 것이다. 노동계급이 블루칼라 공장노동자를 뜻한다면, 선진 자

데이비드 하비(1935-)

본주의 사회에서 실제로 급격히 줄어들었다. 부분적으로는 그런 노동의 상당 부분이 지구의 더 가난한 지역으로 수출되었기 때문이다. 하지만 전 지구적 규모에서 산업 부문 고용이 쇠퇴한 건 사실이다. 그러나 영국이 세계의 공장이었을 때도 제조업 노동자 수는 가정부와 농업노동자보다 적었다.[5] 육체노동이 감소하고 화이트칼라 노동이 증가하는 경향은 '포스트모던한' 현상이 아니다. 반대로 20세기 초로 거슬러 올라갈 수 있다.

마르크스 자신은 육체노동을 해야 노동계급에 포함된다고 생각하지 않았다. 예를 들어 『자본』에서, 그는 상업노동자를

산업노동자와 같은 층위에 놓았으며, 프롤레타리아트를 상품을 직접 생산하는 사람들이라는 의미의 이른바 생산직 노동자와 동일시하기를 거부했다. 오히려 노동계급은 노동력을 자본에 팔 수밖에 없고, 자본의 억압적 규율 아래 신음하며 자신의 노동 조건에 대한 통제력이 거의 없거나 아예 없는 사람들 모두를 포괄했다. 부정적으로 말하면, 그들은 자본주의 몰락으로 가장 큰 혜택을 받게 될 사람들이라 할 수 있다. 그런 점에서, 저임금과 고용 불안과 노동 과정에서 발언권이 없는, 대체로 비숙련 노동자인 하층 화이트칼라 노동자들도 노동계급에 포함되어야 한다. 여기에는 산업 노동계급뿐 아니라 어떤 자율성이나 권위를 상실한 수많은 기술·사무·행정 화이트칼라 노동계급도 포함된다. 계급이 단지 추상적인 법적 소유권의 문제가 아니라 자신에게 유리하도록 다른 사람들에게 효율적으로 권력을 사용하는 능력의 문제임을 다시 한 번 상기해야 한다.

노동계급의 장례식을 주관하기를 열망하는 사람들은 서비스와 정보와 통신 분야의 엄청난 성장에 대해 강조한다. 산업자본주의에서 '후기', '소비자', '탈산업', 혹은 '탈근대' 자본주의로의 이행은 앞서 본 대로 몇몇 주목할 만한 변화를 초래했다. 그러나 이런 변화들 중의 어떤 것도 자본주의 소유 관계의 근본적인 성격을 바꾸지 못했다는 점도 앞서 살펴

할리 가Harley Street 런던의 개인병원 밀집가

보았다. 오히려 그런 변화들은 대체로 자본주의적 소유 관계를 확장하고 공고히 하는 데 이해관계가 있다. 또한 서비스 부문의 노동도 전통적인 산업노동만큼 이나 힘들고 더럽고 불쾌할 수 있다는 점을 환기할 필요가 있다. 고급 요리사와 할리 가의 접수계원만이 아니라 항만·운송·쓰레기·우편·병원·청소·급식 노동자들도 생각해야 한다. 실제로 급료와 자기 통제권과 조건에 관한 한, 제조업 노동자와 서비스 노동자 사이의 구분은 종종 거의 알아볼 수 없을 정도로 미미하다. 콜센터에서 근무하는 사람들은 탄광에서 고되게 일하는 사람만큼 착취당한다. '서비스' 혹은 '화이트칼라'라는 꼬리표는 가령 항공기 조종사와 병원 잡역부, 혹은 고위 공무원과 호텔 객실 담당 사이의 엄청난 격차를 흐리게 하는 역할을 한다. 줄스 타운센드Jules Townshend의 말대로, "자기 노동에 대한 통제권이 없고 고용 불안과 저임금을 겪는 하층 화이트칼라 노동자들을 노동계급에 넣지 않는 것은 딱 봐도 미심쩍다."[6]

232

어찌 되었든 서비스 산업 자체가 상당한 양의 제조업을 포함한다. 산업노동자가 은행원과 술집 여종업원에게 자리를 내준다면, 그 모든 카운터와 책상과 술집 바와 컴퓨터와 현금인출기는 어디서 온 것인가? 웨이트리스와 운전수와 수업 조교와 컴퓨터 기사가 만질 수 있는 생산품을 대량으로 생산하지 않는다고 해서, 중간계급으로 간주되는 건 아니다. 물질적 이익에 관한 한, 쓰라린 착취를 겪는 대다수 임금 노예들만큼이나, 이들은 더 공정한 사회 질서를 창조하는 데 자신들의 이해관계를 걸고 있다. 또한 임시 노동자들과 더불어 '공식' 노동 과정의 평생 고용직이 아닌 엄청난 수의 은퇴자와 실직자, 만성질환자들도 분명 노동계급에 들어간다는 사실을 명심해야 한다.

자본주의가 훨씬 적은 노동력으로 더 많은 상품을 쥐어짜 내는 기술을 활용하면서, 기술·행정·관리직이 엄청나게 확대되어 온 것은 사실이다. 하지만 이런 사실이 마르크스주의에 대한 반박이 되지 못한다면, 부분적으로 마르크스 자신이 이 사실을 면밀하게 주목했기 때문이다. 19세기 중반에 이미 그는 "꾸준히 증가하는 중간계급"에 관해 썼는데, 정통 정치경제학이 이 점을 간과했다고 비판했다. 이 중간계급은 "한쪽의 노동자와 다른 쪽의 자본가 사이의 중간에 위치한"[7] 사람들이다 — 이 구절은 마르크스가 복잡한 근대 사회를 엄격하게 양극화된 두 계급으로 축소했다는 신화를 불신하기에 충분하다. 실제로 어떤 논평자는 마르크스가 당대에 알려진 프롤레타리아트에 대해 사실상 소멸을 예상했다고 주장한다. 자본주의는 굶주리고 박탈된 사람들에 의해 전복되기는커녕, 생산 과정 — 즉 자유롭고 평등한 개인들의 사회를 생산하는 상황 — 에 선진 과학기술을 적용함으로써 몰락할 것이라 한다. 마르크스에 대한 이와 같은 독법을 어떻게 생각하든, 그가 이미 자본주의적 생산 과정이 어떻게 해서 기술적·과학적 노동을 점점 그 궤도 안으로 끌고 가고 있는지 잘 알고 있었다는 데는 의심할 여지가 없다. 『정치경제학 비판 요강』에서, 마르크스는 "일반적인 사회적 지식이 직접적인 생산력(이 되는 것)"에 관해 말했는데, 이는 오늘날 정보사회라고 부르는 것을 예견한 문구이다.

프롤레타리아트화

그러나 기술적이고 행정적인 부문의 확산은 노동계급과 중간계급 사이를 구분하는 선을 점점 흐리게 하는 사태를 초래했다. 새로운 정보기술은 많은 전통적인 직업의 소멸을 불러왔고, 그와 더불어 경제적 안정과 정착된 경력 구조와 직업에 대한 소명의식도 급격히 줄어들었다. 그 결과로 전문직의 프롤레타리아트화가 늘어나고, 더불어 산업 노동계급 부문들의 재-프롤레타리아트화가 일어났다. 존 그레이의 표현 대로, "중간계급은 19세기 프롤레타리아트를 괴롭힌 자산 없는 경제 불안이라는 조건을 재발견하고 있다."[8] 전통적으로 중하층계급 — 교사, 사회복지사, 기술자, 언론인, 중간 사무직, 행정직 — 으로 분류되던 사람들 중 다수가 엄격한 경영 규율로 인한 압박을 받게 되면서, 냉혹한 프롤레타리아트화 과정을 겪게 되었다. 이는 그들이 정치적 위기에 몰리는 경우에는 노동계급의 정당한 대의에 더 마음이 끌리기 쉽다는 것을 의미한다.

물론 고위 관리자, 경영자, 이사들이 자신들의 대의를 포기한다면 사회주의자들로서는 굉장한 일일 것이다. 마르크스주의자들은 판사, 록 스타, 언론계 거물, 육군 소장들이 열광적으로 그들 대열에 합류하는 것에 어떤 반대도 하지 않을 것이다. 루퍼트 머독Rupert Murdoch과 패리스 힐턴Paris Hilton 이 충분히 뉘우치고 상당한 참회 기간을 거친다면 어떤 금지도 없을 것이다. 마틴 에이미스Martin Amis와 톰 크루즈Tom Cruise마저 엄격하게 임시회원으로 준회원 자격이 허락될 수 있다. 다만 그들의 사회적 지위와 물질적 위치를 감안할 때 그런 개인들은 현 체제와 동일시하기 쉽다. 하지만 어떤 특이한 이유로 이 체제의 종말을 보는 것이 패션 디자이너에게 이득이나 우편 노동자들에게는 그렇지 않다면, 마르크스주의자들은 정치적 관심을 디자이너에게 집중하고 우편 노동자들의 진출에는 강하게 반대할 것이다.

따라서 상황은 결코 이데올로그들이 주장하는 '노동자의 죽음'처럼 선명하지 않다. 사회의 상층 계급에는 결코 사악한 자본가들의 음모 집단이라고는 할 수는 없지만, 지배계급이라 부를 수 있는 것이 존재한다. 그 계층에는 귀족, 판사, 선임 변호사, 성직자, 미디어 재벌, 고위 장성, 미디어 논설위원, 고위급 정치인, 경찰, 공무원, 교수(일부는 정치적 변절자), 대지주, 은행가, 주식중개인, 산업자본가, 최고경영자, 공립학교 교장 등이 포함된다. 이들 대다수는 자본가가 아니지만, 간접적으로라도 자본의 대행자 역할을 한다. 그들이 자본으로 살아가든 지대나 급료로 살아가든 이 점에 대해서는 어떤 차이가 없다. 임금이나 급료를 받는다고 모두 노동계급인 것은 아니다. 브리트니 스피어스Britney Spears를 생각해 보라. 이들 사회 최고층 아래에는 중간계급 관리자·과학자·행정인·관료 등으로 이루어진 층이 길게 뻗어 있고, 그 아래에는 교사·사회복지사·하급관리자 같은 중하층계급 직업군이 차례로 놓여 있다. 그렇다면 전형적인 노동계급은 육체노동자와 화이트칼라 하층 노동자인 기술직·운영직·서비스직 등을 포괄한다고 생각할 수 있다. 이는 세계 인구의 대다수를 차지한다. 크리스 하먼Chris Harman은 전 세계 노동계급의 크기를 대략 20억 명으로 추산하며, 이와 비슷한 수의 사람들이 그와 매우 동일한 경제 논리에 종속되어 있다고 주장한다.[9] 약 30억 명이라는 추정도 있다.[10] 노동계급은 루칸 경Lord Lucan(루칸의 7대 백작으로 살인 혐의를 받고는 사라졌다 — 옮긴이)보다 성공적으로 사라지는 것 같지는 않다.[11]

또한 기이할 정도로 빠르게 늘어나는 세계의 거대한 슬럼 인구를 잊어서는 안 된다. 슬럼 거주자들이 이미 전 세계 도시 인구의 대다수를 차지하진 않았겠지만, 곧 그렇게 될 것이다. 이런 사람들은 고전적인 의미의 노동계급은 아니지만, 그렇다고 완전히 생산 과정 밖에 있는 것도 아니다. 이들은 그 과정의 안팎을 떠도는 경향이 있고, 전형적으로 계약·권리·규제·교섭력도 없이 저임금, 비숙련, 보호받지 못하는 임시 서비스업에서 일한다. 여기에는 행상인, 사기꾼, 의류 직공, 식음료 판매원, 매춘부, 아동 노동자, 인력거꾼, 가정부, 영세 자영업자가 포함된다. 마르크스 자신은 여러 다른 부류의 실업자들을 구분했는데, 그가 노동계급의 일부로 간주한 당대의 '유동적' 실업자 내지 임시직 노동자에 관해 한 이야기는 오늘날 많은 슬럼 거주자들이 처한 조건과 매우 흡사하다. 이들은 비록 규칙적으로 착취당하지는 않지만, 분명 경제적으로 억압받고 있으며, 합치면 지구상에서 가장 빠르게 늘어나는 사회 집단이다. 우익 종교 운동의 손쉬운 먹잇감이 될 수 있지만, 또한 인상적인 정치적 저항 활동을 발휘할 수도 있다. 라틴아메리카에서는 현재 이와 같은 비공식 경제가 전체 노동력의 절반 이상을 고용한다. 스스로가 정치 조직을 구성할 역량이 충분하다는 걸 보여 준 바 있는 이들은 비공식적인 프롤레타리아트를 형성할 수 있고, 자신들의 끔찍한 조건에 대항하여 반란을 일으킨다면, 의심할 여지없이 세계 자본주의 체제는 뿌리까지 흔들릴 것이다.

마르크스는 노동자들이 공장에 몰리는 것이 그들의 정치적 해방을 위한 전제 조건이라고 생각했다. 자기 자신의 이익을 위해 노동자들을 물리적으로 한데 모음으로써, 자본주의는 그들이 스스로를 정치적으로 조직할 수 있는 조건을 만들어 냈는데, 이는 체제 지배자들이 전혀 염두에 두지 못했던 일이었다. 자본주의는 노동계급 없이는 생존할 수 없으나, 노동자들은 자본주의 없이 훨씬 더 자유롭게 번영할 수 있다. 세계 거대 도시들의 슬럼에 거주하는 사람들이 생산 지점에서 조직되지는 않았지만, 대지의 저주받은 자들이 자신들의 상황을 변형시키기 위해 모의할 수 있는 유일한 장소가 생산 지점이라고 생각할 이유는 없다. 고전적인 프롤레타리아트처럼 이들도 집단으로 존재하며, 현재의 세계 질서를 통과하는 데 가장 강력한 이해관계가 걸려 있어, 사슬 말고는 잃을

것이 아무것도 없다.[12]

그러니 노동계급의 사망은 너무나 과장된 것이다. 급진주의 그룹에는 계급에서 인종·젠더·탈식민주의로의 이동을 말하는 사람들이 있다. 이 점에 관해서는 잠시 후에 살펴볼 것이다. 우선은 계급이 프록코트를 입은 공장 소유주와 보일러 작업복을 입은 노동자들의 문제라고 보는 사람들만이 그런 어리석은 관념을 받아들일 수 있으리란 점을 주목해야 한다. 이런 사람들은 계급이 냉전처럼 죽었다고 확신하고서, 대신 문화와 정체성, 인종과 성으로 눈을 돌린다. 하지만 오늘날 세계에서 이런 문제들은 예전에도 그랬듯이 사회계급과 뒤얽혀 있다.

8

마르크스주의는
폭력 혁명을 옹호하지 않는다

마르크스주의자들은 폭력적인 정치 행동을 옹호한다. 그들은 온건하고 점진적인 개혁이라는 합리적인 경로를 거부하고, 피로 물든 혁명의 혼란을 선택한다. 소규모 반란자 무리가 들고일어나 국가를 전복하고 다수에게 자신들의 의지를 강요할 것이다. 이것이 바로 마르크스주의와 민주주의가 앙숙이 된 이유 중 하나이다. 마르크스주의자들은 도덕을 단지 이데올로기에 불과하다며 경멸하기 때문에 자신들의 정치가 대중에게 불러올 대혼란에 관해서는 특별히 고민하지 않는다. 그 과정에서 아무리 많은 목숨을 잃더라도 목적이 수단을 정당화한다.

혁명과 개혁

혁명이라고 하면 보통 폭력과 혼란의 이미지가 떠오른다. 이런 점에서 혁명은 사회 개혁과 대조될 수 있는데, 개혁은 평화롭고 온건하며 점진적인 것으로 생각되는 경향이 있다. 하지만 이는 잘못된 대비이다. 많은 개혁이 전혀 평화적이지 않았다. 미국 민권 운동을 생각해 보라. 그것은 결코 혁명이 아니었지만 죽음과 구타, 린치와 잔혹한 억압을 수반한 것이었다. 18~19세기에 식민 지배를 받던 라틴아메리카에서는 자유주의 개혁을 시도할 때마다 폭력적인 사회 갈등이 촉발되었다.

반대로, 몇몇 혁명은 상대적으로 평화로웠다. 폭력 혁명 외에도 벨벳 혁명이 있다. 1916년 더블린 봉기는 죽은 사람이 많지 않았지만, 아일랜드의 부분적인 독립을 이끌어 냈다. 1917년 볼셰비키 혁명도 놀랄 정도로 적은 피만 흘렸다. 실제로 모스크바의 주요 거점을 총 한 방 쏘지 않고 탈취했다. 아이작 도이처Isaac Deutscher의 말대로, "살짝 밀었는데 정부가 자리에서 밀려나 버렸"[1]으니, 반란에 대한 일반 사람들의 지지는 압도적이었다. 70년 뒤 소비에트 체제가 무너졌을 때, 흉포한 갈등의 역사를 지닌 이 거대한 땅덩어리는 건국했던 날보다 더 피를 흘리지 않은 채 몰락했다.

볼셰비키 혁명 직후 유혈 내전이 격렬해진 것은 사실이다. 그러나 이는 새로운 사회 질서가 외국 침략자뿐 아니라 우익 세력으로부터 맹렬한 공격을 받았기 때문이었다. 영국과 프랑스군이 반혁명 백군 세력을 최대한 지원한 것이다.

마르크스주의에서 혁명은 얼마나 많은 폭력을 내포하는가로 설명되지 않는다. 혁명은 총체적인 대변동도 아니다. 볼셰비키 혁명 바로 다음 날 아침, 러시아가 잠에서 깨어 일어나 보니 모든 시장 관계가 폐지되고 모든 산업이 공적 소유로 바뀐 건 아니었다. 오히려 시장과 사적 소유권은 볼셰비키가 권력을 잡은 이후에도 상당 기간 유지되었으며, 볼셰비키는 대개 제도를 해체하는 작업에 점진적으로 접근했다. 당에서 좌익은 농민층에 대해서도 유사한 노선을 취했다. 그들을 강제로 집단농장에 몰아넣을 수는 없었고, 대신에 점진적이며 합의된 방식으로 진행되어야만 했다.

혁명은 대개 발효되는 데 오랜 시간이 걸리며, 목적을 달성하는 데는 몇 세기가 걸릴 수도 있다. 유럽의 중간계급이 하룻밤 사이에 봉건제를 폐지한 것은 아니었다. 정치권력을 잡는 것은 단기적인 사건이지만, 한 사회의 관습과 제도와 감정 습관을 탈바꿈시키는 데는 훨씬 더 오랜 시간이 걸린다.

정부 포고령으로 산업을 국유화할 수는 있지만, 법률 제정만으로는 조부모 세대와 다르게 느끼고 행동하는 사람들을 생산해 낼 수는 없다. 거기에는 기나긴 교육과 문화적 변화의 과정이 필요하다.

그런 변화 가능성에 의구심이 드는 사람들은 자기 자신을 오래 그리고 자세히 들여다볼 필요가 있다. 현대 영국을 살아가는 우리는 17세기에 정점에 다다랐던 오랜 혁명의 산물이며, 혁명의 주요 성공 지표는 우리 대부분이 그 사실을 전혀 의식하지 않고 산다는 것이다. 성공한 혁명은 자신의 모든 흔적을 지운 혁명이다. 그렇게 함으로써 혁명은 투쟁이 초래한 상황을 완전히 자연스러운 것으로 보이게 한다. 그런 점에서 혁명은 출산과 비슷하다. '정상적인' 인간으로 살아가려면, 탄생의 고통과 공포를 잊어야 한다. 개인이든 국가든 기원에는 대개 트라우마라는 정신적 외상이 있다. 마르크스는 『자본』에서, 프롤레타리아트화된 농민에 대한 강도 높은 착취 위에 건설된 근대 영국은 온몸이 피와 오물로 범벅이 된 채 태어났다는 점을 상기시킨다. 그런 이유로 그는 러시아 농민들에 대한 스탈린의 강압적 도시화를 목격하고는 공포에 사로잡혔던 것이다. 대부분의 정치적 국가는 혁명·침략·점령·찬탈 혹은 (미국 같은 사회의 경우) 몰살을 통해 탄생했다. 성공한 국가는 시민들의 마음에서 이런 피의 역사를 어떻게든 지워 없었던 국가들이다. 하지만 부당한 기원이 너무 최근의 일이라 채 지울 수 없었던 국가들— 이스라엘과 북아일랜드—은 정치적 갈등으로 홍역을 치루기 쉽다.

우리 자신이 최고로 성공한 혁명의 산물이라면, 이는 그자체로 보수주의 비난— 모든 혁명은 결국 실패 혹은 이전 상태로의 복귀, 혹은 상황이 수천 배로 더 나빠지거나 혁명이 낳은 자식을 먹어 버리는 것으로 끝난다— 에 대한 답이 된다. 내가 신문에 난 발표를 놓쳤는지 모르지만, 프랑스는 봉건 귀족을 정부에 복귀시키지 않은 것 같고, 독일도 지주인 융커 계급을 정부에 복귀시키진 않은 것 같다. 상원에서 흑장관Black Rod(영국에서 국왕의 명을 받아 의사당 시설을 유지·보수하고 보안을 책임지는 고위 관료— 옮긴이)에 이르기까지 영국은 대부분의 근대 국가보다 봉건 잔재가 더 많은데, 이는 대체로 지배적 중간계급에게 유용했기 때문이다. 이 잔재들은 군주제처럼 대중에게 적당히 위압감이 들게 하고 경외심을 불러일으키는 신비감을 조성한다. 대부분의 영국인들이 앤드루 왕자가 매혹적이고 신비로우며 불가사의한 분위기를 풍긴다고 느끼지 않는 것은, 대중의 권력을 지탱하는 더 믿을 만한 방법들이 있다는 뜻일 것이다.

현재 대다수 서구인들은 의심할 여지없이 혁명에 반대한다고 선언하리라. 이는 아마도 어떤 혁명은 반대하고 다른 혁명은 찬성한다는 의미일 것이다. 다른 사람의 음식이 더 맛있어 보이는 것처럼, 다른 사람의 혁명이 대개 자기 것보다 더 매력적으로 보이는 법이다. 이런 사람들 대부분은 분명 18세기 말 아메리카에서 영국 세력을 몰아낸 혁명이나 아일랜드와 인도에서 케냐와 말레이시아까지 식민화된 나라들이 독립을 쟁취한 사실을 인정할 것이다. 이들 가운데 많은 사람들은 소비에트 연합이 붕괴했다고 비통한 눈물을 흘리지도 않았을 것이다. 스파르타쿠스에서 미국 남부 주들에 이르는 노예 봉기도 이들의 인정을 받았을 것이다. 하지만 이 모든 반란은 폭력을 수반했다. 어떤 경우는 볼셰비키 혁명보다 더 많은 폭력도 있었다. 그렇다면 반대하는 것이 혁명 그 자체가 아니라 사회주의 혁명이라고 실토하는 것이 더 솔직하지 않겠는가?

물론 모든 폭력을 거부하는 소수의 평화주의자들이 있다. 종종 대중의 비난에도 불구하고 이들이 보인 용기와 원칙의 강건함은 마땅히 존경받아야 한다. 하지만 평화주의자들은 단순히 폭력을 혐오하는 사람들이 아니다. 매우 드문 사디스트와 사이코패스를 제외하면 거의 모든 사람이 폭력을 혐오한다. 평화주의가 논의할 가치가 있으려면, 전쟁은 혐오스럽다는 경건한 선언 그 이상이 되어야 한다. 모든 사람이 동의할 사안은 아무리 건전해도 지루하다. 논의할 가치가 있는 유일한 평화주의자는 폭력을 절대적으로 거부하는 사람이다. 이는 단지 전쟁이나 혁명만을 거부하는 게 아니다. 탈출한 살인자가 어린아이들 교실에 기관총을 겨누는 순간, 죽이지 않고 기절할 정도로만 그의 머리통을 솜씨 좋게 내려치는 폭력까지도 거부하는 걸 뜻한다. 이런 일을 할 상황에서 그렇게 하지 않는 사람은 누구든 다음번 학부모회 모임에서 숱한 해명을 늘어놓아야 할 것이다. 엄밀한 의미에서 평화주의는 극도로 비도덕적이다. 거의 모든 사람들이 극단적이고 예외적인 상황에서는 폭력을 사용할 필요가 있다는 데 동의한다. 유엔 헌장도 점령 세력에 대한 무장 저항을 허용한다. 다만 그와 같은 저항은 몇몇 엄밀한 조건들에 의해 제한되어 있다. 무엇보다 우선적으로 방어를 위한 것이어야 하고, 다른 모든 수단을 시도했으나 실패해 어쩔 수 없는 마지막 수단이어야 하며, 중대한 악을 막을 유일한 수단이어야 하고, 상호 비례적이어야 하며, 합리적으로 성공 가능해야 하고, 무고한 민간인의 학살이 있어서는 안 된다 등등.

사회주의 혁명

짧지만 피로 얼룩진 마르크스주의 역사는 끔찍할 정도로 폭력을 내포하고 있다. 스탈린과 마오쩌둥은 그 규모를 상상할 수 없을 만큼 대량 학살자였다. 하지만 이미 살펴보았다시피 오늘날의 마르크스주의자들 가운데는 이런 끔찍한 범죄를 찬성할 사람은 거의 없는 반면, 비마르크스주의자들 중에는 가령 드레스덴이나 히로시마 파괴에 대해 찬성할 사람은 많을 것이다. 이미 앞서 주장한 것처럼, 다른 어떤 사상 유파보다 마르크스주의자들이 스탈린 같은 사람의 잔혹성이 어떻게 일어나며, 또 어떻게 다시 일어나지 않도록 막을 수 있는지에 대해 훨씬 더 설득력 있는 설명을 제공했다. 그러나 자본주의의 범죄는 어떤가? 영토 확장에 굶주린 제국의 국가들이 충돌해 노동계급 군인들을 헛된 죽음으로 내몬, 제1차 세계대전의 잔혹한 대학살은 어떤가? 자본주의의 역사는 무엇보다 전 지구적 전쟁과 식민주의 착취와 집단 학살과 피할 수도 있었던 기근의 이야기이다. 왜곡된 마르크스주의 해석이 스탈린주의 국가를 낳았다면, 자본주의의 극단적 변이는 파시즘 국가를 낳았다. 1840년대 아일랜드 대기근으로 백만 명이 죽었는데, 이는 당시 영국 정부가 형편 없는 구제 정책에 자유 시장 원칙만을 고수한 이유가 크다. 마르크스가

『자본』에서 영국 소작농들이 땅에서 쫓겨난 피로 얼룩진 세월에 대해 거의 분노를 억누르지 못한 채 글을 쓴 것을 앞서 살펴보았다. 영국 시골의 평온한 풍경 아래에는 이러한 폭력적인 토지 몰수의 역사가 놓여 있는 것이다. 장기간에 걸쳐 지속된 이 끔찍한 사건에 비하면, 쿠바 혁명 같은 사건은 티파티tea party에 불과하다.

마르크스주의자는 자본주의의 본성에 적대가 내장되어 있다고 생각한다. 이는 자본주의에 내재된 계급 갈등에만 적용되는 것이 아니라, 자본주의 국가들이 지구의 자원이나 제국 영향력의 범위를 놓고 충돌함에 따라 야기된 전쟁에도 적용된다. 이에 반해, 국제 사회주의 운동의 가장 긴요한 목표 중 하나는 줄곧 평화였다. 볼셰비키가 권력을 잡은 후 러시아는 제1차 세계대전의 살육에서 벗어날 수 있었다. 군사주의와 국수주의를 혐오하는 사회주의자들은 근대사 전반에 걸쳐 대부분의 평화 운동에서 중요한 역할을 했다. 노동계급 운동은 폭력이 아니라 폭력을 종식하는 일에 관한 것이었다.

마르크스주의자들은 또한 국가라는 거대 세력에 무모하게 몸을 던져 싸운 소규모 혁명주의자들의 '모험주의'에 대해서도 전통적으로 적대적이었다. 볼셰비키 혁명은 은밀한 음모 집단이 아니라 소비에트로 알려진 대중적 대의 제도에서 공개 선출된 개인들에 의해 수행되었다. 탱크에 맞서 쇠스랑을 휘두르는 엄숙한 표정의 호전적인 사람이 일으키는 가짜 영웅 봉기를 마르크스는 단호히 외면했다. 마르크스 관점에서, 성공적인 혁명은 특정한 물질적 전제 조건이 필요했다. 강철 같은 의지와 굳센 용기의 문제가 아니다. 중대한 위기 상황에서 지배계급은 약하고 분열된 반면 사회주의 세력은 강하고 잘 조직되어 있다면, 정부가 잘 나가지만 반대 세력은 겁먹고 파편화되었을 때보다 분명히 훨씬 더 순조롭게 진행될 것이다. 그런 의미에서 마르크스의 유물론 — 사회에 작동하는 물질적 힘을 분석하는 것에 대한 강조 — 과 혁명적 폭력의 문제는 서로 연관되어 있다.

차티스트운동(19세기 중엽 영국에서 있었던 사회 운동 — 옮긴이)에서 1930년대 실업자 데모 행진에 이르기까지 영국에서 일어난 대부분의 노동계급 시위는 평화로웠다. 전체적으로 볼 때, 노동계급 운동은 도발을 당하거나, 긴급한 필요가 발생하거나, 혹은 평화적 전술이 명백하게 실패했을 때만 폭력에 의존했다. 여성 참정권 운동도 마찬가지였다. 피를 보는 것을 싫어하는 노동계급의 성향과 언제든 채찍과 총을 휘두를 준비가 되어 있는 주인의 자세와는 선명한 대조를 이루었다. 더욱이 노동계급은 자본주의 국가가 보유한 가공할 군사적 자원을 마음대로 사용해 본 적도 없었다. 오늘날 세계 많은 지역에서, 평화적인 파업이나 시위에 무기를 겨눌 준비가 된 억압적인 국가는 일상이 되었다. 독일 철학자 발터 벤야민이 썼듯이, 혁명은 탈주 기차가 아니라 비상 브레이크를 거는 것이다. 난장판이 된 시장 세력에 의해 통제 불능 상태에 빠진 것이 자본주의이며, 이 미쳐 날뛰는 짐승에 대해 집단적 통제의 필요성을 다시 주장하고 있는 것이 사회주의다.

사회주의 혁명에 일반적으로 폭력이 동원된다면, 이는 주로 유산계급이 평화롭게 특권을 포기하는 경우가 거의 없기 때문이다. 그럼에도 불구하고 물리력의 사용을 최소화할 수 있다고 희망할 수 있는 합리적 근거가 있다. 마르크스주의 혁명은 쿠데타나 즉흥적 불만의 분출 같은 것이 아니기 때문이다. 혁명은 단순히 국가를 붕괴시키려는 시도가 아니다. 우파 군사 쿠데타도 그렇게 할 수 있을 테지만, 이를 마르크스주의자들은 혁명이라고 생각하지 않았다. 온전한 의미에서 혁명은 하나의 사회계급이 다른 계급의 지배를 전복하고 자신의 권력으로 이를 대체할 때만 발생한다.

사회주의 혁명의 경우, 이는 조직된 노동계급이 다양한 동맹과 더불어 부르주아 혹은 자본주의 중간계급으로부터 권력을 탈취하는 것을 말한다. 하지만 마르크스는 노동계급이 자본주의 사회에서 단연 가장 폭넓은 계급이라고 간주했다. 따라서 여기서는 소규모 반란 집단이 아닌 다수의 행동을 말하고 있는 것이다. 사회주의는 대중적 자치정부에 관한 것이며, 어느 누구도 나를 대신해 전문 포커꾼이 될 수 없는 것처럼, 누구도 사회주의 혁명을 대신해 줄 수는 없다. G. K. 체스터턴Chesterton이 쓴 대로, 이런 대중적 자기 결정은 "연애 편지를 쓰거나 코를 푸는 것과 비슷한 일이다. 이런 것들은 아무리 잘못해도 당연히 스스로 해야만 한다."[2] 시종이 내 코를 풀어 주는 데 나보다 훨씬 능숙할 수 있겠으나 내가 직접하는 편이 내 위엄에 걸맞다. (내가 찰스 왕세자라 해도) 적어도 이따금씩은 말이다. 혁명은 촘촘하게 조직된 음모 가담자로부터 물려받는 것이 아니다. 레닌이 주장했듯이, 해외에서 운송되어 가져올 수 있는 것도 아니고, 스탈린이 동유럽에서 했듯이 총검으로 강요할 수 있는 것도 아니다. 네 스스로 혁명을 만들어 나가는 과정에 적극적으로 개입해야 한다. 그건 조수에게 밖에 나가 자기 이름으로 상어를 절여 오게 지시하는 예술가 부류와는 다르다. (의심할 여지없이 조만간 이렇게 하는 소설가도 생길 것이다.) 그럴 때만이 예전엔 상대적으로 권력이 없었던 사람들이 경험과 자기 지식과 자기 확신을 얻어 총체적으로 사회를 개조하는 데 매진할 수 있을 것이다. 사회주의 혁명은 민주주의 혁명일 수밖에 없다. 비민주적인 소수는 지배계급이다. 성격상 그런 반란에 개입할 수밖에 없는 거대한 집단이야말로 과도한 폭력을 막는 가장 확실한 방어벽이다. 그런 점에서 가장 성공적일 것 같은 혁명은 가장 덜 폭력적일 가능성이 높다.

그렇다고 혁명으로 공황 상태에 빠진 정부가 그들에 대항해 테러를 저지를 것이니, 이에 대응하는 과정에서 피의 반발을 초래하지 않을 것이라고 말하는 것은 아니다. 그러나 독재 국가들조차 그들이 통치하는 사람들로부터 마지못해서든 임시적이든 일정 정도의 수동적 동의를 얻어 내야 한다. 영구적인 불만 상태에 있는 나라나, 조금도 통치를 신뢰하지 않는 나라를 제대로 다스릴 수는 없는 법이다. 일부 사람을 잠시 가둘 수는 있어도, 모든 사람을 항상 가둘 수는 없다. 그 정도로 신뢰를 잃은 정부도 상당히 오랫동안 버틸 수는 있다. 이를테면 버마나 짐바브웨의 현 정권을 생각해 보라. 하지만 결국에는 독재자에게도 재앙이 분명 임박해 온다. 남아프리카공화국의 아파르트헤이트 체제가 아무리 잔인하고 살인적이었어도 끝내는 더 계속될 수 없다는 것을 인식했다. 1980년대 말 폴란드·동독·루마니아를 비롯하여 소비에트의 통제를 받던 여러 나라들도 마찬가지였다. 이는 또한 수년간의 유혈 사태 후 가톨릭 시민을 배제하는 것이 더 이상 가능하지 않다는 사실을 인정할 수밖에 없는 오늘날의 많은 얼스터 연합주의자Ulster Unionist(영국 북아일랜드의 중도 우파 친영국 연합주의자 — 옮긴이)들에게도 적용된다.

개혁과 혁명 사이

그런데 왜 마르크스주의자들은 의회민주주의와 사회 개혁보다 혁명에 더 기대를 거는가? 대답은 그렇지 않다, 또는 최소한 전적으로는 아니다는 것이다. 이른바 극좌파들만이 그러하다.[3] 볼셰비키가 러시아에서 권력을 잡았을 때 첫 번째 내놓은 법령 중 하나가 사형제 폐지였다. 개혁주의자냐 혁명주의자냐 하는 것은 에버턴을 응원하느냐 아스널을 응원하느냐 하는 것과는 같지 않다. 대부분의 혁명주의자들은 개혁 옹호자이다. 그렇지만 어떤 낡은 개혁이라도 옹호한다거나 정치적 만병통치약으로 개혁주의를 옹호하는 건 아니다. 혁명주의자는 봉건제나 자본주의 변화가 그랬듯이 사회주의 변화 역시 단번에 일어나리라고 예상하지 않았다. 그들이 정식 개혁주의자들과 다른 점은, 지극히 중요한 혁명으로의 집중을 분산시킨다는 이유로 병원 폐쇄에 대항해 싸우기를 거부하는 자들이 아니라는 점이다. 오히려 그들은 그와 같은 개혁을 보다 장기적이고 보다 근본적인 관점에서 바라본다. 개혁은 반드시 필요하지만 조만간 체제가 항복하기를 거부하는 지점에 이를 것이다. 이 지점을 마르크스주의에서 사회적 생산관계라고 한다. 또는 좀 덜 공손한 기술적 용어로 말하자면, 물적 자원을 통제하고 절대 넘겨주지 않으려는 지배

리처드 토니(1880-1962)

계급이다. 오직 그 지점에서만 이 개혁과 혁명 사이의 결정적인 선택이 어렴풋이 떠오른다. 결국 사회주의 역사가 R. H. 토니Tawney가 언급한 대로, 양파 껍질을 한 겹 한 겹 벗길 수는 있지만, 호랑이 가죽을 손톱으로 한 겹 한 겹 벗겨낼 수는 없는 법이다. 자칫 양파 껍질 벗기기 비유는 개혁이 다소 쉬운 일처럼 들리게 할 수 있다. 지금 우리가 자유주의 사회의 귀중한 특징으로 간주하는 대부분의 개혁들 — 보편 참정권, 무상 보통교육, 언론 자유, 노조 등 — 은 격렬한 지배계급의 저항에 맞서 대중들의 투쟁으로 얻은 것이다.

혁명주의자들이 반드시 의회민주주의를 거부하는 것도 아니다. 자신들의 목표에 기여할 수 있다면 그만큼 더 좋은 일이다. 그러나 마르크스주의자는 의회민주주의에 의구심을 갖는데, 그것이 민주적이어서가 아니라 충분히 민주적이지 않아서이다. 의회는 일반 국민들에게 자신들의 권력을 영구적으로 위임하라고 설득하면서도, 통제권은 거의 주지 않는 제도이다. 일반적으로 혁명은 사악한 소수 지하조직이 다수의 의지를 전복하는 행위로, 민주주의에 반대되는 것으로 생각된다. 그러나 사실 혁명은 사람들이 대중적인 위원회와 회의를 통해 자신들의 존재에 관한 권력을 쟁취하는 과정으로, 현재 취할 수 있는 어떤 것보다 훨씬 더 민주적이다. 볼셰비키는 구성원들 사이에 개방된 논쟁을 벌인 인상적인 기록이 있다. 단독 정당으로 자신들이 나라를 지배해야 한다는 생각은 그들의 원래 프로그램에는 없었다. 게다가 뒤에서 살펴보겠지만, 의회는 대체적으로 노동에 대한 자본 주권을 보장하기 위해 작동하는 국가의 일부다. 이는 마르크스주의 견해가 아니다. 어느 17세기 논평가가 썼듯이, 영국 의회는 "재산의 보루"[4]이다. 결국 마르크스의 주장대로, 의회나 국가는 보통 사람들을 대변한다기보다는 사유재산의 이해를 대변한다. 앞서 보았듯이 키케로도 진심으로 동의했다. 자본주의 질서 아래 어떤 의회도 그런 무시무시한 기득권 권력에 감히 맞서려 들지 않을 것이다. 만일 의회가 시나치게 급진적으로 그런 기득권에 간섭하려 든다면 당장 내쫓길 것이다. 그러니 사회주의자가 그런 토론방을 자신들의 대의를 촉진시키는 데 여러 수단 중 하나가 아니라 핵심 수단으로 보는 것이 이상할 것이다.

마르크스 자신은 영국이나 네덜란드, 미국 같은 나라에서는 사회주의자들이 자신들의 목표를 평화적인 수단으로 이룰 수 있으리라 믿었던 것 같다. 그는 의회나 사회 개혁을 불신하지 않았다. 그는 또한 사회주의 정당은 노동계급 다수의 지지를 받아야만 권력을 얻을 수 있다고 생각했다. 그는 노동계급 정당과 노조, 문화협회와 정치신문 같은 개혁 기관의 열렬한 옹호자였다. 그는 또한 참정권의 확대와 노동일 단축 같은 특정한 개혁주의 조치를 공개적으로 밝혔다. 실제로 어느 시점에서는 보편적 참정권 자체가 자본주의 지배를 약화시킬 것이라고 다소 낙관적으로 생각한 적도 있었다. 그의 공동 연구자 엥겔스도 평화적인 사회 변화에 상당한 중요성을 부여했고 비폭력 혁명을 기대했다.

사회주의 혁명의 조건

사회주의 혁명의 문제점 중 하나는 유지하기 가장 힘든 곳에서 혁명이 일어날 가능성이 제일 높다는 것이다. 레닌은 볼셰비키 봉기에서 이런 아이러니를 알아차렸다. 잔인하게 억압받고 반쯤 굶주린 사람들은 혁명을 해도 잃을 게 없다고 느낄 수 있다. 다른 한편, 이미 살펴보았듯이 이들을 반항하게 만드는 후진적 사회 조건은 사회주의 건설을 시작하기에는 가장 최악의 장소이다. 이런 조건에서라면 국가를 전복하는 일은 더 쉬울지 모르지만, 실행 가능한 대안 자원을 제공

해도 소용없다. 자신들의 조건에 만족하는 사람들은 혁명에 착수하기가 쉽지 않다. 희망을 잃었다고 느끼는 사람들도 마찬가지다. 사회주의자들에게 나쁜 소식은, 현 상황에 자신들을 위한 무언가가 남아 있는 한 사람들은 그런 상황을 변형시키기를 극히 꺼릴 것이라는 사실이다.

마르크스주의자들은 때로 노동계급의 정치적 냉담을 이유로 놀림을 당하곤 한다. 보통 사람들은 자신들에게 무관심하다고 느끼는 일상의 국가 정치에 대해 무관심할 수 있다. 그러나 일단 그 정치가 자신들의 병원을 폐쇄하거나, 자신들의 공장을 아일랜드 서부로 옮기거나, 자신들의 뒷마당에 공항을 건설하고자 한다면, 당연히 마음에 동요가 일어 행동을 취할 것이다. 또한 어떤 종류의 냉담에 대해서는 온전히 합당하다고 주장할 수 있다. 사회 체제가 시민들에게 여전히 빈약한 만족감이라도 줄 수 있는 한, 알 수 없는 미래로 위험한 도약을 하는 대신 현재 가진 것에 머무르려 한다는 것은 불합리하지 않다. 이런 종류의 보수주의는 비웃음거리가 되어선 안 된다.

어느 경우든, 대부분의 사람들은 가라앉지 않는 데 집중하느라 미래 비전에 신경 쓸 틈이 없다. 대부분의 사람들이 사회 혼란을 기꺼이 품으려 하지 않는다는 것은 충분히 이해할 만하다. 사회주의가 좋은 생각이 아닌 것 같아서 그런 것은 아니다. 미래로의 도약이 비로소 합리적 제안으로 보이기 시작하는 분기점은, 현 상태의 박탈이 급진적 변화의 문제점보다 훨씬 더 무거워지기 시작할 때이다. 혁명은 어떤 대안이라도 현재보다 나아 보일 때 일어나는 법이다. 그런 상황에서는 반란을 일으키지 않는 것이 오히려 비이성적일 것이다. 자본주의는 지난 몇 세기 동안 자기 이익의 최고 가치에 대해 호소해 왔기에, 고용자들이 변화를 위해 뭔가 다른 것을 시도하는 것에 자신들의 집단 이익이 달려 있다는 것을 인식했다고 해서 이를 불평할 수는 없다.

개혁과 사회민주주의는 확실히 혁명을 매수할 수도 있다. 마르크스는 빅토리아조 영국에서 이런 과정이 시작되는 광경을 목격할 수 있을 만큼은 충분히 살았지만, 그것이 만들어낸 강력한 영향을 모두 지켜볼 정도로는 오래 살지 못했다. 계급사회가 아랫것들에게 찌꺼기나 남은 것들을 충분히 던져줄 수만 있다면, 아마도 한동안은 안전할 것이다. 하지만 그렇게 하지 못할 땐, 잃는 쪽에 있는 사람들이 (결코 필연적이진 않으나) 이를 전복하려 할 것이다. 그렇게 하지 않을 이유가 있을까? 찌꺼기나 남은 것 하나 없는 상황보다 더한 것이 있을까? 이 시점에서 대안적 미래에 자신을 던지는 것은 탁월하게 합리적인 결정이다. 인간에게 이성이 무한정 작동하는 것은 아니지만, 미래를 위해 현재를 포기하는 것이 확실히 유리할 때가 언제인지 알 만큼은 충분히 강력하다.

자본주의를 몰락시킬 사람이 누구인지 묻는 사람들은 어떤 의미에선 이런 물음이 불필요하다는 사실을 망각하는 경향이 있다. 자본주의는 반대자가 아주 약하게 밀지 않아도 자체의 모순으로 무너질 완벽한 역량을 갖추고 있다. 실제로 불과 몇 년 전에 거의 그럴 뻔했다. 그러나 대안을 제시할 조직된 정치 세력이 마련되어 있지 않다면, 체제의 전면적 붕괴의 결과는 사회주의보다는 야만주의가 되기 쉽다. 따라서 그와 같은 조직이 반드시 필요한 이유는, 자본주의가 엄청난 위기에 닥쳤을 경우, 상처를 입는 사람이 훨씬 더 적을 테고, 모두에게 이익이 되는 새로운 체제를 그 폐허더미에서 끌어낼 수 있을 것이기 때문이다.

9

마르크스주의는
국가를 믿지 않는다

마르크스주의는 전능한 국가를 믿는다. 사유재산을 철폐한 사회주의 혁명가들은 전제 권력을 사용해 통치할 것이고, 그 권력은 개인의 자유를 끝장낼 것이다. 마르크스주의가 실행된 곳이 어디든 이런 일이 일어났으며, 미래에는 상황이 다를 것이라 기대할 이유가 없다. 인민이 당에 양보하고, 당이 국가에 양보하며, 국가는 괴물 같은 독재자에게 양보하는 것이 마르크스주의의 논리이다. 자유민주주의가 완벽하지는 않을지라도, 감히 야만적이고 권위적인 정부를 비판했다고 정신병원에 가두는 것보다는 무한히 낫다.

국가는 폭력의 도구다

마르크스는 국가에 대해 완강히 반대했다. 그가 국가가 시들어 사라지기를 고대했었다는 사실은 유명하다. 당치도 않는 유토피아적 희망이라고 반마르크스주의자들이 비난할 수는 있겠지만, 동시에 그가 전제적인 정부를 열망했다고 비판할 수는 없을 것이다.

마르크스는 터무니없이 유토피아적이진 않았다. 마르크스가 공산주의 사회에서 시들어 사라지리라 희망한 것은 중앙 행정부라는 의미의 국가가 아니었다. 복합적인 근대 문화 어디서든 그런 것이 필요할 것이다. 실제로 마르크스는 이 점을 염두에 두고 『자본』 제3권에서 "공동의 활동은 모든 공동체의 본성에서 나온다."라고 썼다. 그러므로 행정체로서의 국가는 계속 살아남을 것이다. 마르크스가 더 이상 보지 않기를 희망했던 것은 폭력의 도구로서의 국가이다. 『공산당 선언』에서 표현한 대로, 공산주의에서 공적 권력은 그 정치적 성격을 잃게 될 것이다. 당대의 무정부주의자에 반대하면서, 마르크스는 오직 이런 의미에서 국가가 사라질 것이라고 강조했다. 사라져야 할 것은 특정 종류의 권력으로, 지배적 사회계급의 통치를 떠받드는 권력이다. 국립공원과 운전면허 시험센터는 사라지지 않을 것이다.

마르크스는 국가를 냉정한 리얼리즘의 시각으로 바라본다. 분명 국가는 사회적으로 충돌하는 이익 분쟁에 관해 꼼꼼할 정도로 공명정대하게 다루는, 정치적인 중립 기관이 아니다. 국가는 노동과 자본 사이의 갈등에서 절대 냉철하지 않다. 국가는 사적 소유에 대항하여 혁명에 착수하는 과업 선상에 있지 않다. 국가는 무엇보다 현행 사회 질서를 변형시키려는 사람들에 맞서 이 질서를 지키기 위해 존재한다. 이 질서가 내적으로 부당하다면, 국가도 마찬가지로 부당한 것이다. 마르크스가 끝을 보고 싶어 했던 건 바로 이것이지, 국립극장이나 경찰연구소가 아니었다.

국가가 당파적이라는 개념에 무슨 내밀한 공모 같은 것은 없다. 그렇게 생각하는 사람은 분명 최근에 정치 시위에 참가해 본 적이 없는 사람이다. 자유주의 국가는 자본주의와 그 비판자 사이에서 비판자가 이길 것처럼 보이는 순간까지는 중립적이다. 하지만 비판자 쪽이 이길 것 같은 순간이 되면, 국가는 물대포와 무장 경찰부대를 앞세워 쳐들어간다. 그리고 이런 것들로도 안 될 때는 탱크를 밀고 들어간다. 어느 누구도 국가가 폭력적일 수 있다는 걸 의심하지 않는다. 마르크스는 단지 이런 폭력이 궁극적으로 누구에게 봉사하느냐하는 질문에 새로운 답을 제시할 뿐이다. 국가가 공평무사하다는 믿음은 비현실적인 꿈이다. 하지만 언젠가는 국가의 조건반사적인 공격 없는 세상에서 살게 될지도 모른다는 제안은 허황된 꿈이 아니다. 파업 노동자나 평화 시위대를 두들겨 패는 경찰은 더는 중립적인 척할 수조차 없다. 특히 노동당 정부를 포함해 정부는 노동 운동을 향한 적대감을 숨기려 애쓰지도 않는다. 자크 랑시에르Jacques Rancière가 논평하듯이, "정부가 국제 자본을 위한 업무 대리인이라는, 한때 추문이 된 마르크스의 명제는 오늘날은 '자유주의자'와 '사회주의자' 둘 다 동의하는 분명한 사실이다. 정치와 자본 경영의 절대적 동일화는 더 이상 민주주의의 '형식' 뒤에 감추어진 수치스러운 비밀이 아니다. 오히려 이는 공공연히 선언된 진실이며, 정부는 이를 수단으로 정당성을 획득한다."[1]

그렇다고 경찰·법원·감옥 심지어 특수 부대까지 없어도 된다는 뜻은 아니다. 예를 들어, 특수 부대는 화학무기나 핵무기로 무장한 테러리스트 집단이 날뛸 때는 필요하며, 온아한 성향의 좌파일수록 이 사실을 인정하는 편이 낫다. 국가 폭력이라고 해서 모든 명분이 현 상태를 보존하기 위한 것은 아니다. 마르크스는 『자본』 제3권에서 국가가 계급을 특정하는 기능과 계급 중립을 지키는 기능을 구분한다. 인종주의자 폭력배들이 젊은 아시아인을 패 죽이지 못하도록 하는 경찰

관은 자본주의 대리인으로 행동하는 게 아니다. 강간을 당한 여성 사건을 처리하는 헌신적인 담당자는 사악한 국가 폭력 사례가 아니다. 아동 포르노로 가득한 컴퓨터를 들어내는 형사는 난폭하게 인권을 침해하고 있는 게 아니다. 인간의 자유가 있는 한 그 자유를 악용할 수도 있다. 이런 악용 가운데 몇몇은 다른 사람의 안전을 위해 범죄자를 가두어야 할 만큼 끔찍할 것이다. 감옥은 사회적 지위가 박탈된 자를 처벌하는 면도 분명 있지만, 단지 그런 일만 하는 곳은 아니다.

　마르크스가 이런 주장들 중 어느 것이라도 거부했을 것이라는 증거는 없다. 실제로 그는 국가가 선善을 위한 강력한 힘일 수 있다고 믿었다. 이런 이유로 그는 빅토리아 시대 영국의 사회 조건을 개선하는 입법을 열정적으로 지지했던 것이다. 버려진 아이들을 위해 고아원을 운영하거나, 모든 사람들이 반드시 도로 한 방향으로 운전하도록 하는 일에 강압적이라는 것은 없다. 마르크스는 서로 다른 집단과 계급을 평화롭게 연합하는 조화의 원천으로서 감상적 국가 신화를 거부했다. 그가 보기에 국가는 일치보다는 분열의 원천에 가깝다. 국가는 진정으로 사회 통합을 위한다고 하지만, 궁극적으로는 지배계급의 이익을 위해 일한다. 국가의 표면적인 공평함 뒤에는 확고한 당파성이 있다. 국가 제도는 "가난한 자들에게 새로운 족쇄를 채우고, 부자들에게 새로운 권력을 부여하며

(…) 소유와 불평등의 법칙을 영원히 고착시키고, 교묘한 강탈을 양도할 수 없는 권리로 바꾸며, 소수의 야심가를 위해 온 인류를 영구적인 노동과 굴종과 고통 속에 몰아넣었다." 이는 마르크스의 말이 아니라 (이미 보았듯이) 루소가 『인간 불평등 기원론』에서 한 말이다. 마르크스 홀로 국가 권력과 계급 특권 사이의 관련성을 읽어 내는 데 별났던 건 아니다. 그가 늘 이런 견해를 유지했던 것도 아니다. 헤겔의 젊은 제자였을 때, 그는 긍정적인 관점으로 국가를 열렬히 언급했다. 하지만 그건 마르크스주의자가 되기 전의 일이었다. 심지어 마르크스주의자가 되고 나서도, 그는 스스로 마르크스주의자가 아니라고 주장했다.

조화와 합의를 이야기하는 사람들은 소위 산업 사제司祭의 현실관이란 것에 조심해야 한다. 거칠게 말해 이런 관점은, 한쪽에는 탐욕스러운 보스가 있고 다른 한쪽에는 호전적인 노동자가 있으며, 그 중간에 이성과 공정과 절제의 화신으로서 사심 없이 이 두 싸움의 당사자들을 화해시키려고 노력하는 점잖고 부드러운 자유주의 성격의 사제가 있다는 것이다. 하지만 왜 중간이 가장 분별 있는 자리란 말인가? 왜 자신이 중간이고 다른 사람들은 극단에 서 있다고 생각하는가? 어쨌든 어떤 사람에게 중용이 다른 사람에게는 극단이다. 자신을 여드름쟁이라고 하는 사람이 없듯이, 스스로 광신도라고 부르는 사람도 없다. 노예와 주인을 화해시키거나, 원주민을 몰살하려는 사람들한테 온유하게 불평만 하도록 원주민을 설득할 수 있겠는가? 인종주의와 반인종주의 사이의 중도 지점은 어디인가?

국가의 실체와 파리 코뮌

마르크스가 국가에 대해 설명할 여력이 없었다면, 이는 부분적으로 그가 국가를 일종의 소외된 권력으로 보았기 때문이다. 이는 마치 이 위엄 있는 실체가 자기 존재를 결정하는 사람들의 능력을 몰수하여 그들을 대신해서 그 능력을 행사하는 것만 같다. 국가는 이런 과정을 '민주주의'라 부르는 뻔뻔함까지 갖추었다. 마르크스는 급진적 민주주의자로 인생 경력을 시작했으나 진정한 민주주의가 얼마나 많은 변화를 요구하는지 깨달으면서, 결국 혁명적 민주주의자가 되었고, 민주주의자로서 국가의 숭고한 권위에 도전하게 되었다. 그는 또한 인민 주권에 대한 진심 어린 신봉자였기에 그것의 창백한 그림자에 불과한 의회민주주의에 만족할 수 없었다. 그는 레닌이 그러했던 것처럼 원칙적으로 의회에 반대하지 않았다. 하지만 마르크스는 민주주의를 너무 소중히 여겼기에 의회에만 맡겨 둘 수가 없었다. 민주주의는 지역적으로,

대중적으로 모든 시민 사회 기관에 두루 퍼져야 했다. 그것은 정치생활뿐만 아니라 경제생활에까지 확장되어야만 했다. 민주주의는 정치적 엘리트에게 위임된 정부가 아니라, 실질적인 자치정부를 의미했다. 마르크스가 인정했던 국가는 소수가 다수를 지배하는 것이 아니라 시민들 스스로가 자신들을 다스리는 지배였다.

마르크스는 국가가 시민 사회에서 떨어져 나가 표류하고 있다고 생각했다. 이 둘 사이에는 명백한 모순이 있었다. 가령 국가 안에서 우리는 시민으로서 추상적으로 평등하지만, 일상의 사회적 존재로서는 지극히 불평등하다. 사회적 삶은 갈등으로 찢겨 있지만, 국가는 이를 솔기 하나 없이 매끄러운 전체 이미지로 투영한다. 국가는 자신을 위로부터 사회를 형성하는 것으로 자신의 모습을 보지만, 실상은 사회의 산물이다. 사회가 국가에서 생겨난 게 아니라 국가가 사회에 기생하는 것이다. 말하자면 전체 구조가 뒤집힌 것이다. 어느 논평자가 묘사한 것처럼, "민주주의와 자본주의는 아래위가 뒤집혔다" — 정치적 제도가 자본주의를 규제하는 대신에 자본주의가 그런 제도를 규제한다는 의미이다. 이 말을 한 사람은 로버트 라이시Robert Reich 전 미국 노동부 장관으로, 일반적으로 마르크스주의라고 의심을 받지 않는 자이다. 마르크스의 목표는 국가와 사회, 정치와 일상생활의 간극을 없애는 것인데, 방식은 전자를 후자에 녹여 냄으로써 가능케 하는 것이었다. 이것이 그가 민주주의라 부른 것이다. 사람들은 국가가 빼앗아 간 권력을 일상생활에서 되찾아야 한다. 사회주의는 민주주의의 완성이지 그 부정이 아니다. 어째서 그토록 많은 민주주의 수호자들이 이런 관점에 반대하는지 이해하기 힘들다.

오늘날 마르크스주의자들 사이에서는 실제 권력이 은행과 기업과 금융기관에 있으며, 그 관리자들은 선출된 적도 없으면서 그들의 결정은 수백만 명의 삶에 영향을 끼칠 수 있다는 게 공공연한 사실이다. 대체로 정치권력은 이 우주의 지배자들 밑에서 순종하는 하인이다. 정부가 간혹 이들을 꾸짖거나, 심지어 이들에게 반사회적 행위에 관한 명령을 지시할 수도 있다. 하지만 이들의 사업을 막으려 한다면, 정부가 자신의 방위부대에 의해 스스로 쇠고랑을 찰 무시무시한 위험에 빠지게 될 것이다. 기껏해야 국가는 현 체제가 가한 인간적 손상의 일부를 씻어 낼 수 있을 뿐이다. 거기에는 부분적으로는 인도주의적 이유가 있지만, 체제의 손상된 신뢰를 회복하기 위한 부분도 있다. 그것이 이른바 사회민주주의라는 것이다. 일반적으로 정치는 경제에 매수되어 있기 때문에, 우리가 알고 있는 국가를 단순히 사회주의 목적을 위해 이용할 수는 없다. 마르크스는 『프랑스 내전*The Civil War in France*』

에서, 노동계급이 단순히 기성품인 국가 기구를 손에 넣어 자신의 목적을 위해 행사할 수는 없다고 썼다. 왜냐하면 그 기구에는 이미 현 상태를 향한 붙박이 편견 장치가 내재되어 있기 때문이다. 빈약하고 비참하게 빈곤한 국가 기구의 민주주의 버전은 현재 지배하고 있는 반민주주의적 이해관계에 적합하다.

마르크스의 주된 대중적 자치정부 모델은 1871년의 파리 코뮌이었는데, 당시 프랑스 수도의 노동인민들은 격동의 몇 개월 동안 스스로 운명을 통제하고 있었다. 『프랑스 내전』에서 마르크스가 묘사한 대로, 코뮌은 대중의 투표로 선출되고 구성원들에 의해 소환될 수 있었으며, 대부분이 노동자였던 지역 의원들로 구성되었다. 공공 서비스는 노동자들의 임금 수준에서 이행되고 상비군은 폐지되며 경찰은 코뮌에 대해 책임을 졌다. 예전에는 프랑스 국가가 행사하던 권력을 코뮌 구성원들이 떠맡았다. 성직자는 공적 삶에서 추방되고 교육기관은 일반인들에게 개방되며 교회와 국가의 간섭에서 해방되었다. 지사·판사·공무원은 선출되어야 하고 인민에 대해 책임을 지며 인민이 소환할 수 있게 되었다. 또 코뮌은 협동 생산의 이름으로 사유재산을 폐지하려 했다.

"3년 또는 6년에 한 번씩 지배계급의 어떤 구성원이 의회에서 인민을 대표하고 짓밟을 것인가를 결정하는 대신, 보통 선거권은 코뮌을 구성하는 인민에게 봉사해야 한다."고 마르크스는 썼다. 그는 이어 코뮌은 "본질적으로 노동계급의 정부였고 (…) 노동의 경제적 해방을 실행할 수 있는, 마침내 발견된 정치적 형태였다."[2]고 썼다. 이 불운한 기획에 비판적이지 않았던 건 아니지만(이를테면, 그는 코뮌 구성원 대다수가 사회주의자가 아니었다고 지적했다), 그는 거기에서 많은 사회주의 정치의 요소를 발견했다. 코뮌 시나리오는 노동계급의 실천에서 나왔지, 어떤 이론적 구상에서 나온 것이 아니었다. 이 짧고 매혹적인 순간에 국가는 소외된 권력에서 벗어나 대중적 자치정부의 형태를 취했다.

그 몇 달 동안 파리에서 발생한 일은 마르크스가 '프롤레타리아 독재'라고 묘사한 것이었다. 잘 알려진 마르크스의 문구 중에 그를 비판하는 사람들 피 속에 이보다 더 오싹한 말은 없을 것이다. 하지만 불길하게 들리는 이 용어로 그가 의미하려는 것은 바로 인민민주주의였다. 프롤레타리아 독재는 단지 다수에 의한 지배를 뜻했다. 어쨌든 마르크스 시대에는 '독재'라는 말은 오늘날 의미하는 것과는 똑같지 않았다. 그것은 법의 영역 밖에서 정치 체제를 위반하는 것을 뜻했다. 마르크스의 정치적 스파링 파트너였고, 1815년에서 1880년까지 프랑스 모든 정부로부터 투옥을 당했던 독특한 이력을 지닌 오귀스트 블랑키Auguste Blanqui가 평민을 대표하는 지배라는 의미로 '프롤레타
리아 독재'라는 말을 만들어 냈
고, 마르크스 자신은 평민들에
의한 통치라는 의미로 이를 사용
했다. 블랑키는 파리 코뮌의 대
통령으로 선출되었으나, 명목상
대표라는 역할에 만족해야 했다.
언제나 그랬듯이, 이번에도 그는
감옥에 갇혀 있었다.

블랑키(1805-1881)

정치권력의 역사적 맥락

마치 국가가 단지 지배계급의 직접적인 도구에 불과한 것
처럼 마르크스가 쓸 때가 있다. 그러나 역사 저서들에서는
훨씬 미묘한 차이를 보인다. 정치적인 국가의 임무는 단순히
지배계급의 당장의 이해에 기여하는 것이 아니다. 사회 통합
을 유지하는 역할도 해야 한다. 이 두 목표는 궁극적으로 하
나지만, 단기 혹은 중기적 차원에서 보면, 이 둘 사이에 극심
한 갈등이 발생할 수도 있다. 게다가 봉건제보다 자본주의
국가는 훨씬 독립적인 계급 관계를 갖는다. 봉건 영주는 정
치적 인물이자 경제적 인물이었던 반면, 자본주의에서는 그

런 직능은 대개 분리된다. 대체로 당신의 지역구 국회의원이 당신의 고용주는 아니다. 이는 계급 관계 너머에 놓인 자본주의 국가의 외양이 단순한 외양만은 아니라는 걸 뜻한다. 국가가 물질적 이해관계에서 얼마나 독립적인가는 변화하는 역사적 조건에 달려 있다. 마르크스는 국가만이 수행할 수 있는 거대한 관개사업을 포함해 이른바 아시아적 생산양식에서는 국가가 실제로 지배적인 사회 세력이라고 주장하는 것 같다. 흔히 말하는 속류 마르크스주의자들은 국가와 경제적 주권 계급 사이의 일대일 관계를 가정하는 경향이 있는데, 실제로도 그런 경우들이 있다. 조지 부시와 그의 정유업계 동료들 사이가 그런 사례였다. 다시 말해 부시의 가장 놀라운 업적 중 하나가 속류 마르크스주의가 옳았다는 것을 증명한 것이다. 그는 자본주의 체제가 가능한 한 최악의 모습으로 보이도록 열심히 일한 것만 같다. 이는 한편에선 그가 은밀하게 북한 사람들을 위해 일한 게 아닐까 하는 의문을 불러일으키기까지 했다.

그러나 문제가 되는 이 관계는 부시 행정부가 암시하는 것보다는 대체로 훨씬 더 복잡하다. (사실 인간은 거의 모든 면에서 이 행정부가 암시하는 것보다 더 복잡하다.) 예를 들어 한 계급이 다른 계급을 대신해서 지배하는 시기도 있다. 마르크스가 지적한 것처럼, 19세기 영국에서는 휘그 귀족들이 여전히 지배적인 정치계급이었고, 산업에 종사하는 중간계급이 점차 지배적인 경제계급을 형성하고 있었다. 일반적으로 이 기간 동안 전자가 후자의 이해를 대변했다. 마르크스는 또한 루이 보나파르트가 소규모 자영농의 대표자로 자신을 소개하면서도, 금융 자본주의의 이익을 위해 프랑스를 통치했다고 주장했다. 이와 다소 유사한 측면에서, 나치도 극단적인 자본주의 이익을 위해 통치했으나, 눈에 띄게 중하층계급의 관점을 지닌 이데올로기를 기반으로 통치했다. 이렇게 해서 나치는 상류계급 기생자들과 게으른 부유층들을 향해 맹렬히 비난할 수 있었는데, 이런 방식으로 인해 정치 감각이 무딘 사람들로부터 진짜 급진적인 세력인 양 오해를 불러일으킬 수 있었다. 이런 견해에 대해 정치 감각이 무딘 사람들이 완전히 오해했던 것만은 아니었다. 파시즘은 정말로 급진주의의 한 형태이다. 파시즘은 자유주의 중간계급 문명에 신경 쓸 겨를이 없었다. 파시즘은 다만 좌파가 아니라 우파의 급진주의였던 것이다.

수많은 자유주의자들과는 달리 마르크스는 권력에 대해 그렇게까지는 거부 반응을 보이지 않았다. 모든 권력이 혐오스럽다는 말을 듣는 것은 권력이 없는 사람들의 이익에는 거의 도움이 못 된다. 권력을 이미 쓰고도 남을 만큼 충분히 소유한 사람들로부터 그런 말을 듣는 건 더더욱 도움이 못 된다.

그러니까 '권력'이란 말이 늘 경멸적으로 느껴지는 사람들은 정말 운이 좋다. 인간 해방을 위한 권력을 폭정과 혼동해서는 안 된다. '흑인에게 권력을!'이라는 슬로건은 '권력을 타도하라!'는 외침보다 훨씬 덜 허약하다. 하지만 그런 권력도 현재의 정치 구조뿐 아니라 권력의 의미 자체를 변형시키려고 할 때 진정으로 해방적일 수 있다는 걸 알게 될 것이다. 사회주의는 한 묶음의 통치자를 다른 묶음의 통치자로 대체하는 일에 필연적으로 관여하는 것은 아니다. 파리 코뮌을 이야기하면서, 마르크스는 "국가를 지배계급의 한 분파에서 다른 분파로 이동시키는 것이 혁명이 아니라, 계급지배의 끔찍한 조직 그 자체를 무너뜨리는 것이 혁명이다."[3]고 지적했다.

사회주의는 주권 개념 자체의 변화를 포함한다. 오늘날 런던에서 '권력'이란 단어가 의미하는 것과 1871년 파리에서 의미하는 것 사이에는 단지 흐릿한 유사성만 있을 뿐이다. 권력의 가장 실속 있는 형태는 자기 자신에 대한 권력이며, 민주주의는 이런 역량의 집단적 행사를 의미한다. 복종할 가치가 있는 유일한 형태의 주권은 우리 스스로 만들어 낸 주권이라고 계몽주의는 주장했다. 그와 같은 자기 결정이야말로 자유의 가장 소중한 의미다. 인간이 스스로 자유를 남용할지 몰라도, 자유 없이는 온전한 인간일 수 없다. 인간은 때때로 무모하거나 어리석은 결정들 — 영민한 독재자라면 내리지 않았을 법한 결정들 — 을 내리게 되어 있다. 그러나 이런 결정들이 자신이 내린 것이 아니라면, 아무리 현명하더라도 어딘가 공허하고 가짜 같은 느낌이 들게 마련이다.

따라서 권력은 자본주의 현재에서 사회주의 미래까지 살아남지만, 같은 형태로는 아니다. 권력이라는 개념 자체가 혁명을 겪는다. 국가도 마찬가지다. '국가'라는 말의 한 가지 의미로 볼 때, '국가 사회주의'는 '타이거 우즈Tiger Woods에 대한 인식론적 이론들'이란 표현만큼이나 모순이다. 하지만 다른 의미로 볼 때, 이 용어는 어떤 힘을 가지고 있다. 마르크스는 사회주의 아래서도 여전히 국가가 존재하리라 생각했다. 오직 사회주의를 넘어선 공산주의 아래서만 강압적인 국가가 행정적인 조직에 자리를 내주게 될 것이기 때문이다. 그러나 우리가 쉽게 알아볼 수 있는 그런 국가는 아닐 것이다. 그것은 마치 뭔가 훨씬 더 위압적이고 기념비적인 어떤 것 — 웨스트민스터나 화이트홀이나 신비스럽고 불가사의한 앤드루 왕자 같은 무언가 — 을 기대하고 있을 때, 누군가가 민주적으로 선출된 중앙 행정부에 의해 유연하게 규제되는 자치 공동체들의 탈중심화된 연합체를 가리키며 "저기 국가가 있다!"고 공표하는 것이나 마찬가지다.

마르크스가 무정부주의자들과 벌인 논쟁의 일부는 어느

경우든 권력이 얼마나 근본적인가에 관한 문제였다. 권력은 궁극적인 문제인가? 마르크스의 견해로는 그렇지 않다. 그에게 정치권력은 더욱 폭넓은 역사적 맥락에 놓여야 했다. 우리는 권력이 어떤 물질적 이해관계에 봉사하는지를 물어야 하는데, 이 물질적 이해관계에 권력의 뿌리가 놓여 있다고 마르크스는 간파했다. 그가 국가를 이상화하는 보수주의자들을 비판했다면, 동시에 국가의 중요성을 과대평가하는 무정부주의자들도 견딜 수 없었다. 마르크스는 권력을 '물화物化'하는 것, 즉 권력을 사회 환경에서 떼어 내어 마치 스스로 존재하는 사물처럼 다루는 것을 거부했다. 이 점은 의심할 여지없이 그의 작업이 지닌 강점이다. 하지만 강점이 흔히 그렇듯이 여기에도 어떤 맹점이 따른다. 마르크스가 권력에 관해서 간과한 것을, 같은 나라 출신인 니체와 프로이트는 현저하게 다른 방식으로 인식했다. 권력은 그 자체로 어떤 것이 아닐지 모르나, 거기에는 그저 지배를 위한 지배에 탐닉하는 요소 — 특정한 목적도 없이 그저 힘을 과시하기를 즐기며, 처음부터 멍에를 쓴 실질적 목표를 항상 초과하는 요소 — 가 있다. 셰익스피어는 『태풍*The Tempest*』의 프로스페로 Prospero와 에어리얼Ariel 사이를 묘사한 대목에서 이 사실을 깨달았다. 에어리얼은 프로스페로의 권력에 순종하는 대리인이지만, 이 통치 권력으로부터 도망쳐 그저 자기 일을 하고 싶어 조바심을 낸다. 장난꾸러기 요정 같은 명랑한 태도로, 그는 자신의 마법 권력을 그의 주인의 전략적 목적에 얽매이지 않고 단지 그 자체로 즐기길 원한다. 권력을 단순히 수단으로 보는 것은 권력의 이런 주요한 특징을 간과하는 것이라, 권력이 왜 그토록 가공할 만큼 위압적으로 되었는지를 오해할 수 있다.

10
마르크스주의는
급진적 운동에 기여했다

지난 40년 동안 가장 흥미로운 급진적 운동들은 모두 마르크스주의 밖에서 일어났다. 이제는 페미니즘, 환경주의, 동성애와 종족 정치, 동물의 권리, 반세계화, 평화 운동 등이 낡은 계급투쟁을 향한 헌신을 이어받아, 마르크스주의를 저 멀리 밀쳐 두고 새로운 형태의 정치 활동을 대표한다. 마르크스주의는 이런 운동에 기여한 바가 거의 없으며 영감을 불어넣지도 못했다. 여전히 정치적 좌파가 존재하지만, 이들은 탈계급적이고 탈산업적인 세계에 어울리는 좌파이다.

마르크스주의와 페미니즘

새로운 정치 흐름 가운데 가장 활발한 것 중 하나가 반자본주의 운동으로 알려져 있기 때문에, 어떻게 마르크스주의와 결정적 단절이 발생했는지 파악하기가 어렵다. 반자본주의 운동이 마르크스주의 사상에 아무리 비판적이라 해도, 마르크스주의에서 반자본주의로의 이동이 결코 굉장한 변화는 아닌 것이다. 사실 마르크스주의가 다른 급진주의 경향을 다루는 방식은 대체로 신뢰를 받았다. 이를테면 여성 운동과의 관계를 보자. 때로 이 관계는 확실히 문제투성이였다. 일부 남성 마르크스주의자들은 성과 관련된 문제라면 무엇이든 경멸적으로 무시하거나, 페미니즘 정치를 자기들 목적에 맞게 이용하려고 했다. 마르크스주의는 전통적으로 젠더를 무시하거나 최악의 경우 혐오스러울 정도로 가부장적이다. 하지만 1970년대와 1980년대 일부 분리주의 페미니스트들이 자기 위주로 생각했던 것처럼, 이런 마르크스주의 성향 또한 전체를 대변하는 것은 결코 아니다. 많은 남성 마르크스주의자들이 개인적으로나 정치적으로 페미니즘으로부터 꾸준한 배움을 얻었다. 반대로 마르크스주의 또한 페미니즘의 사상과 실천에 많은 기여를 했다.

몇십 년 전 마르크스주의와 페미니즘의 대화가 가장 활발했을 때, 핵심적인 질문들이 전반적으로 제기되었다.[1] 마르크스 자신은 대체로 무시했던 가내 노동에 대한 마르크스주의 견해는 무엇인가? 여성들이 마르크스주의적 의미의 사회계급을 형성하는가? 대체로 산업 생산에 집중된 이론이 어떻게 육아와 소비와 성과 가족을 이해할 수 있는가? 가족은 자본주의 사회에 중심인가, 아니면 더 이롭고 교묘하게 잘 해낼 수만 있다 싶으면, 자본주의는 사람들을 공동 막사로 몰아넣을 것인가? (『공산당 선언』에는 중간계급 가족에 대한 비판이 담겨 있다. 이는 매력남 엥겔스가 이론과 실천의 변증법적 통일을 이루고 싶어 자기 사생활에서 열성적으로 채택한 사례이다.) 계급사회를 전복하지 않고도 여성에게 자유가 가능할까? 가부장제가 자본주의보다 훨씬 더 오래되었다고 한다면, 이 둘 사이는 어떤 관계일까? 일부 마르크스주의 페미니스트들은 자본주의가 몰락해야만 여성 억압이 종식될 수 있다고 생각했다. 반면에 다른 마르크스주의 페미니스트들은 자본주의는 이런 억압 형태 없이도 살아남을 수 있을 것이라 주장했는데, 이 주장에 보다 더 설득력이 있다. 이런 관점에서 보면, 자본주의에는 여성의 종속을 요구하는 본성이 없다. 그러나 가부장제와 계급사회라는 두 역사는 실천적으로 매우 촘촘히 얽혀 있어, 하나를 뒤엎으면 다른 하나에 거대한 충격파가 강타하지 않을 거라고 상상하기는 어려울 것이다.

마르크스는 작업하면서 대부분 젠더를 의식하지 않았다. 물론 자본주의 역시 어떤 면에서는 때로 젠더를 의식하지 않았다. 누구를 착취할 수 있고 누구에게 제품을 팔 수 있는가 하는 문제에 이르면, 자본주의 체제는 젠더와 민족과 사회적 혈통 등에 상대적으로 무관심하다는 사실을 살펴본 바 있다. 하지만 마르크스의 노동자가 영원히 남성이라면, 그건 자본주의 본성 때문이 아니라, 마르크스 자신이 빅토리아조 전통 방식의 가부장이었기 때문이다. 그럼에도 그는 성적 재생산 관계를 가장 중요하다고 보았고, 『독일 이데올로기』에서는 처음에는 가족이 유일한 사회적 관계라고 주장하기까지 했다. 생명 그 자체의 생산 — "노동으로 자신의 생명을 생산하고 생식으로 새로운 생명을 생산하는 것" — 에 대해서, 성적 생산과 물질적 생산에 관한 이 두 거대 역사 서사에서 어느 한쪽이 없으면 인간의 역사가 갑자기 멈춰 버릴 것이니, 마르크스는 이 두 가지가 긴밀히 얽혀 있다고 보았다. 사람들이 가장 주목하여 창조하는 것은 다른 사람이다. 그렇게 함으로써, 어떤 사회 체제라도 스스로를 유지하기 위해 필요한 노동력을 생성한다. 성적 재생산과 물질적 재생산은 모두 자신만의 독특한 역사를 갖고 있어 하나로 합병시킬 수는 없지만,

둘 다 오래된 갈등과 불의의 장이었다. 따라서 각각의 희생자들은 정치적 해방에 공동의 이해를 갖는다.

노동계급이라는 애인을 얻어 프롤레타리아트와 정치적 연대뿐 아니라 성적 연대까지 실천했던 엥겔스는, 여성 해방이 계급사회의 종식과 분리될 수 없다고 생각했다. (그의 애인 역시 아일랜드 출신이기에, 그는 이 관계에 반식민주의적 차원까지 신중하게 덧붙였다.) 그의 책 『가족, 사유재산, 국가의 기원*The Origin of the Family, Private Property and the State*』(1884)은 결함으로 가득하나 선의로 충만한 인상적인 사회인류학 저서다. 이 책에서 그는 관습적인 성별 노동 분업에 이의를 제기하진 않았지만, 남성들의 여성 억압을 "최고의 종속"으로 간주했다. 볼셰비키도 이른바 여성 문제를 똑같이 심각하게 받아들였으며, 차르를 무너뜨린 봉기는 1917년 국제 여성의 날에 맞춘 대중 시위로 촉발되었다. 권력을 잡자 볼셰비키당은 정치적으로 여성 평등을 앞세웠고 국제여성사무국을 설치했다. 사무국은 20개국 대표자들이 참석한 제1차 국제노동여성회를 소집했으며, 이 모임에서 "세계 노동 여성에게" 보낸 호소에는 공산주의 목표와 여성 해방이 긴밀하게 동맹 관계를 맺고 있다는 관점이 담겨 있었다.

로버트 영Robert J. C. Young은 "1960년대 여성 운동이 부활하기 전까지, 여성의 평등이 다른 정치적 해방의 본질이라고 본 사람이 어떻게 사회주의나 공산주의 진영의 남성들뿐이었는지 놀랍다."[2]고 썼다. 20세기 초 민족주의와 식민주의 문제와 더불어, 젠더라는 이슈가 체계적으로 제기되고 논의된 장은 공산주의 운동이 유일했다. 이어서 영은 "공산주의는 서로 다른 형식의 지배와 착취(계급·젠더·식민주의)가 갖는 상호 연관성과 이들 모두를 철폐하는 것이 각각의 성공적 해방의 실현을 위한 근본적 토대임을 인식한 최초의 그리고 유일한 정치 프로그램이었다."[3]고 썼다. 사회주의 사회들 대부분이 여성 권리의 실질적 진척을 향해 압력을 가했고, 그 가운데 많은 곳에서는 서구가 열성을 갖고 '여성 문제'에 관해 연설을 하기 한참 전에 이미 그 문제를 감탄할 수준으로 심각하게 다루었다. 젠더와 성 문제에서 공산주의 실제 기록에는 심각한 결함이 있지만, 미셸 바렛Michèle Barrett이 주장한 대로 "페미니즘 사상 밖에서 이루어진 여성 억압에 관한 어떤 비판적 분석 전통도 마르크스주의 사상가들이 이 문제에 던진 예리한 주목에 비견할 만한 것은 없다."[4]는 것이 사실이다.

마르크스주의와 반식민지 운동

마르크스주의는 여성의 권리를 꾸준히 옹호하면서도, 세계 반식민주의 운동도 가장 열렬히 지지했다. 실제로 20세기 전반부 내내 마르크스주의는 반식민주의 운동을 떠받치는 주요한 영감이었다. 이와 같이 마르크스주의는 근대 시기의 세 가지 가장 위대한 정치투쟁— 식민주의

프란츠 파농(1925-1961)

에 대한 저항, 여성 해방, 파시즘에 대항한 싸움— 의 선두에 섰다. 대다수 반식민주의 전쟁의 위대한 1세대 이론가들에게 마르크스주의는 없어서는 안 될 출발점을 제공했다. 1920년대와 1930년내에는 사실상 인종적 평등을 외친 사람들은 공산주의자들이 유일했다. 콰메 은크루마Kwame Nkrumah에서 프란츠 파농Frantz Fanon으로 나아가는 제2차 세계대전 후의 아프리카 민족주의 대부분은 마르크스주의나 사회주의 몇몇 판본들에 의존했다. 아시아의 대다수 공산주의 정당들은 민족주의를 자신들의 의제에 포함시켰다. 줄스 타운센드는 이렇게 쓰고 있다.

프랑스와 이탈리아의 주목할 만한 경우는 예외로 하고, (1960년대에) 선진 자본주의 나라들에서는 노동계급이 상대적으로 잠잠했던 데 반해, 아시아와 아프리카, 라틴아메리카의 농민은 지식인과 더불어 사회주의 이름으로 혁명을 하거나 사회를 창조했다. 아시아에서는 1966년 중국에서 일어난 마오의 문화대혁명과 베트남에서는 미국에 대항한 호치민의 베트콩 저항이란 영감이 나왔고, 아프리카에서는 탄자니아의 니에레레Julius Nyerere, 가나의 은크루마Nkrumah, 기니비사우의 카브랄Cabral, 알제리의 파농으로부터 사회주의적이고 해방적인 비전이 나왔으며, 라틴아메리카에서는 피델 카스트로와 체 게바라의 쿠바 혁명이 있었다.[5]

말레이시아에서 카리브 지역까지, 아일랜드에서 알제리까지, 혁명적 민족주의는 마르크스주의에게 자신을 되돌아볼 것을 강요했다. 동시에 마르크스주의는 외국에 기반을 둔 자본가계급에 의한 통치를 국내 기반 자본가계급의 통치로 대체하는 것을 뛰어넘는 더 건설적인 방안을 제3세계 해방 운동에 제시하려고 했다. 그것은 국가라는 물신物神(fetish)을 넘어 보다 국제주의적인 비전을 바라보는 것이었다. 마르크스주의가 이른바 제3세계의 민족 해방 운동을 지원한 것은,

이 운동 관점이 부르주아 민족주의라기보다 국제적 사회주의적인 것이어야 한다는 주장에 근거하고 있다. 하지만 이 주장은 대부분 쇠귀에 경 읽기였다.

권력을 잡자마자 볼셰비키는 식민지 인민들의 자기 결정권을 선포했다. 세계 공산주의 운동은 이런 정서를 실천으로 옮기기 위해 해야 할 일이 많았다. 레닌은 민족주의에 대한 비판적인 태도에도 불구하고, 민족 해방 운동의 중요성을 간파한 최초의 주요 정치이론가였다. 그는 또한 낭만적 민족주의에 맞서 민족 해방은 맹목적 애국주의 정서가 아니라 급진적 민주주의의 문제라고 강조했다. 독특하고도 강력한 조합으로, 마르크스주의는 반식민주의의 옹호자일 뿐만 아니라 민족주의 이데올로기의 비판자가 되었다. 케빈 앤더슨Kevin Anderson이 언급했듯이, "인도가 독립하기 30년도 더 전에, 또 아프리카 해방 운동이 1960년대 초 주목을 받기 40년도 더 전에, (레닌은) 이미 반제국주의 민족 운동을 지구 정치의 주된 요소로 이론화하고 있었다."[6] 레닌은 "모든 공산주의 정당은 예속되고 권리를 누리지 못하는 나라(예를 들어 아일랜드와 미국 흑인 등)와 식민지에서 일고 있는 혁명 운동에 직접적인 원조를 제공해야 한다."[7]고 1920년에 썼다. 그는 소비에트 공산당 내부에 존재하는 이른바 '위대한 러시아 국수주의'를 맹비난했는데도 불구하고, 우크라이나의 합병과 그 후

그루지야의 강제 병합을 사실상 승인했다. 트로츠키나 로자 룩셈부르크Rosa Luksemburg를 포함한 다른 일부 볼셰비키도 민족주의에 강한 적대감을 드러냈다.

시몬 볼리바르(1783-1830)

마르크스 자신은 반식민주의 정치에 다소 모호한 태도를 취했다. 초기에는 식민권력에 대항하는 투쟁이 사회주의 혁명 목표를 고취할 것 같은 경우에만 지지하는 경향을 보였다. 어떤 민족은 "비역사적이며" 멸종할 운명이라고 불미스러운 선언을 했다. 단 한 번의 유럽 중심주의적 제스처로 체코인·슬로베니아인·달마티아인·루마니아인·크로아티아인·세르비아인·모라비아인·우크라이나인 등을 역사의 쓰레기통에 모조리 넣어 버렸다. 한때 엥겔스는 알제리의 식민화와 미국의 멕시코 정복을 열렬히 지지한 반면, 마르크스는 위대한 라틴아메리카 해방자 시몬 볼리바르Simón Bolívar에게 인색한 존경을 표했다. 마르크스는 인도가 내세울 만한 자신의 역사를 갖고 있지 않으며, 영국에 의한 종속이 자신도 모르게 인도 아대륙亞大陸에 사회주의 혁명을 위한 초석을 깔았다고 언급했다. 이런 이야기를 캔터베리에서부터 캘리포니아 사이에 있는 어느 탈식민주의 수업에서 한다면 결코 A학점은 받지 못할 것이다.

마르크스가 식민주의에 관해 긍정적으로 말할 수 있다면, 그가 한 민족이 다른 민족을 짓밟는 전망을 즐겼기 때문이 아니다. 그가 판단했듯이, 그와 같이 비열하고 수치스러운 억압과 자본주의 근대가 서로 밀접하게 연관되어 '미개발' 세계에 도입된다고 보았기 때문이다. 이는 결국 특정한 이익을 그 지역에 가져다줄 뿐만 아니라, 사회주의를 위한 길을 닦아 놓을 것이었다. 이런 '목적론적' 사유의 찬반에 관해서는 이미 논의한 바 있다.

식민주의가 진보적인 면이 있다는 견해는 대다수 서구 탈식민주의론자들에게는 가슴 아픈 대목이다. 왜냐하면 정치적으로 매우 잘못된 어떤 것을 실토함으로써 제 나라를 인종주의와 자민족중심주의에게 팔아넘길 수 있다는 점을 그들이 우려했기 때문이다. 그러나 이는 인도와 아일랜드 역사가들 사이에는 흔한 일이다.[8] 식민주의처럼 엄청나게 복잡한 현상이 여러 지역과 세기에 걸쳐 펼쳐졌는데, 어떻게 긍정적인 효과를 단 하나도 낳지 못했겠는가? 영국의 통치는 19세기 아일랜드에 기근, 폭력, 궁핍, 인종적 우월의식, 종교적 억압을 가져왔다. 하지만 영국 통치의 여파로, 민족주의 운동이 조직되고 궁극적으로 권력을 잡게 해 준 문해력, 언어, 교육,

제한적 민주주의, 기술, 통신, 시민단체 등 많은 것들이 함께 들어왔다. 이런 것들은 가치 있는 정치적 대의를 촉진시킬 뿐 아니라 그 자체로도 귀중한 재산이었다.

많은 아일랜드인들이 영어를 배워 근대로 진입하고자 갈 망한 반면, 일부 상류층 아일랜드 낭만주의자들은 마치 후견 인인 듯 그들에게 모국어만 사용하게 하는 데 열심이었다. 유사한 편견이 일부 탈식민주의 작가들에게서도 발견되는데, 이들에겐 자본주의 근대성이 지독한 재앙으로 보일 것이다. 이들은 탈식민 인민들의 대의를 옹호하지만, 대다수 인민들 은 그들의 견해를 공유하지 않는다. 물론 아일랜드인들이 트 라우마가 적은 방식으로 민주주의(그리고 궁극적으로 번영)를 시작할 수 있었다면 더 좋았을 것이다. 무엇보다 아일랜드인 들은 식민 주체라는 모욕을 당하지 않았어야 했다. 하지만 그 렇게 된 결과, 그런 조건에서도 가치 있는 뭔가를 뽑아내는 것이 가능하다는 점을 입증했다.

그렇다면 마르크스는 식민주의에서 어떤 '진보적' 경향을 탐지했을 것이다. 그럼에도 그는 인도나 여타 지역의 식민 통치의 '야만성'을 비난하고, 1857년의 인도 대반란을 응원 했다. 그는 1857년 봉기에서 추정되는 잔혹성이란 영국이 아일랜드에서 저지른 약탈적 행위와 마찬가지라고 논평했다. 인도에서 영국 제국주의는 자비로운 문명화 과정을 밟아 가기는커녕, "복수심에 찬 유혈 과정"[9]이었다. 인도는 "부르주아 문명의 극심한 위선과 내재적 야만성"을 낱낱이 드러냈는데, 이런 것들은 국내에서는 그럴듯한 외양을 하고 있으나 해외에서는 벌거벗은 채로 노출되었다.[10] 실제로 아이자즈 아마드Aijaz Ahmad는 어떤 영향력 있는 19세기 인도 개혁가도 인도 민족 독립 문제에 관해 마르크스만큼 분명한 입장을 취한 사람은 없었다고 주장한다.[11]

엥겔스가 프랑스의 알제리 토지 몰수에 대해 자신의 견해를 철회한 것처럼, 마르크스도 멕시코 정복에 관한 자신의 초기 견해를 철회했다. 엥겔스는 그것이 오직 유혈과 약탈과 폭력, 그리고 '열등한 종자'인 토착민들을 향한 이주정착민들의 '뻔뻔한 오만'을 폭발하게 했을 뿐이었음을 뼈아프게 회고했다. 그는 혁명 운동만이 상황을 회복시킬 것이라고 주장했다. 마르크스는 그의 시대 중국 민족 해방 운동을 옹호했는데, 이는 그가 경멸적으로 식민주의 '문명 행상인'이라 부른 것에 대한 저항이었다. 다시 말해 그는 '비역사적'이든 아니든, 식민화된 나라들의 해방 투쟁을 지지함으로써 자신의 초기 국수주의에 대한 오류를 벌충했다. 그 어떤 나라도 다른 나라를 억압하는 것은 스스로에게 족쇄를 채우는 꼴이라고 확신하면서, 그는 아일랜드 독립이 영국에서 사회주의 혁명을 위한 전제 조건으로 보았다. 그는 『공산당 선언』에서 노동계급과 그들의 주인 사이의 갈등이 처음에는 민족투쟁의 형태를 띤다고 썼다.

마르크스주의와 탈식민주의

지금까지 추적한 마르크스주의 전통에서 볼 때, 문화·젠더·언어·타자성·차이·정체성·민족성이라는 사안들은 국가 권력, 물질적 불평등, 노동 착취, 제국주의 약탈, 정치적 대중 저항, 혁명적 변화라는 문제들과 분리될 수 없다. 하지만 후자를 빼고 전자만 본다면, 오늘날의 탈식민주의 이론과 상당히 비슷한 것이 될 것이다. 대략 1980년 즈음, 신뢰를 잃은 마르크스주의가 정치적으로 더 관련성 있는 탈식민주의에 자리를 내주었다는 단순한 인식이 널리 해외로 퍼졌다. 사실상 여기에는 철학자들이 범주화의 오류라고 부르는 것이 포함되었는데, 이는 마치 겨울잠쥐dormouse를 결혼 개념과 비교하려는 것과도 같다. 마르크스주의는 대륙을 가로질러 수 세기에 걸쳐 일어난 대중 정치 운동이며, 셀 수 없이 많은 사람들이 이를 위해 싸워 때로 목숨을 잃었던 신념이다. 탈식민주의는 몇백 개의 대학을 제외하곤 대체로 이야기되지 않는 학문적 언어이며, 때로 평균적인 서구인들에게 스와힐리어만큼이나 불가해한 언어이다.

하나의 이론으로서 탈식민주의는 20세기 말 민족 해방 투쟁들이 대체로 갈 데까지 다 갔을 무렵 갑자기 등장했다. 이 흐름의 토대가 된 에드워드 사이드Edward Said의 『오리엔탈리즘Orientalism』은 자본주의의 심각한 위기가 서구의 혁명 정신을 끌어내리고 있었던 1970년대 중반에 나왔다. 이런 면에서 사이드의 책이 꽤 강하게 반마르크스주의적이라는 점은 의미심장하다. 탈식민주의는 어떤 의미에서는 혁명적 유산을 보존하지만, 다른 의미에서는 그 유산을 폐기한다. 그것은 탈혁명적 세계에 적합한 탈혁명적 담론이다. 가장 훌륭하게는 드문 통찰과 독창성을 지닌 저작을 생산했지만, 가장 저급하게는 포스트모더니즘의 외교부에 불과할 뿐이다.

따라서 마치 계급이 이제 젠더와 정체성과 민족성에 자리를 양보해야만 할 것 같은 상황은 아니다. 다국적 기업과 지구 남반구의 저임금 노동자, 소수 민족, 종종 여성 노동자들 사이의 갈등은 정확한 마르크스주의적 의미에서 계급 문제이다. 이를테면 서구 탄광 노동자들이나 제분소 노동자들에 대한 '유럽 중심'의 초점이 이제는 지역적 전망이 덜한 방향으로 대체된 것이 아니다. 계급은 언제나 국제적인 현상이다. 마르크스는 조국을 인정하지 않는 것이 노동계급이라고 생각하고 싶었으나, 실은 자본주의가 그랬다. 『자본』을 슬쩍 들여다보기만 해도 알 수 있듯이, 용어의 의미로만 보면 지구화는 진부한 뉴스이다. 여성은 늘 노동력의 큰 부분을 차지했으며, 인종 억압은 늘 경제적 착취로부터 분리해 내기가 힘들었다. 새로운 사회 운동들이란 대체로 전혀 새로운 것이 아니다. 그런 운동들이 계급 강박에 경도된 반反다원주의적 마르크스주의로부터 '주도권을 넘겨받았다'는 생각은, 그들과 마르크스주의가 생산적인 동맹 속에 상당 기간 함께 활동했다는 사실을 간과한다.

포스트모더니즘론자들은 때로 마르크스주의가 유럽을 중심에 둔 백인 합리주의자의 서구적 가치를 지구의 매우 다른 분야에 강요했다고 비판한다. 정치적 해방에 대한 마르크스의 불타는 관심을 보면, 그는 확실히 유럽인이다. 해방에 대한 사유의 전통은 노예제 실행과 더불어 유럽 역사의 특징이다. 유럽은 민주주의의 고향이지만 동시에 죽음의 수용소의 고향이기도 하다. 유럽은 콩고에서의 인종 학살뿐만 아니라 파리 코뮌과 참정권도 포함하고 있다. 유럽은 사회주의와 파시즘을, 소포클레스와 아널드 슈워제네거를, 시민권과 순항 미사일을, 페미니즘 유산과 기근의 유산을 동시에 나타낸다. 세계 다른 지역들도 마찬가지로 계몽과 억압의 실천이 섞인 혼합을 특징으로 한다. 순진하게 유럽을 전부 부정적으로 보거나 탈식민 '주변부'를 매우 긍정적으로 보는 사람만이 이런 사실을 간과할 수 있다. 이런 사람 가운데 일부는 심지어 자신을 다원주의자로 부르는 사람도 있다. 이들 대부분은 유럽에 대해 원한을 품은 탈식민지인이 아니라 죄의식에 사로잡힌 유럽인들이다. 그들의 죄의식이 유럽에 대한 자신들의 경멸에 내재된 인종주의까지 미치는 경우는 드물다.

마르크스의 작업 또한 그의 사회적 조건에 의해 한계 지워진다는 데는 의심의 여지가 없다. 진정으로 그의 사상의 근거가 확실하다면 다르게 될 수가 없다. 그는 중간계급 유럽 지식인이었다. 그러나 제국의 전복이나 공장 노동자의 해방을 외친 중간계급 유럽 지식인은 많지 않았다. 실제로 수많은 식민지 지식인들도 그러지 않았다. 게다가 제임스 코널리 James Connolly에서 C. L. R. 제임스James까지, 마르크스 사상을 학습한 모든 용감한 반식민투쟁 지도자들이 단지 서구 계몽주의에 속은 희생자였다고 주장하는 것은 은근히 하대하는 것처럼 보인다. 18세기 유럽 중간계급의 가슴으로부터 솟아난 자유와 이성과 진보를 향한 그 힘찬 운동은 독재로부터 벗어나려는 매혹적인 해방이자 그 자체가 미묘한 형태의 전제 정치였다고, 어느 누구보다 이런 모순을 일깨워 준 사람이 바로 마르크스였다. 그는 자유와 이성과 진보라는 위대한 부르주아의 이상을 옹호했지만, 그것이 실천에 옮겨질 때마다 왜 스스로를 배반하는 경향이 있는지를 알고 싶어 했다. 그리하여 그는 계몽의 비판자였지만, 가장 효과적인 모든 형태의 비판처럼 그의 비판도 내부로부터의 비판이었다. 그는 계몽의 확고한 옹호자요 맹렬한 반대자였다.

정치 해방을 추구하는 사람들은 자신들에게 손을 뻗는 사람들의 혈통에 대해 지나치게 까다로울 여유가 없다. 카스트로는 마르크스가 독일 부르주아라고 해서 사회주의 혁명에 등을 돌리지 않았다. 아시아와 아프리카의 급진주의자들은 트로츠키가 러시아 유대인이라는 사실에 철저할 만큼 무관심했다. 다문화주의 또는 윌리엄 모리스(영국의 마르크스주의자 ― 옮긴이)에 대해 강의한다고 노동계급에게 행여 '후견인 행세하려는 것'처럼 비칠까 봐 조바심 내는 것은 대개 중간계급 자유주의자들이다. 노동하는 사람들은 일반적으로 그런 특권적인 신경증에서 자유로우며, 도움될 것 같은 정치적 지원이면 뭐든 기꺼이 수용한다. 그 점에 관해서는 마르크스로부터 정치적 자유에 관해 처음 배웠던 식민지 세계 사람들에게서 입증되었다. 마르크스는 분명 유럽인이었으나, 그의 사상이 처음 뿌리를 내린 곳은 아시아였고, 가장 활발하게 번창했던 곳은 제3세계였다. 마르크스주의 사회라 일컫는 곳은 대부분 비유럽 지역에 있었다. 어떤 경우든, 이론이란 단지 다수의 집단에 의해 채택되어 실행에 옮겨지는 것이 아니라, 과정 중에 역동적으로 새롭게 만들어지는 것이다. 이것이 반식민-마르크스주의의 압도적인 이야기였다.

최초의 생태주의자 마르크스

마르크스 비판자들은 때로 그의 작업에서 이른바 프로메테우스적인 기질—무제한 인간 진보에 대한 신뢰와 더불어 자연에 대한 인간의 통치권에 대한 믿음—에 주목했다. 실제로 그의 저작에 그런 흐름이 있는 것이 사실인데, 이는 19세기 유럽의 지식인에게서 예상될 법한 일이다. 1860년 무렵에는 비닐봉지나 탄소 배출에 관한 관심이 거의 없었다. 더욱이 자연은 때로 정복될 필요가 있다. 꽤 빠른 시일 내에 많은 방파제를 건설하지 않는다면, 방글라데시는 사라질 위험에 처할 수도 있다. 장티푸스 예방 접종은 인간이 자연에 대해 통치권을 행사한 하나의 사례이다. 교량이나 뇌수술도 마찬가지다. 소젖을 짜는 일과 도시를 건설하는 일도 자연을 우리 목적에 맞게 이용하는 것이다. 자연을 능가하려고 하지 말아야 한다는 생각은 감상적인 헛소리이다. 그러나 가끔 자연을 능가하려면, 과학으로 알려진 자연의 내적 작용에 섬세하게 맞춰야만 가능하다.

마르크스 자신은 이런 감상주의(그가 "자연에 대한 유치한 태도"라 부른)를 자연 세계에 대한 미신적인 태도라고 보았는데, 자연을 우월한 힘으로 간주하여 인간은 그 앞에 절을 한다는 것이다. 우리를 둘러싼 환경과의 신비화된 이런 관계는 근대 시대에 그가 상품 물신성이라 부른 것으로 재등장한다. 다시 한 번, 우리의 삶은 외부의 이질적인 힘, 즉 포악한 형태의 삶에 감염된 죽은 물체들에 의해 결정된다. 이 자연적 힘은 더 이상 숲의 요정이나 물의 정령이 아니라 시장에서 움직이는 상품이며, 이 운동에 대한 통제권을 오디세우스가 바다의 신에게 그랬던 것처럼 우리 또한 갖고 있지 못하다. 다른 여러 가지 면에서처럼, 마르크스의 자본주의 경제학 비판 역시 자연에 대한 관심과 긴밀히 연결되어 있다.

초기 저서인 『독일 이데올로기』를 쓸 때부터, 마르크스는 사회 분석에 지리학적이고 환경적인 요인들을 포함시켰다. 그는 모든 역사 분석은 "이런 자연적 토대와, 역사 과정에서 인간의 행동을 통한 자연적 토대의 변형으로부터 출발해야 한다."[12]고 선언했다. 그는 『자본』에서 "사회화된 인간(연합한 생산자들)이 자신과 자연 간의 물질대사에 의해 맹목적인 힘으로 지배당하는 대신에, 이 물질대사를 합리적으로 규제하고 공동의 통제 아래 두는 것"[13]에 관해 썼다. 여기서 중요한 것은 지배권이 아니라 '대사代謝(교환)'이며, 약한 자를 위협하는 통치가 아니라 합리적 통제이다. 어쨌건 마르크스의 프로메테우스(마르크스가 가장 좋아한 고전 인물)는 완고한 기술 옹호자라기보다는 정치적 반란자이다. 단테·밀턴·괴테·블레이크·베토벤·바이런에게 그랬듯이 마르크스에게도 프로메테

우스는 혁명, 창조적 에너지, 신들에 대항하는 반란을 상징
했다.[14]

마르크스가 인간의 이름으로 자연을 약탈한 또 다른 계몽
적 합리주의자라는 비난은 매우 잘못된 것이다. 어떤 빅토리
아 시대 사상가도 그만큼 두드러지게 현대 환경주의를 예고
했던 사람은 없다. 현대의 한 평자는 "그 이전 시대는 물론
19세기 사회 사상 중에서도, 마르크스 작업은 자연에 대한
지배의 복잡한 문제를 가장 심오하게 꿰뚫은 통찰"[15]이라고
주장했다. 마르크스의 가장 충성스러운 팬조차도 이 주장이
좀 과하다고 생각할 수 있겠지만, 여기에는 상당히 핵심적인
진실이 담겨 있다. "우리의 전부이자 우리 존재의 첫째 조건
인 지구를 흥정의 대상으로 삼는 것은 우리 스스로를 흥정의
대상으로 삼는 마지막 단계였다."[16]고 한 젊은 시절 엥겔스의
말은 마르크스의 생태론적 견해에 가깝다.

지구가 우리 실존의 첫 번째 조건이어서, 인간사의 토대를
원한다면 거기서 찾아보는 게 좋으리라는 것은 마르크스가
『고타 강령 비판』에서 한 주장이었는데, 인간 실존의 뿌리는
각각 따로 떼어 낸 노동이나 생산이 아니라 자연에 있다는
말이었다. 나이가 든 후 엥겔스는 『자연 변증법 *Dialectics of
nature*』에서 "우리는 정복자가 외국인에게 하듯이, 자연 바
깥에 서 있어서는 결코 자연을 지배할 수 없다. 살과 피와 뇌

를 가진 우리는 자연에 속하고 그 안에서 존재한다. 우리가 자연을 지배할 수 있는 것은, 모든 다른 존재에 비해 자연의 법칙을 알고 그것을 올바로 적용할 수 있다는 장점을 지니고 있기 때문이다."[17]고 썼다. 엥겔스가 『공상에서 과학으로 사회주의의 발전Die Entwicklung des Sozialismus von der Utopie zur Wissenschaft』(1880)에서 인간이 "자연의 실제적이고 의식적인 주인"이라고 말한 것은 사실이다. 또 체셔 사냥협회의 열성 멤버로 활동한 바람에 환경론자로서 그의 이력에 약간 오점을 남긴 것도 사실이나, 어떤 것도 그리고 누구도 완벽할 수 없다는 게 마르크스 유물론의 신조이다.

마르크스는 "한 사회 전체나 한 국가, 심지어 현존하는 사회를 모두 합쳐도 지구의 소유주는 아니다. 그것들은 단지 지구의 점유자·수익자일 뿐이니, 좋은 아버지처럼 개선된 상태로 지구를 다음 세대에게 물려주어야 한다."[18]고 논했다. 그는 자연 자원에 대한 단기적인 자본주의적 착취와 장기적으로 지속 가능한 생산 사이의 갈등을 잘 알고 있었다. 그는 미래 세대의 복지가 걸려 있는 자연적인 지구의 조건을 위험에 빠뜨리지 않으면서 경제 발전이 이루어져야 한다고 거듭 강조했다. 오늘날 살아 있었다면 그가 환경 운동의 선두에 섰으리란 점은 의심할 여지가 없다. 최초의 생태주의자로서 그는 자본주의가 "땅의 생명력을 낭비"하고 "합리적" 농업을 망치고 있다고 보았다.

『자본』에서 마르크스는 "영원한 공동체 재산으로 땅을 합리적으로 경작하는 것은 대대로 이어져 내려오는 인류 세대들의 존재와 재생산을 위한 양도할 수 없는 조건"[19]이라고 썼다. 그는 자본주의적 농업은 오로지 "모든 부의 원천인 (…) 땅과 땅의 노동자들"을 쥐어짜 내야만 번영한다고 생각했다. 산업자본주의에 대한 비판으로, 마르크스는 쓰레기 처리, 산림 파괴, 강물 오염, 환경 독소, 대기의 질에 대해 논의했다. 그는 생태적 지속 가능성이 사회주의 농업에서 주요한 역할을 담당할 것으로 생각했다.[20]

이와 같이 자연에 대해 관심을 갖게 된 배경에는 철학적 비전이 있다. 마르크스는 자연주의자요 유물론자로서 인간은 자연의 일부임에도 위험을 무릅쓰고 자신이 생물임을 망각하는 존재라고 생각했다. 그는 심지어 『자본』에서 자연은 인간의 "신체"와 "끊임없이 물질대사가 이루어져야 하며", 생산수단은 "신체 기관의 연장"이라고 했다. 상원의원에서 잠수함에 이르는 문명 전체가 다만 우리의 육체적 힘의 연장인 것이다. 육체와 세계, 주체와 객체는 섬세한 균형 속에서 존재함으로써 우리의 환경은 언어처럼 인간의 의미를 잘 표현할 수 있게 된다. 마르크스는 이와 반대되는 상태를 '소외'라고 했는데, 소외 상태에서는 야만적인 물질세계 어디서도 우리 자신의 반영을 찾아볼 수 없다. 그리하여 자연적으로 우리의 가장 핵심적인 존재와의 접촉을 상실하게 된다.

자아와 자연의 상호관계가 무너지면, 의미 없는 자본주의 물질세계만 남게 되어 자연은 그저 공상하는 형태로 끼워 맞춰지는 말랑한 재료로 전락하고 만다. 문명은 하나의 거대한 성형수술의 결과다. 동시에 자아는 자연과 자신의 육체와, 그리고 다른 사람들의 육체에서 분리된다. 마르크스는 우리의 육체적 감각마저 자본주의에서 '상품화'되었다고 믿는다. 왜냐하면 생산의 단순한 추상적인 도구로 전환된 육체는 자신의 감각적 삶을 맛볼 수 없기 때문이다. 오직 공산주의를 통해서만 우리 자신의 육체를 다시 느낄 수 있다. 마르크스는 그때에야 비로소 야만적으로 도구화된 이성을 넘어 세계의 정신적이고 미학적인 차원을 즐길 수 있다고 주장했다. 실제로 그의 작업은 철저히 '미학적'이었다. 그는 『정치경제학 비판 요강』에서 자본주의에서는 자연이 순전히 실용의 대상이 되어, '그 자체가 힘'으로서 인식되지 못한다고 비판했다.

마르크스의 자연과 노동

마르크스의 관점에서는 물질적 생산을 통해 인류는 자신과 자연 사이의 '물질대사'를 매개하고 규제하며 통제하는데, 이는 거만한 지배가 아니라 쌍방향 통행으로 이루어진다. 그리고 이 모든 것 — 자연, 노동, 고통스러우나 생산적인 육체와 필요들 — 은 인간 역사의 지속적인 토대를 구성한다. 이는 인류 문화의 저류를 관통하며 모두에게 불가피한 인상을 남기는 서사이다. 그의 견해로는 노동은 인류와 자연 사이의 '물질대사적' 교환으로, 변하지 않는 '영원한' 조건이다. 변하는 것 — 자연을 역사적인 존재로 만드는 것 — 은 우리 인간이 자연에 나가 일하는 다양한 방식이다. 인류는 다양한 방식으로 생존 수단을 생산한다. 이는 종種을 재생산하는 데 필수적이란 의미에서 자연적이다. 하지만 그것은 또한 특정 종류의 통치와 갈등과 착취를 포함한다는 점에서 문화적이거나 혹은 역사적이다. 노동의 '영원성'을 받아들이면 이런 사회적 형식들 또한 영원하다고 우리를 기만하게 될 것이라 생각할 이유는 없다.

마르크스가 표현한 "자연이 부과한 인간 존재의 항구적 조건"은 문화 속으로 용해되려는 자연적 물질적 육체에 가한 탈근대적 억압과 대조될 수 있다. '자연적'이란 말 자체는 이미 정치적 이득이 계산된 꼼수가 들어 있어 전율을 불러일으킨다. 우리에게 공통된 생물학에 대한 모든 관심은 '생물학주의biologism'라는 사상적 범죄가 된다. 포스트모더니즘은 변하지 않는 것에 대해 불편한 심기를 드러내며, 이런 것은 어디서든 정치적 반동의 편에 선다고 왜곡해 상상한다. 인간 육체는 진화 과정에서 거의 바뀌지 않았기 때문에, 탈근대적 사유는 오직 '문화적 구성물'로만 이에 대응할 수 있다. 어떤 사상가도 실제적으로 마르크스만큼 자연과 육체가 어떻게 사회적으로 매개되는가에 관해 의식한 사상가는 없었다. 그리고 그 매개는 우선적으로 노동으로 알려져 있으며, 자연에 작용하여 인간적 의미를 창출한다. 노동은 의미화 작업이다. 우리는 야만적인 물질 조각과 맞부딪치는 게 아니다. 오히려 물질세계는 늘 인간적 의미로 가득한 채 우리에게 다가오며, 심지어 공백조차 기표記表(signifier)이다. 토머스 하디의 소설들은 이런 조건을 매우 탁월하게 그려 냈다.

마르크스는 인간 사회의 역사가 자연 역사의 일부라고 믿었다. 이는 무엇보다 동물로서의 인간 존재에 사회성이 내재되어 있다는 뜻이다. 사회적 협력은 우리의 물질적 생존에 필요하지만, 또한 종種으로서 우리가 자기실현을 이루기 위한 부분이기도 하다. 따라서 자연이 어떤 의미에서 사회적 범주라면, 사회 또한 자연적 범주이다. 탈근대론자들은 전자를 강조하고 후자를 감춘다. 마르크스에게 자연과 인류의 관계는 대칭적이지 않다. 『독일 이데올로기』에서 결국 그는 자연이 우위를 점한다고 적었다. 개인에게 이것은 죽음을 뜻한다. 손이 닿는 대로 마법처럼 반응해, 물질세계의 무한 발전이라는 파우스트적인 꿈은 '영원한 자연의 우선권'을 간과한다. 오늘날 이는 파우스트적인 꿈이 아니라 미국의 꿈으로 알려져 있다. 이 꿈은 무한대로 뻗어 있는 우리의 길을 막는다는 이유로 물질을 은밀히 혐오하는 비전이다. 그런 이유로 물질세계는 힘에 정복되거나 문화 속으로 녹아 들어가야 한다. 탈근대주의와 개척자 정신은 동전의 양면이다. 이 둘은 자신들의 영속적인 한계를 향한 도전이 우리가 알고 있는 인류의 역사란 사실을 받아들이지 못할 뿐만 아니라, 지금의 우리를 만든 것도 우리의 한계라는 사실을 받아들이지 못한다.

마르크스는 인간은 자연의 일부나 곁에서 지켜보며 감독할 수도 있어 자연으로부터 부분적으로 분리되는데, 이것도 자연의 일부라고 보았다.[21] 우리가 자연에 작용을 가하기 위해 착수한 기술 자체가 자연에서 만들어진 것이다. 그러나 마르크스는 자연과 문화가 하나의 복합적 연합체를 구성한다고 보기는 하지만, 하나가 다른 것 속으로 용해되는 것은 거부했다. 놀랄 만큼 조숙했던 초기 저작에서, 그는 자연과 인류 사이의 궁극적 통일을 꿈꾸었으나, 이후 더 성숙해져서

둘 사이에 언제나 긴장과 불일치가 있을 것임을 깨달았다. 이런 갈등 중 하나가 노동이다. 그는 인류 자체만큼 오래된 아름다운 환상 — 풍부하기 그지없는 자연이 우리의 욕망에 예의 바르게 경의를 표하는 — 을 유감스럽게도 거부했다.

> 내가 사는 삶은 얼마나 경이로운가!
> 무르익은 사과들이 내 머리맡에 떨어진다.
> 감미로운 포도송이들이
> 내 입속으로 으깨져 포도주로 떨어진다.
> 천도복숭아와 특이한 복숭아가
> 스스로 뻗어 내 손에 들어온다.
> 지나가다, 참외에 걸려 비틀거리다
> 꽃의 덫에 걸려, 풀밭 위로 넘어진다.
> — 앤드루 마블Andrew Marvell, 「정원」

마르크스는 자신이 "자연의 인간화"라 부른 것을 믿었다. 하지만 우리의 필요에 대한 자연의 저항이 줄어들 수는 있을 지라도, 자연은 인류에게 다소 다루기 힘든 존재로 늘 남아 있을 것이라고 생각했다. 그래도 장애를 극복하는 것은 창조력의 한 부분이므로, 긍정적인 측면이 있다. 마법 같은 세계는 따분한 세계일 수도 있다. 아마도 앤드루 마블은 마법의 정원에서 보낸 하루만으로도 충분해서 다시 런던으로 돌아오고 싶어 했을 것이다.

　마르크스는 우리 자신이 세운 생태적 원칙을 깨면서까지 인간의 힘이 무한정 확장될 것을 믿었을까? 때로 그가 인간의 발전에 영향을 미치는 자연 제약을 과소평가한 건 사실이지만, 이는 부분적으로 토머스 맬서스Thomas Malthus 같은 반대자들이 이런 자연 제약을 과대평가했기 때문이다. 마르크스는 자연이 역사에 부과한 경계를 인정했으나, 우리가 이런 경계를 멀리 밀어낼 수 있다고 생각했다. 그의 작업에는 기술적 낙관론, 심지어 기술적 승리주의라고 부를 만한 팽팽하게 당겨진 힘이 있다. 다시 말해 인류가 속박되지 않은 생산력을 등에 업고 놀라운 신세계로 이동해 가리라는 비전이 있었다. 이후 일부 마르크스주의자들(트로츠키도 그들 중 한 명)은 이를 유토피아적인 극단으로 몰고 가, 영웅과 천재로 가득한 미래를 예견했다.[22] 하지만 이미 살펴보았듯이, 그런 발전이 인간의 존엄이나 복지와 양립이 가능해야 한다고 주장하는 또 다른 마르크스가 있다. 자본주의는 생산이 잠재적으로 무한하다고 보는 반면, 사회주의는 이를 도덕적이고 미학적인 가치들의 맥락에 놓는다. 혹은 마르크스 자신이『자본』제1권에서 표현한 대로, "인류의 온전한 발전에 적합한 형식 아래" 놓는다.

테드 벤턴Ted Benton의 논평처럼, 자연의 제약을 인식하는 일은 정치적 해방과 양립 불가능한 것이 아니라 그것에 대한 유토피아적 해석과 양립 불가능할 뿐이다.[23] 세계는 우리 모두가 잘살 수 있는 자원을 갖고 있지만, 우리 모두가 점점 더 잘살 수 있는 자원은 갖고 있지 않다. G. A. 코언Cohen은 "풍요를 약속하는 것은 끝없는 상품의 흐름이 아니라, 유쾌하지 않는 노력을 최소화할 수 있을 만큼의 충분한 생산"[24]이라고 썼다. 이런 약속이 실현되지 못하게 하는 것은 자연이 아니라 정치다. 앞서 본 대로 마르크스에게 사회주의는 생산력 확장을 요구하지만, 확장의 임무는 사회주의가 아니라 자본주의에 떨어졌다. 사회주의는 그런 물질적 부를 쌓기보다 그 부의 등에 올라탄다. 사회주의가 생산력을 발전시키는 문제라고 본 사람은 스탈린이지 마르크스가 아니었다. 자본주의는 마법사의 견습생이니, 그가 불러낸 힘들은 스스로 통제에서 벗어나 사납게 빙빙 돌며 급기야 우리를 파괴하려고 위협한다. 사회주의 임무는 이런 힘에 박차를 가하는 것이 아니라 인간의 합리적인 통제 아래 두는 것이다.

현재 우리가 직면한 인간 생존에 대한 두 가지 거대한 위협은 군사적인 것과 환경적인 것이다. 희소 자원을 둘러싼 투쟁이 무장 대립으로 악화됨에 따라, 미래에 이 둘은 점점 더 합쳐질 것 같다. 수년간 공산주의자들은 가장 열렬한 평화

엘린 우드(1942-2016)

옹호자들이었다. 그 이유는 엘린 M. 우드Ellen Meiksins Wood의 말에 잘 요약되어 있다. 그녀는 "국민 국가 체제라는 맥락에서 팽창·경쟁·착취라는 자본주의의 축적 논리는 장기적으로든 단기적으로든 불안정할 수밖에 없으며, 자본주의가 (…) 현재 그리고 예측 가능한 미래에도 세계 평화에 가장 큰 위협으로 남아 있으리라는 점은 자명하다."[25]고 썼다. 평화 운동이 지구적 공격성의 근본 원인을 파악하려면, 그것을 잉태한 그 짐승의 본성을 무시할 수 없을 것이다. 이는 마르크스주의의 통찰을 무시할 수가 없다는 뜻이다.

환경론도 마찬가지다. 우드는 축적하려는 자본주의 반사회적 본성을 감안한다면, 자본주의가 생태적 파괴를 피할 도리는 없다고 주장한다. 이 체제가 인종적 평등이나 젠더 평등을 용인할 수 있을지는 모르나, 본성상 세계 평화를 성취하거나 물질 세계를 존중할 수는 없다. 우드는 자본주의가 "특히 환경 보존 기술 자체가 이윤을 창출하는 시장성이 있을 때, 일정 정도의 생태 보호를 담보할 수는 있을 것이다. 하지만 자본 축적의 충동에 내재된 본질적인 비합리성은 모든 것을 자본의 자기 확장과 이른바 성장의 요구에 종속시켜, 생태적 균형에 필연적으로 적대적일 수밖에 없다."[26]고 논했다. 오래된 공산주의적 구호인 "사회주의냐 야만이냐"는 늘 어떤 사람들에겐 너무 종말론적인 투로 들렸다. 그러나 역사가 핵전쟁과 생태적 재앙의 전망 쪽으로 급격히 기울면서, 그것이 엄연한 진실이 아니라고 보기가 힘들어졌다. 당장 행동하지 않는다면, 자본주의는 우리 모두의 죽음이 될 것만 같다.

결   론

　이만하면 할 말은 다한 것 같다. 마르크스는 개인에 대해
선 열렬히 신뢰했고 추상적 독단에 대해선 깊은 불신을 품었
다. 완벽한 사회라는 개념엔 관심을 가질 시간적 여유도 없
었고, 평등이란 관념은 경계했으며, 모두가 등에 국민보험
번호가 찍힌 작업복을 입을 미래를 꿈꾸지 않았다. 그가 보
기를 희망했던 것은 획일성이 아니라 다양성이었다. 또한 그
는 사람이 역사의 무력한 노리개라고 가르치지 않았다. 국가
에 대해서는 우파 보수주의자들보다 더 적대적이었고, 사회
주의를 민주주의 적이 아니라 심화라고 보았다. 그가 생각한
훌륭한 삶의 모델이란 예술적 자기표현이라는 생각에 토대
를 둔 삶이었다. 그는 어떤 혁명은 평화적으로 달성될 수 있
다고 믿었고, 사회 개혁엔 결코 반대하지 않았다. 그는 편협
하게 육체노동계급에만 주목하시 않았다. 둘로 선명하게 양

극화된 계급의 관점에서 사회를 바라보지도 않았다.

　마르크스는 물질적 생산을 물신화하지 않았다. 반대로 가능한 제거되어야 하는 것으로 생각했다. 그의 이상은 여가이지 노동이 아니었다. 그가 경제적인 것에 그토록 지칠 줄 모르게 주목했던 이유는, 그것이 인류에게 끼치는 힘을 줄이기 위해서였다. 그의 유물론은 확고한 도덕적·정신적 신념과 온전히 양립 가능하다. 그는 중간계급에 대해 칭찬을 아끼지 않았고, 사회주의가 자유와 시민권과 물질적 번영이라는 중간계급의 위대한 유산의 계승자라고 보았다. 자연과 환경에 대한 그의 견해는 대부분 놀랄 만큼 그의 시대를 앞서갔다. 마르크스 작업이 잉태한 정치 운동보다 여성 해방, 세계 평화, 파시즘에 대한 저항이나 식민지의 자유를 위한 투쟁에 대해 더 확고하게 옹호한 투사도 없었다.

　이토록 희화화된 사상가가 있었던가?

참고 문헌

초판 서문

1. Peter Osborne, in Leo Panich and Colin Leys(eds.), *The Communist Manifesto Now*: Socialist Register, New York, 1998, p. 190.
2. Robin Blackbum, "Fin de Siecle: Socialism after the Crash," *New Left Review*, no. 185, January/February 1991, p. 7 재인용.

제1장

1. 그러나 일부 마르크스주의자들은 이런 변화가 얼마나 중대한지에 대해 의문을 제기한다. 일례로 Alex Callinicos, *Against Postmodernism*, Cambridge, 1989, ch. 5 참조.
2. Fredric Jameson, *The Ideologies of Theory*, London, 2008, p. 514.
3. Tristram Hunt, "War of the Words", *Guardian*, 9 May 2009.

제2장

1. Jeseph Stiglitz, *Globalisation and Its Discontents*, London, 2002, p. 5 참조.
2. Slavoj Žižek, *First as Tragedy, Then as Farce*, London, 2009, p. 91 재인용.

3. Isaac Deutscher, *The Prophet Armed: Trotsky 1879~1921*, London, 2003, p. 373.

4. 가령 Alec Nove, *The Economics of Feasible Socialism*, London, 1983; David Schweickart, *Against Capitalism*, Cambridge, 1993; Bertell Ollman(ed.), *Market Socialism:* The Debate Among Socialists, New York and London, 1998 등 참조. 시장 사회주의에 대해 좀 더 철학적인 옹호는 David Miller, *Market, State and Community: The Theoretical Foundations of Market Socialism*, Oxford, 1989에 보인다.

5. Melvin Hill(ed.), Hannah Arendt: *The Recovery of the Public World*, New York, 1979, pp. 334~35.

6. Robin Blackburn, "Fin de Siècle: Socialism after the Crash," *New Left Review*, no. 185, January/February 1991, p. 29 재인용.

7. 예컨대 Pat Devine, *Democracy and Economic Planning*, Cambridge, 1988; David McNally, *Against the Market*, London, 1993; Michael Albert, *Parecon:* Life After Capitalism, London, 2003 참조. 이런 주장을 잘 요약해 주는 것으로는 Alex Callinicos, *An Anti-Capitalist Manifesto*, Cambridge, 2003, ch. 3 참조.

8. Ernest Mandel, "The Myth of Market Socialism," *New Left Review*, no. 169, May/June 1988, p. 109 n.

9. Pat Devine, *Democracy and Economic Planning*, pp. 253, 265~66.

10. Michael Albert, *Parecon*, p. 59.

11. Raymond Williams, *Communications*, Harmondsworth, 1962.

제3장

1. Alex Callinicos(ed.), *Marxist Theory*, Oxford, 1989, p. 143 재인용.

2. Marx, Preface to *A Contribution to the Critique of Political Economy, in Marx and Engels: Selected Works*, London, 1968, p. 182.

3. 이 이론에 대해 가장 효과적인 옹호로는 G. A. Cohen, *Marx's Theory of History: A Defence*, Oxford, 1978이 있다. 잘못된 견해가 이토록 감명 깊

게 옹호된 적도 드물다. 마르크스의 역사 이론에 대해 훌륭한 설명으로는 S. H. Rigby, *Marxism and History*, Manchester and New York, 1987 참조. 이 책의 논의는 여기에 기댄 바가 크다.

4. Alex Callinicos and Chris Harmon, *The Changing Working Class*, London, 1983, p. 13 재인용.

5. Marx, *The Holy Family*, New York, 1973, p. 101.

6. Marx and Engels, *Selected Correspondence*, Moscow, 1975, pp. 390~91.

7. 같은 책 pp. 293~94.

8. 이 점은 John Maguire, *Marx's Theory of Politics*, Cambridge, 1978, p. 123에 지적되어 있다.

9. Marx, *Capital*, vol. 1, New York, 1967, p. 9.

10. T. Bottomore(ed.), *A Dictionary of Marxist Thought*, Cambridge, 1983, p. 140 재인용.

11. Umberto Melotti, *Marxism and the Third World*, London, 1972, p. 6 재인용.

12. Marx, *Theories of Surplus Value*, London, 1972, p. 134.

13. Alfred Schmidt, *The Concept of Nature in Marx*, London, 1971, p. 36 재인용.

14. Aijaz Ahmad, *In Theory: Classes, Nations, Literatures*, London, 1992, p. 228

제4장

1. 이 개념의 더 긍정적인 의미에 대해 가장 뛰어난 연구 중 하나로는 Fredric Jameson, *Archaeologies of the Future*, London, 2005 참조.

2. Marx and Engels, *The German Ideology*, London, 1974.

3. Marx, *The Civil War in France*, New York, 1972, p. 134

4. Raymond Williams, *Culture and Society 1780~1950*, Harmondsworth, 1985, p. 320.

5. Norman Geras, *Marx and Human Nature: Refutation of a Legend*, London, 1983.

6. Terry Eagleton, *The Illusions of Postmodernism*, Oxford, 1996, p. 47.

7. Len Doyal and Roger Harris, "The Practical Foundations of Human Understanding", *New Left Review*, no. 139, May/June 1983 참조.

8. 이에 대한 반박으로는 앞의 책 *The Illusion of Postmodernism* 참조.

9. Norman Geras, "The Controversy about Marx and Justice", *New Left Review*, no. 150, March/April 1985, p. 82.

10. Norman Geras, 앞의 글, p. 52 재인용.

제5장

1. John Gray, *False Dawn: The Delusions of Global Capitalism*, London, 2002, p. 12.

2. Marx and Engels, *Selected Correspondence*, Moscow, 1965, p. 417.

3. Theodor W. Adorno, *Negative Dialectics*, London, 1966, p. 320.

4. Jean-Jacques Rousseau, *A Discourse on Inequality*, London, 1984, p. 122.

5. John Elliot Cairnes, "Mr Comte and Political Economy," *Fortnightly Review*, May 1870.

6. W. E. H. Lecky, *Political and Historical Essays*, London, 1908, p. 11.

7. Arthur Friedman (ed.), *Collected Works of Oliver Goldsmith*, Oxford, 1966, vol. 2, p. 338.

8. 이에 대해 탁월한 논의로는 Peter Osborne, *Marx*, London, 2005, Ch. 3 참조.

9. Marx, *Theories of Surplus Value*, London, 1972, p. 202.

10. Marx, *Economic and Philosophical Manuscripts of 1844, in Selected Works of Marx and Engels*, New York, 1972.

11. Marx, *Grundrisse*, Harmondsworth, 1973, pp. 110~11.

12. Marx, *Capital*, New York, 1967, vol. III, p. 820.

제6장

1. Étienne Balibar, *The Philosophy of Marx*, London, 1995, p. 2.

2. Quoted in Alfred Schmidt, *The Concept of Nature in Marx*, London, 1971, p. 24 재인용.

3. 같은 책 p. 26.

4. 같은 책 p. 25.

5. Jürgen Habermas, *Knowledge and Human Interests*, Oxford, 1987. p. 35.

6. Marx and Engels, *The German Ideology*, London, 1974, p. 151.

7. Alex Callinicos, *The Revolutionary Ideas of Karl Marx*, London and Sydney, 1983, p. 31 참조.

8. Marx and Engels, *The German Ideology*, p. 51.

9. 원문은 It is to beg too many questions. 여기서 beg는 '제기하다raise'가 아니라 '회피하다avoid'의 뜻이다. 헷갈리는 독자는 『옥스퍼드 영어사전』을 참조하기 바란다.

10. John Macmurray, *The Self as Agent*, London, 1957, p. 101.

11. Jon Elster, *Making Sense of Marx*, Cambridge, 1985, p. 64 재인용.

12. 두 사상가의 관계에 대해 흥미로운 연구로는 David Rubinstein, *Marx and Wittgenstein: Knowledge, Morality and Politics*, London, 1981, and .G. Kitching and Nigel Pleasants (eds.), *Marx and Wittgenstein*, London, 2006 참조.

13. Marx and Engels, *The German Ideology*, p. 47.

14. 「바그너에 관한 주석」에서, 마르크스는 놀라울 정도로 프로이트적 관점에서 인간은 고통과 쾌락을 통해 처음으로 세계의 대상들을 식별하며, 그런 다음 그 가운데 어떤 것이 욕구를 충족시키고 어떤 것이 그렇지 않은지를 구분하는 법을 배운다고 말하고 있다. 니체에서와 마찬가지로 지식은 이런 대상들에 대한 지배의 형식으로 시작한다. 이렇듯 마르크스와 니체 둘 다 지식을 권력과 연결한다.

15. William Empson, *Some Versions of Pastoral*, London, 1966, p. 114.

16. Theodor Adorno, *Prisms*, London, 1967, p. 260.

17. Hannah Arendt (ed.), *Walter Benjamin: Illuminations*, London, 1973, pp. 256~57.

18. Marx, Preface to *A Contribution to the Critique of Political Economy, in Marx and Engels: Selected Works*, London, 1968, p. 182.

19. G. A. Cohen, *History, Labour and Freedom*, Oxford, 1988, p. 178.

20. S. H. Rigby, *Engels and the Formation of Marxism*, Manchester, 1992, p. 233 참조.

21. 뛰어난 마르크스 전기로는 Francis Wheen, *Karl Marx*, London, 1999가 있다.

22. Max Beer, *Fifty Years of International Socialism*, London, 1935, p. 74 참조. 이 대목에 관해서는 마크 멀홀랜드에 감사를 표한다.

23. Tom Bottomore (ed.), *Interpretations of Marx*, Oxford, 1988, p. 275 재인용.

제7장

1. Perry Anderson, *The Origins of Postmodernity*, London, 1998, p. 85.

2. Mike Davis, *Planet of Slums*, London, 2006, p. 25.

3. Marx, *Contribution to the Critique of Hegel's Philosophy of Right, in Marx and Engels: Selected Works*, London, 1968, p. 219.

4. Leo Panitch and Colin Leys (eds.), *The Socialist Register*, New York, 1998, p. 68 재인용..

5. 이후의 설명은 Alex Callinicos and Chris Harman, *The Changing Working Class*, London and Melbourne, 1987과 Lindsey German, *A Question of Class*, London, 1996, 그리고 Chris Harman, "The Workers of the World," *International Socialism*, no. 96 (autumn, 2002)를 (다른 여러 자료들과 함께) 참조했다.

6. Jules Townshend, *The Politics of Marxism*, London and New York, 1996, p. 237.

7. Tom Bottomore (ed.), *Interpretations of Marx*, Oxford, 1968, p. 19 재
인용.

8. John Gray, False Dawn: *The Delusions of Global Capitalism*, London,
2002, p. 111.

9. Chris Harman, "The Workers of the World." 노동계급과 관련하여 반대
의 주장을 제시한 사례로는 G. A. Cohen, *If You're an Egalitarian, How
Come You're So Rich?*, London, 2000.

10. Perry Anderson, *New Left Review*, no. 48, November/December
2007, p. 29 참조.

11. 영국 상류계급의 범죄에 익숙하지 않은 독자들을 위해 좀 더 설명하겠다.
루칸 경은 수십 년 전 자기 집에 거주하던 오페어(외국 가정에 입주하여 아
이 돌보기 등의 집안일을 하고 보수를 약간 받으며 언어를 배우는, 보통 젊
은 여성―옮긴이)를 살해한 혐의를 받았다가 자취도 없이 사라진 영국 귀족
이다.

12. Slavoj Žižek, *In Defense of Lost Causes*, London, 2008, p. 425에서 제
기된 주장이다. 오늘날의 슬럼에 대해 탁월한 설명으로는 Mike Davis,
Planet of Slums, London, 2006 참조.

제8장

1. Isaac Deutscher, *Stalin*, Harmondsworth, 1968, p. 173.

2. G. K. Chesterton, *Orthodoxy*, New York, 1946, p. 83.

3. 전투적인 1970년대에는, "당신 배우자가 살해된다면 부르주아 법원을 이용
하겠습니까?"라거나 "부르주아 신문에 글을 쓰겠습니까?"라는 질문에 어떤
답을 하느냐에 따라 사회주의자로서 믿음의 순수성이 평가되었다. 그러나
진정한 순수주의자나 극좌파는 "부르주아 소방대를 부르겠습니까?"라는 질
문에 단호하게 "아니요."라고 답할 수 있는 사람들이었다.

4. Christopher Hill, *God's Englishman: Oliver Cromwell and the English
Revolution*, London, 1990, p. 137.

제9장

1. Jacques Rancière, *Dis-agreement*, Minneapolis, 1999, p. 113.

2. Marx, *The Civil War in France*, New York, 1972, p. 213.

3. Tom Bottomore, *Interpretations of Marx*, Oxford, 1988, p. 286.

제10장

1. 이 논쟁들을 음미하려면 Juliet Mitchell, *Women's Estate*, Harmondsworth, 1971; S. Rowbotham, L. Segal and H. Wainwright, *Beyond the Fragments*, Newcastle and London, 1979; L. Sargent (ed.), *Women and Revolution*, Montreal, 1981; Michèle Barrett, *Women's Oppression Today*, revised edition, London, 1986 참조.

2. Robert J. C. Young, *Postcolonialism: An Historical Introduction*, Oxford, 2001, pp. 372~73.

3. 같은 책 p. 142.

4. Michèle Barrett, in T. Bottomore (ed.), *A Dictionary of Marxist Thought*, Oxford, 1983, p. 190.

5. Jules Townshend, *The Politics of Marxism*, London and New York, 1996, p. 142.

6. Kevin B. Anderson, "The Rediscovery and Persistence of the Dialectic in Philosophy and in World Politics," in *Lenin Reloaded: Towards a Politics of Truth*, ed. S. Budgeon, S. Kouvelakis and S. Žižek, London, 2007, p. 121.

7. 같은 책 p. 133 재인용.

8. 인도 역사에 대해서는 Aijaz Ahmad, *In Theory: Classes, Nations, Literatures*, London, 1992, Ch. 6 참조.

9. 같은 책 p. 228 재인용.

10. 같은 책 p. 235 재인용.

11. 같은 책 p. 236.

12. Marx and Engels, *German Ideology*, p. 33.

13. Marx, *Capital*, vol. 3, New York, 1967, p. 102.

14. John Bellamy Foster, "Marx and the Environment," in *In Defense of History*, ed. E. M. Wood and J. B. Foster, New York, 1997, p. 150.

15. W. Leiss, *The Domination of Nature*, Boston, 1974, p. 198.

16. 같은 책 p. 153 재인용.

17. Friedrich Engels, *The Dialectics of Nature*, New York, 1940, pp. 291~92.

18. Marx, *Capital*, vol. 3, p. 218.

19. 같은 책 p. 219

20. Ted Benton, "Marxism and Natural Limits," *New Left Review*, no. 178, November/December 1989, p. 83.

21. 이 문제에 대해 마르크스의 생각을 다룬 고전적인 설명으로는 Alfred Schmidt, *The Concept of Nature in Marx*, London, 1971 참조.

22. 가령 트로츠키의 『문학과 혁명*Literature and Revolution*』의 마지막 문단을 보라.

23. Ted Benton, "Marxism and Natural Limits," p. 78.

24. G. A. Cohen, *Karl Marx's Theory of History: A Defence*, Oxford, 1978, p. 307.

25. Ellen Meiksins Wood, "Capitalism and Human Emancipation", *New Left Review*, no. 67, January/February 1988, p. 5.

26. 같은 글 p. 5.

■ 옮긴이의 말

마르크스가 옳았다, 그런데 왜?

테리 이글턴은 우리 시대 독보적인 마르크스주의 문학(문화) 평론가이다. 영국 신좌파의 대부이자 문화 연구 창시자인 레이먼드 윌리엄스의 제자이기도 한 이글턴은 케임브리지 트리니티 칼리지에서 영문학을 전공하고, 옥스퍼드대학교 영문학 연구 교수와 맨체스터대학교 영문학 교수를 거쳐 현재 랭커스터대학교 영문학 교수로 재직하고 있다. 지금까지 문학과 문화비평을 근간으로 정치·종교·이데올로기 등 다양한 주제에 관해 50여 권의 저서를 출간했다.

'모든 문학 이론은 필연적으로 정치적이다'는 자신만의 문학 사상을 토대로 하여 문학비평가로 자신의 이름을 세상에 각인시킨 책이 『비평과 이데올로기 *Criticism And Ideology*』(1976)와 『문학이론 입문 *Literary Theory: An Introduction*』(1983)이다. 이 책이 출간될 당시 유럽 지성은 '신좌파'가 지배하고 있었고,

마르크스는 지식인을 판별하는 시금석이었다. 프랑스에서는 사르트르와 레비스트로스가 마르크스주의자로 자처했으며, 알튀세르는 구조적 마르크스주의라는 자신만의 브랜드를 개발했다. 프랑크푸르트학파 사회이론가 벤야민과 아도르노 그리고 극작가 브레히트와 문예사상가 루카치는 신 마르크스주의로 자신들을 분류했으며, 이들의 저서는 유럽 지성계의 필독 도서였다. 그러니까 유럽 지성계는 68혁명에 대한 기억과 희망의 열기가 아직 식지 않았던 것이다.

분명 신좌파 지식의 파고는 높았다. 하지만 불행히도 그 세력은 오래가지 못했다. 80년대 들어 대처와 레이건 행정부가 대서양을 마주한 양 대륙의 거대 국가에 들어서면서, 세계는 무한 자유시장 경제라는 신자유주의 투전판 자본주의로 빠르게 우향右向하기 시작했다. 거기에다 1991년 12월 26일 소련과 연이은 동구 공산정권의 붕괴로 현실 사회주의가 몰락함에 따라, 좌파는 이정표와 방향타를 잃어버린다. 사회학자이자 문학이론가인 리오타르는 이때의 상황을 '마르크시즘 같은 거대 서사의 시대는 끝났다'는 상징적 선언으로 묘사했다. 중심을 잃은 (신)좌파 지식인들은 세상을 총체적으로 변화시키려 했던 대의大義를 버리고, 대신에 부분적인 소의小義를 향해 저마다의 분파로 쪼개졌다. 소위 포스트모던 허무주의nihilism로 발 빠르게 흩어져 버린 것이다.

사상적 동지들이 버리고 떠난 황량한 마르크스주의 벌판에 이글턴은 외로이 남겨졌다. 하지만 '사회주의는 패배했을지언

정 무효화된 것은 아니다'며, 이글턴은 자신이 딛고 서 있는 마르크스주의 토대를 그의 저서 『문지기 *The Gatekeeper*』(2001)에서 살핀다. 포스트모더니즘은 '계급투쟁을 버렸고, 총체성이란 개념에 적대적이며, 연대라는 가치에도 관심이 없다'고 일갈하며, 이글턴은 그의 저서 『포스트모더니즘의 환상 *The Illusions of Postmodernism*』(1996)에서 마르크스주의 토대를 더욱 굳건히 다진다. 심지어 『이성, 믿음 그리고 혁명: 신의 존재 토론에 관한 숙고 *Reason, Faith, and Revolution: Reflections on the God Debate*』(2009, 번역본은 『신을 옹호하다』)에서 이글턴은 '마르크스주의의 궁극적 목표인 인간 해방은 예수가 선포한 하느님 나라와 본질적으로 맞닿아 있다'며 마르크스주의 휴머니즘을 부각·확장시키기까지 한다.

　이글턴이 내린 마르크스에 대한 평가 — 마르크스는 자본주의 정체 즉 '어떻게 발생했으며, 어떤 법칙들로 작동되며, 어떻게 종식될 수 있는가'를 밝힌 최초의 사람이었으며, 그의 자본주의 비판은 이제껏 시도된 그 어느 비판보다 가장 면밀하고 엄격하며 포괄적이다 — 는 그가 죽은 지 100년 하고도 40년이 지난 지금까지도 확고하다. 하지만 자본주의가 전 세계적으로 맹위를 떨치고 그로 인한 내적 모순이 극에 달했음에도 불구하고, 마르크스와 그의 이론은 한물간 사상처럼 치부되어 빠르게 잊혀 간 것 또한 사실이다. 21세기 뉴 밀레니엄 시대에 들어선 세계는 신자유주의 단일 시장판이 되어 자본주의 폭주 기관차를 저지할 그 어떤 이념·사상·사회·국가·도덕·윤리도 없을 것

같았다.

그러다가 놀랍게도 2007-2008년에 초일류 자본주의 국가 미국에 금융 위기가 닥친다. 마침내 2011년 9월 "월가를 점령하라Occupy Wall Street"는 '반(금융)자본주의' 단일 구호를 외치며 상위 1% 탐욕에 맞선 99%의 행동시위가 80여 개 나라로 번졌다. 이런 역사적 맥락 아래 2011년 이글턴의 책 『마르크스가 옳았던 이유』(개정판은 2018)가 나오게 되었다. '자본주의 체제가 변함없이 그 위력을 떨치는 한, 마르크스주의 비판 또한 유용하게 남아 있을 것'이라며 이글턴은 잊혀 가는 마르크스를 소환한다. 소환하되 그에게 덧씌워진 가면과 굴레를 벗겨 마르크스(주의) 본 얼굴을 드러내려 시도한다.

이글턴은 『마르크스가 옳았던 이유』 초판 서문에서 이 책은 "단순하고 놀라운 생각 하나에서 비롯되었다"고 말한다. 그 생각 하나는 "카를 마르크스 작업에 대한 가장 익숙한 비판들이 모두 잘못된 것이라면? 혹은 완전히 틀리진 않았더라도, 대부분이 틀린 것이라면?"이라 밝히고 있다. 그리하여 가장 익숙한 비판들 중 10가지를 선정해 중요도 순서 없이 그 비판들의 오류를 조목조목 반박한다. 동시에 이글턴 자신이 마르크스 사상에 대해 품고 있던 의혹들도 함께 드러내 살핀다. 이런 과정을 통해서 이글턴은 마르크스 작업에 익숙하지 못한 일반 독자들에게 이해하기 쉬운 마르크스 사상의 개요를 제공하는 게 이 책의 최종 목표라고 밝히고 있다.

10가지 비판에 대한 이글턴의 반박을 대략 간추리면 이렇다.

첫 번째는 마르크스주의의 핵심인 사회계급론은 21세기 탈산업화시대엔 더 이상 적용 가능하지 않다는 비판이다. 이 비판에 대해 이글턴이 제기하는 역비판의 핵심은, 마르크스는 자본주의 체제가 모든 역사 체제 가운데 가장 역동적으로 변화할 것이라는 것을 이미 잘 알고 있었고, 그럼에도 이 체제에는 이상하게도 정태적이고 반복적인 어떤 것이 있다는 것을 간파했다는 점이다. 결과적으로 현재 자본은 여느 때보다 더욱 집중되고 약탈적이며, 노동계급은 양적으로 늘어나고, 부와 권력은 엄청나게 불평등하며, 국가는 점점 더 억압적으로 되어 갔다. 이는 자본주의 체제 자체의 내적 모순으로 마르크스주의가 거의 두 세기 동안 성찰하고 비판해 온 문제들이다. 그러므로 자본주의 체제에 대한 마르크스주의 비판은 여전히 유효하다는 게 첫 번째 마르크스주의 비판에 대한 이글턴의 역비판의 요지이다.

　두 번째는 마르크스주의는 이론과 달리 실천에서는 기아와 역경, 고문과 강제 노동, 경제 파탄과 끔찍한 억압 국가를 낳았다는 비판이다. 이 비판에 대해 이글턴은 마르크스가 품었던 성공적인 사회주의로 가기 위한 선결 조건들 — 교육과 정치면에서 세련된 대중, 성대한 시민 조직과 발전된 기술, 계몽된 자유주의 전통과 민주주의 습관, 상당한 부 — 을 제시한다. 그런데 볼셰비키 혁명당과 스탈린의 러시아는 이런 조건들이 터무니없이 결여된 채 사회주의 혁명을 일으켰다는 것이다. 그 결과 아이러니하게도 사회주의는 가장 필요한 곳에서 가장 가망성이 없었음이 판명됐다고, 이글턴은 정통 마르크스주의를 볼셰비키

및 스탈린의 러시아와 분리하여 반박 논리를 펼친다.

세 번째는 마르크스주의 역사 결정론에 대한 비판이다. 이 비판에 대해 이글턴은 마르크스가 결정론자였다는 증거는 어디에도 없다고 단호하게 말한다. 오히려 마르크스는 개인의 자유(의지)를 절대적으로 신뢰했으며, 보편적 진화 법칙의 관점에 의한 역사 결정론 사고는 마르크스주의가 아니라 부르주아 정치경제학이고 전형적인 계몽주의 역사관이라 주장한다. 다만 역사에서 필연은 계급갈등인데, 계급투쟁의 결과 또한 예측 가능하지 않다는 게 마르크스의 생각이다. 결론적으로 마르크스는 미래 역사 예언자가 아니라 현재의 불의와 모순을 파헤치는 비판자였다고, 이글턴은 마르크스주의 역사 결정론에 대한 비판에 못을 박는다.

네 번째는 마르크스주의는 공산주의 유토피아를 꿈꾸는 몽상주의라는 것에 대한 비판이다. 이 비판에 대해 이글턴은 다시 한 번 마르크스주의의 핵심은 미래 이상을 제시하는 것이 아니라, 현재 모순을 드러내고 실천을 통해 현실을 변혁시켜 나가는 실천 운동이라는 점을 강조한다. 마르크스가 꿈꾸는 진정한 평등은 모두를 똑같이 대접하는 게 아니라, 모든 사람들의 각자 다른 필요를 균등하게 돌보는 것이다. 그런 사회에서는 모두가 각자의 개별적인 재능을 발전시키도록 격려될 터여서 훨씬 더 분산되고 다양하며 예측 불가능하게 될 것이다. 이런 사회가 마르크스가 꿈꾸었던 공산주의였다며, 이글턴은 유토피아적 몽상주의라는 마르크스 공산주의 비판에 대해 반박한다.

다섯 번째는 마르크스주의는 모든 것을 경제로 환원시킨다
는 경제 결정론에 대한 비판이다. 마르크스가 역사의 진로에 대
해 사고할 때, 사회 전반에 두루 미치는 경제의 역할을 중심에
놓은 것은 사실이다. 하지만 경제에 의해 모든 것이 결정된다는
주장은 마르크스(주의)를 터무니없이 단순화한 오류라고 이글
턴은 지적한다. 마르크스주의에서 역사 진로에 형태를 부여하
는 것은 오히려 생산관계에 의한 계급투쟁이며, 계급은 경제적
계급을 넘어 사회적 계급 전체를 포괄한다. 마르크스에게 생산
이란 물질적 생산을 넘어 궁극적으로 자기 충족 활동 일체를
의미하는 것으로, 단순 생산노동이라기보다는 오히려 예술에
더 가까운 것이다. 그러므로 토대가 정치라는 상부구조를 결정
한다는 도식적인 해석은 마르크스주의를 의도적으로 곡해한
것이라고 이글턴은 반박한다.

여섯 번째는 인간 의식을 단지 물질세계의 반영이라는 마르
크스주의 유물론에 대한 비판이다. 이 비판에 대해 이글턴은 마
르크스 철학의 출발점이자 근본인, '사람이 행위 주체이다'를
내세운다. 행위 주체에는 의식과 육체, 사상과 실천, 정신과 물
질이 분리되어 존재할 수 없다. 의식은 물질적 환경 사이에서
발생하는 상호 작용의 결과이며, 그 자체로 역사적 산물이다.
마르크스에게 유물론이란 모호하고 추상적인 형이상학이 아니
라, 실제 있는 인간 그대로의 모습이고 조건이며 구체적인 현실
이다. 인간은 자신을 둘러싼 물질적 환경을 변형시키는 행위를
통해 스스로를 변형시키는 실천적·주체적 존재라는 마르크스

인간론을 전면에 내세워 이글턴은 이 비판에 대해 반박한다.

일곱 번째는 마르크스주의는 계급이라는 지루한 강박에 사로잡혀 있다는 비판이다. 마르크스 시대 이후로 사회 유동성의 꾸준한 증가로 사회계급은 다양하게 변해서, 마르크스가 주장하던 프롤레타리아트 노동계급의 존재 위상은 더 이상 유효하지 않다는 비판이다. 이 비판에 대해 이글턴은 자본주의는 계급의 구분을 혼란케 하고 위계를 무너뜨리며, 무엇보다 다양한 삶의 형태들을 섞는 것이 특징이란 사실을 마르크스는 이미 파악하고 있었다고 주장한다. 이글턴은 계급이 사라졌다는 것은 선진 자본주의의 망상에 불과한 것이라며 계급 무용론 비판을 일축한다. 이윤 추구를 포기하지 않는 한 자본주의 체제에 내재하는 불평등과 착취는 사라지지 않는다. 단지 방법이 더욱 교묘해질 뿐이다. 그리하여 생산노동자를 의미했던 좁은 의미의 전통 프롤레타리아트를 보다 넓게 적용해 '재-프롤레타리아트화'해야 한다고, 이글턴은 마르크스주의 계급론의 유용성을 역설한다.

여덟 번째 비판은 마르크스주의는 점진적인 개혁이나 민주적인 절차를 무시하고 폭력적인 혁명에 의지한다는 것이다. 이글턴은 모든 혁명이 폭력적인 것만은 아니며, 모든 개혁이 점진적이거나 비폭력적인 것이 아니라는 점을 구체적 사례를 들어 혁명의 폭력성에 대해 반박한다. 오히려 자본주의야말로 전 지구적 전쟁과, 식민주의 착취와, 집단 학살과 피할 수 있는 기근의 역사였음을 상기시킨다. 마르크스 노동계급 운동의 궁극적 목표는 비민주적인 소수 지배계급의 폭력과 착취를 거대 노동계급의 혁명을 통해 종식시키는 것이다.

아홉 번째는 마르크스주의는 독재자에 의한 권위주의 국가를 세울 것이라는 비판이다. 이 비판에 대해 이글턴은 마르크스는 무엇보다 국가에 대해 완강히 반대했음을 상기시킨다. 공산주의에서 행정체로서의 국가는 살아남을 것이나, 지배적 사회계급의 통치를 떠받드는 권력으로서의 국가는 사라질 것이다. 이글턴은 마르크스가 인정한 국가는 소수가 다수를 지배하는 것이 아니라, 시민들 스스로가 자신들을 다스리는 지배임을 상기시킨다.

열 번째는 최근 급진적 운동들 — 페미니즘, 환경주의, 동성애, 젠더, 반세계화, 평화 운동 — 에 마르크스주의는 어떤 영향도 끼치지 못했다는 비판이다. 이 비판에 대해 이글턴은 마르크스주의가 근대 시기의 세 가지 가장 위대한 정치투쟁 — 식민주의에 대한 저항, 여성 해방, 파시즘에 대항한 싸움 — 의 선두에 선 사례를 들어 반박한다. 『자본』에서는 "자연을 자본의 무자비하고 무지한 욕망의 지배 아래 내버려두어선 안 되며, 자연과의 물질적 교환을 합리적으로 조절하고 이를 공동의 통제 아래 두어야 한다"고 썼다. 이렇게 '땅의 생명력을 낭비'하는 자본주의 비판을 통해 이글턴은 마르크스를 생태주의자로 부각시킨다.

마르크스(주의)에 대한 변론apologia으로서 이 책의 성공 여부는 적어도 반세기 이상 마르크스에게 덧씌워진 교의적dogmatic으로 희화화travestied된 열 겹의 굴레가 얼마나 벗겨지느냐일 것이다. 다시 말해 비판에 대한 반박으로서 재비판이 독자에게 얼마나 설득력이 있느냐이다. 설득은 수사학의 근본 영역이다. 이글턴이 취한 수사는 논리와 분석을 근간으로 하는 철학자의 방식이라기보다는, 풍부한 유머와 위트가 내장된 비유들로 독자의 상상력을 자극하는 문학비평가의 방식에 가깝다. 이는 동전의 양면으로, 자칫 지루하거나 딱딱하게 느껴질 정치·경제 비판 철학을 활력 넘치는 필세와 상상력 풍부한 비유와 폭발하는 유머로 읽는 내내 생동감을 발산한다. 하지만 때론 지나치게 과장되거나 불친절한 문화적 암유allusion로 비유의 뜻을 유추analogy하기 어려워 혼란을 야기할 때도 있다.

그러나 무엇보다 이 책을 덮으면서 드는 근본적인 '의문 또는 고민'이 있다. 이 책을 쓰게 된 시대적 배경이기도 한 2011년 9월 "월가를 점령하라" 시위에서 단적으로 드러나듯, 자본주의 핵심 시스템을 근본적으로 비판하고 저항할 뿐, 어느 누구도 마르크스 이름을 외치거나 마르크스주의를 소환하지 않았다는 사실이다. 그렇다면 자본주의 비판으로서만 유용할 뿐 그 대안으로 소환되지 않는 우리 시대의 마르크스(주의)란 무슨 의미란 말인가? '마르크스는 분명히 옳았다. 그런데 왜, 자본주의 모순이 극에 달한 이 시대에 소환되지 않는가?' 그 물음과 답의 궁구는 이 책을 읽은 당신과 나의 몫이라고 한다면, (다시) 가슴이 뜨거워질까? 아니면 절망스러울까?

2024년 11월 18일
박경장

찾아보기

ㄱ

『가족, 사유재산, 국가의 기원』
288
거대 서사 25, 62, 133, 156,
330
결정론 55, 73, 76, 78~80, 83~
85, 149, 158, 334, 335
『경제학·철학 수고』 119, 121,
124, 144, 168, 171, 187
계급투쟁 58, 60~64, 66, 72,
74, 75, 77, 79, 85, 132, 149,
157, 162~165, 199, 204, 217,
283, 335
계몽주의 87, 102, 183, 278,

300, 334
『고타 강령 비판』 107, 144, 304
골드스미스 59, 164
『공산당 선언』 10, 48, 61, 75,
125, 132, 265, 286, 296, 337
공산주의 37, 45, 57, 68, 69,
74, 76, 90, 91, 94, 97, 100,
117, 121, 125, 131, 133, 142~
144, 147, 169, 171, 265, 279,
288~290, 292, 307, 315, 334,
337
『공상에서 과학으로 사회주의의
발전』 305
교육 41, 49, 135~137, 168,

197, 207, 245, 256, 273, 294, 333

교환가치 137, 144

국가 6, 10, 23, 24, 27, 28, 33, 35, 36, 40, 42, 44, 49, 50, 52, 54, 55, 63, 87, 89, 111, 142, 159, 161, 164, 191, 202, 203, 205, 228, 229, 241, 245, 246, 249~252, 254, 257~259, 265~280, 288, 291, 297, 301, 305, 314, 317, 333, 337

국가사회주의 279

권력 26, 28, 43, 44, 46, 48, 50, 53, 66, 68, 70, 73, 86, 87, 101, 130, 141, 162, 171, 194, 204, 206, 222, 231, 244, 246, 250, 252, 253, 255~258, 263, 265, 266, 268, 270, 272~275, 277~281, 288, 292~294, 297, 323, 333, 337

그레이, 존 152, 235

그린스펀, 앨런 137

금융 자본주의 277

급진적 민주주의 292

기든스, 앤서니 63

ㄴ

나치(즘) 140, 277

낭만주의 81, 177, 295

노동 21, 23, 28, 33, 36, 41, 43, 44, 51, 67, 68, 70, 72, 99, 112, 119, 121, 131, 151, 156, 162, 163, 166, 170, 172, 173, 182, 184, 185, 188, 189, 198, 208, 209, 224, 226, 229~234, 257, 258, 266, 269, 271, 273, 274, 286, 288, 297, 304, 308, 309, 311, 318, 333

노동 시간 41, 51

노동 운동 22, 24

노동계급 17, 21, 25, 26, 28, 42, 43, 57, 66, 75, 77, 78, 83, 87, 105, 208, 220, 223~238, 249~252, 258, 259, 273, 274, 288, 291, 298, 301, 317, 325, 333

노동당 267

노동력 65, 204, 220, 229, 238, 287, 299

노동자 42, 43, 49, 51, 60, 70, 104, 128, 140, 146, 167, 171, 209, 217, 227, 228, 230~233, 236~239, 267, 269, 273, 287, 298, 300, 306

노동조합 107
『노예력』 163
노예 봉기 247
농민 코뮌 89
농민층의 파괴 94
니에레레, 줄리어스 291
니체, 프리드리히 154, 185, 199, 280, 323

ㄷ

다원주의 147, 149, 153, 154, 299, 300
대처, 마거릿 24, 105
더블린 봉기 243
데이비스, 마이크 28, 35
도덕 11, 45, 63, 68, 69, 77, 84, 88~90, 94, 114, 119, 126, 127, 132, 133, 149, 175, 211, 213, 214, 241, 248, 312, 318
도이처, 아이작 44, 243
『독일 이데올로기』 39, 84, 100, 151, 159, 193, 196, 198, 202, 287, 303, 310
돈 22, 77, 165, 167, 168, 173, 211, 212, 220
드바인, 팻 51

ㄹ

라이시, 로버트 271
랑시에르, 자크 267
레닌 39, 42, 82, 107, 253, 258, 270, 292
레이건, 로널드 24
레키, W. E. H. 163
로크, 존 159, 187
루소, 장 자크 60, 162, 269
『루이 보나파르트의 브뤼메르 18일』 110, 191
룩셈부르크, 로자 293
『리어왕』 128

ㅁ

마르크스, 엘리노어 212
마블, 앤드루 311
마오주의 35, 37
마오쩌둥 35, 249
맥머레이, 존 194
맬서스, 토머스 312
모리스, 윌리엄 99, 301
모험주의 250
목적론 92, 94, 156, 294
무정부주의자 58, 265, 279, 280
『문화와 사회 1780~1950』 110
문화대혁명 291
미제스, 루트비히 폰 10

민족 해방 운동 290~292, 296
민족주의 289~292, 294
민주주의 33, 36, 37, 45, 86, 96,
113, 127, 130, 144, 179, 223,
224, 241, 253, 267, 270, 272,
273, 278, 295, 299, 317
밀, 존 스튜어트 47
밀턴, 존 59, 60, 170, 303

ㅂ

「바그너에 관한 주석」 194, 323
바렛, 미셸 289
반사회주의 10, 43
반식민주의 288, 290, 292, 293
반자본주의(운동) 285
반철학자 180
발리바르, 에티엔 179
벤야민, 발터 199, 252
벤턴, 테드 313
보나파르트, 루이 277
볼리바르, 시몬 293
볼셰비키 혁명 42, 43, 106, 243,
244, 247, 250
볼테르 60
봉건주의 55, 73, 79, 81, 115
부시, 조지 276
불연속성 81
불평등 5, 21, 23, 27, 28, 31,

37, 49, 63, 97, 116, 117, 120,
144, 147, 162, 269, 271, 297,
333
브레히트, 베르톨트 198, 220
비극 44, 94, 95, 99, 114, 117,
126, 142, 143
비트겐슈타인, 루트비히 192, 196
비폭력 258

ㅅ

사랑 62, 116, 125
사이드, 에드워드 298
사회계급 48, 57, 65~67, 71,
73, 80, 142, 159, 217, 219, 227,
239, 252, 266, 286, 337
사회민주주의 24, 77, 120, 260
사회적 존재 158, 185, 196, 200
사회주의 6, 25, 28, 33, 36, 38~
58, 63, 69, 73, 75, 77, 78, 84,
86~90, 93, 95, 96, 99, 106,
108, 109, 113, 122, 125, 127,
128, 138, 144~147, 163, 173,
205, 211, 215, 217, 219~223,
228, 235, 247, 249~259, 261,
263, 267, 272, 274, 278~290,
293, 294, 296, 299, 301, 305,
306, 312~318, 325, 333
산업자본주의 71, 89, 165

생산력 42, 65~69, 73, 77, 78, 82, 88, 95, 165, 201, 234, 312, 313

생산양식 11, 30, 58, 64, 67, 80, 87, 88, 92, 158, 162, 165, 194, 220, 224

생시몽, 앙리 드 102

선진자본주의 222

셰익스피어, 윌리엄 60, 96, 105, 128, 141, 280

소비자본주의 147

소외 12, 57, 83, 170, 172, 186, 227, 228, 270, 274, 306

『소통』 52

슈미트, 알프레트 180

스미스, 애덤 162

스탈린, 이오시프 35, 38~40, 46, 90, 175, 245, 249, 253, 313

스탈린주의 37, 43, 45, 47, 71, 86, 249

슬럼 27, 28, 222, 237, 238, 325

『슬럼, 지구를 뒤덮다』 28

시장 사회주의 48, 51, 320

식민주의 41, 249, 289, 294~296, 336

『신성 가족』 126

『실낙원』 170

ㅇ

아도르노, 테오도르 139, 148, 156, 199

아렌트, 한나 48

아리스토텔레스 137, 171, 192, 214, 219

아마드, 아이자즈 94, 296

아시아적 생산양식 19, 276

아파르트헤이트 254

앤더슨, 케빈 292

앤더슨, 페리 220

앨버트, 마이클 51

언어 110, 113, 119, 121, 193, 198, 204, 294, 297, 306, 325

얼스터 연합주의자 254

엠슨, 윌리엄 199

엥겔스, 프리드리히 12, 22, 29, 42, 83, 85, 87, 153, 165, 258, 286, 288, 293, 296, 304

여가 41, 111, 131, 173, 174, 318

여성 운동 285, 288

여성 참정권 251

역사 이론 55, 70, 78, 92, 94, 109, 154, 160~164, 168, 321

역사의 종말(론) 25, 26, 109

『영국 노동계급의 상태』 29

영, 로버트 J. C. 288

『오셀로』 141
오언, 로버트 102
오웰, 조지 147, 208
와일드, 오스카 51
우드, 엘린 M. 12
윌리엄스, 레이먼드 52, 58
유물론 40, 81, 103, 114, 119, 132, 139, 143, 175~180, 183, 191, 203, 208, 211, 212, 251, 305, 306, 318
유토피아 99, 100, 102, 103, 105, 116, 142, 147, 219, 265, 312, 313
은크루마, 콰메 290, 291
의식 11, 134, 166, 171, 175, 178, 180, 183, 185, 186, 189, 193, 196, 197, 200, 201, 214, 224, 245, 287, 292, 305, 309
의회민주주의 107, 255, 256
『이름 없는 주드』 208
이상주의 68, 200, 267
인간 본성 97, 106, 116~119, 122~124, 137, 138, 141
『인간 불평등 기원론』 162, 269
『인권론』 159
인민민주주의 41, 274
『잉여가치론』 90, 208

ㅈ

자기 결정 95, 145, 179, 188, 253, 278, 292
자기실현 125, 128, 147, 161, 166, 173, 174, 309
『자본』 53, 82, 84, 121, 172, 211, 213, 230, 245, 249, 265, 267, 298, 303, 306, 312
자본주의 7, 8, 10, 11, 19~30, 36, 38, 42~55, 66, 67, 72, 76~79, 84~96, 100, 101, 108, 112, 114, 115, 122, 135, 138, 145, 149, 151, 155, 158~160, 166, 169, 173, 185, 203, 207, 213, 221, 223, 224, 226, 228, 230~234, 238, 249~252, 255, 257, 258, 260, 261, 266, 268, 271, 275, 276, 279, 286, 291, 294, 295, 298, 303, 305, 307, 312~315, 331, 337
자연 60, 65, 85, 188~190, 198, 199, 225, 302, 304, 306~313, 318
자연 법칙 84, 85, 108
『자연 변증법』 304
자유 33, 36, 37, 45, 50, 55, 74, 75, 77, 82, 86, 88~91, 93, 96, 102, 112, 121, 124, 125, 127,

131, 137, 142, 145, 162, 168, 178, 188, 195, 211, 212, 223, 256, 263, 268, 278, 286, 300, 301, 318

자유민주주의 6, 222, 263

자유자본주의 5

정신 53, 68, 69, 96, 114, 117, 131, 133, 142, 158, 167, 175, 177~179, 183, 184, 187, 191, 192, 199, 202, 203, 208, 212, 214, 298, 307, 310

정신분석학자 123

「정원」 311

『정치경제학 비판 요강』 172, 234, 307

제1차 세계대전 229, 249, 250

제2차 세계대전 42, 290

제3세계 민족 해방 운동 290, 291

제라스, 노먼 118, 143

제임스, C. L. R. 300

제임슨, 프레드릭 28

제퍼슨, 토머스 46

젠더 167, 227, 239, 285, 287, 289, 297, 298

종교 10, 62, 63, 138, 149, 153, 163, 170, 175, 202, 207, 210, 212, 238, 294

좌익 반대파 48, 95

중간계급 36, 102, 144, 145, 178, 179, 219, 233, 234, 236, 244, 246, 252, 277, 286, 300, 301, 318

지구화 7, 8, 21, 23, 298

지령경제 48

지배계급 6, 68, 70, 78, 141, 202, 208, 236, 251, 253, 256, 268, 273, 275, 278, 336

지식(인) 45, 67, 85, 122, 170, 184, 194, 195, 200, 204, 228, 234, 253, 291, 300, 302, 323

진화 73, 81, 84, 85, 108, 134, 309, 334

ㅊ

찰스 왕세자 204, 253

참여경제 50

철학적 인간학 119

체스터턴, G. K. 253

ㅋ

카브랄, 아밀카르 291

카스트로, 피델 291, 301

케언스, 존 엘리엇 163

코널리, 제임스 300

『코무스』 59

코언, G. A. 207, 313

쿠바 혁명 250, 291
키케로 161, 257

ㅌ
타운센드, 줄스 232, 290
탈식민주의 239, 294, 295, 297, 298
탈자본주의 54
『태풍』 280
토니, R. H. 256
토대-상부구조 (모델) 201, 202, 205, 207, 210
토마스 만 220
톰슨, 윌리엄 58
투키디데스 203
트로츠키, 레온 39, 42, 45, 48, 82, 293, 301, 312, 327

ㅍ
파농, 프란츠 290
파리 코뮌 80, 205, 270, 273, 275, 278
파시즘 23, 36, 37, 76, 77, 155, 249, 277, 290, 299, 318, 337
페미니즘 12, 36, 103, 105, 136, 283, 285, 286, 289, 299
페인, 톰 159
평등(주의) 5, 7, 37, 128, 142,
144, 146, 147, 153, 221, 234, 271, 288, 290, 314, 317
평준화 145
평화 운동 250, 283, 314, 337
포스트모더니즘 25, 62, 122, 298, 299, 309, 310
포이어바흐, 루트비히 180, 196
『포이어바흐에 관한 테제』 119, 178
폭력 6, 7, 28, 35, 69, 88, 97, 111, 117, 131, 132, 134, 156, 162, 192, 199, 205, 243, 244, 247, 249, 251~253, 266, 267, 294, 296
푸리에, 샤를 102
푸코, 미셸 154
『프랑스 내전』 104, 272, 273
프랑스대혁명 57
프로이트, 지그문트 10, 11, 104, 139, 163, 185, 188, 199, 280, 323
프롤레타리아 독재 274
프롤레타리아트(화) 45, 57, 229, 230, 234, 235, 238, 245, 288
프루스트, 마르셀 205, 220
플라톤 10, 172, 184, 209
필연성 73, 75, 76, 83, 84, 86, 88, 157, 193

ㅎ

하디, 토머스 208, 209, 309

하먼, 크리스 237

하버마스, 위르겐 186

하비, 데이비드 230

행복 169, 192, 195

행위 주체 179, 335

헌트, 트리스트럼 28, 29

헤겔 10, 57, 269

혁명적 민주주의 25

혁명적 사회주의 102

호르크하이머, 막스 93

호메로스 203

호치민 291

『확실성에 관하여』 196

환경 44, 49, 51, 96, 136, 175,
179, 185, 190, 199, 280, 302,
305, 306, 313, 314, 318, 335

환경주의 283, 304, 337

『후기 빅토리아조의 홀로코스트』
35

마르크스가 옳았던 이유

2025년 1월 10일 초판 1쇄 인쇄
2025년 1월 20일 초판 1쇄 발행

지은이   테리 이글턴
옮긴이   박경장
펴낸이   류현석

펴낸곳   21세기문화원
등   록   2000.3.9 제2000-000018호
주   소   서울 성북구 북악산로1가길 10
전   화   923-8611
팩   스   923-8622
이메일   21_book@naver.com

ISBN 979-11-92533-19-3 03300

값 20,000원